Die Generation Plus lebt ihre Zukunft

Christa Geissler & Monika Held

Die Generation Plus lebt ihre Zukunft

Der Aufbruch der Alten –
Gespräche, Reportagen und Porträts

Mit:
Eva-Maria Hagen, Dieter Wellershoff, Ellen Schwiers,
Inge Wettig-Danielmeier, Peter Thomas,
Nino Cerruti und vielen anderen.

Schwarzkopf & Schwarzkopf

Wir danken allen,
die uns ihre Zeit geschenkt
und geholfen haben,
dieses Buch zu machen.

Christa Geissler und Monika Held

Inhalt

KAPITEL II:
ARBEIT FÜR DIE EHRE – DAS EHRENAMT

KAPITEL III:
DIE WISSBEGIERIGE GENERATION

KAPITEL IV:
TRÄUME UND ANDERE REALITÄTEN

VORWORT

EIN BUCH, BEI DEM WIR VIEL GELERNT HABEN

Jetzt, zu Beginn des 21. Jahrhunderts, ist etwas Erstaunliches passiert: Das Alter scheint seinen Schrecken verloren zu haben. Wir können das beweisen, denn über uns ist, als wir dieses Buch begannen, ein Feuerwerk explodiert. Wir sahen Sterne: große, die hell leuchteten, kleinere, die eifrig blinkten, Goldregen, der langsam herabrieselte, und farbige Pfeile, die über den Horizont zischten. Ein Feuerwerk eben, wie wir es bei besonderen Anlässen erleben. So empfanden wir die vielfältigen Aktivitäten von Menschen, die ein bestimmtes Alter erreicht haben: die Seniorinnen und Senioren.

Als wir das Buch »Generation plus – Von der Lüge, dass alt werden Spaß macht« schrieben, nahmen wir die unsägliche Anti-Aging-Welle aufs Korn, den Jugendwahn, bei dem manche Kommentatoren den Begriff »überflüssig« im Zusammenhang mit Alter gerade noch vermieden. Seither ist viel passiert. Die Alten haben sich aufgemacht, die Gesellschaft aufzumischen. Mit Elan und Engagement. Sie sind ehrenamtlich im In- und Ausland unterwegs, helfen den Jungen mit ihrer Berufs- und Lebenserfahrung, stürzen sich in manches Abenteuer, verwirklichen Lebensträume, lernen und erobern neue Wissensgebiete, und nicht wenige denken überhaupt nicht daran, aufzuhören mit einem Beruf, der für sie Berufung ist. Haug von Kuehnheim, der in der *Zeit* eine Kolumne schreibt: »Ein Rentner sieht rot«, forderte kürzlich ein »Soziales Jahr für Silberfüchse«, abzuleisten zwischen dem Eintritt in den Ruhestand bis zum 77. Lebensjahr. Keine schlechte Idee, nur, die Menschen, die wir interviewt haben, hätten dafür keine Zeit. Auch, weil sie bereits sozial sind.

Wir ahnten es zwar, kannten es aus dem Freundeskreis, aber wie unterschiedlich und interessant die Unternehmungen der Alten sind, war uns nicht klar. Die Gespräche, die wir für dieses Buch führten, bereiteten uns nicht nur viel Freude, wir erfuhren auch viel Neues über Vereine, Initiativen, Ideen, von denen wir – um ehrlich zu sein – nie gehört hatten. Unsere Entdeckungen geben wir nur zu gern weiter: als Anregung für unsere Leserinnen und Leser. Es könnte doch sein, dass tatsächlich jemand noch nach einer Aufgabe im Ruhestand sucht.

Es muss nicht jeder gleich ins Kloster gehen wie der ehemals erfolgreiche Geschäftsmann, der dort seine Erfüllung findet. Andere zieht es in die Ferne, vielleicht weil mit der Hilfsbereitschaft auch ein Schuss Abenteuer verbunden ist. So der Koch, der seinen Kollegen in Hotels der Dritten Welt beibringt, wie sie am Herd zaubern können. Oder das Ärzte-Ehepaar, das sich immer wieder aufmacht, um in Afrika und anderswo seine Erfahrungen weiterzugeben. Wir sprachen mit Menschen, die sich politisch engagieren wie die Journalistin in Berlin, die bei »GesichtZeigen« arbeitet, weil sie es nicht mehr aushalten konnte, von den Neonazis nur in Schlagzeilen zu lesen. Sie will etwas dagegen tun. Und mit dem Mann, der als Telefonseelsorger allein mit den richtigen Worten Menschen aus einem Tief heraushilft. Aber neben den Ehrenamtlichen, ohne die die Republik nicht existieren könnte, interviewten wir auch jene, die unbeirrt von ihrem Alter einfach weiter arbeiten. Einer von ihnen ist der große deutsche Schriftsteller Dieter Wellershoff, der mit 81 Jahren gerade ein neues Buch herausgebracht hat. Und die Schauspielerin Ellen Schwiers, die nicht daran denkt, von der Bühne abzutreten. Nicht aufhören will auch der italienische Modedesigner Nino Cerruti. Er leitet seine Stofffabrik mit dem Elan eines jugendlichen Patriarchen. Unser Buch zeigt einen Ausschnitt der älteren Gesellschaft. Wir haben die Menschen interviewt, die uns persönlich interessierten, in der Hoffnung, dass auch unsere Leser sie interessant finden.

Nachdenken über das Alter, das ist so aktuell und wichtig wie nie zuvor. Angesichts des bekannten demographischen Wandels kümmern sich endlich auch die Wissenschaft und die Medien um die älter werdende Gesellschaft. Ein Fortschritt mit zwiespältigen Ergebnissen. Alte Menschen bleiben dank Fortschritten in der Medizin fit und gesund, aber irgendwann müssen die meisten gepflegt werden. Und dafür ist noch niemandem eine Lösung eingefallen. Die Medien können sich nicht entschließen, wie sie mit der Situation umgehen sollen. Ein Talk von Sabine Christiansen hatte den Titel »Rock'n'Roll, geht es den Alten zu gut?«. Bei Maischberger hieß das Thema »Die graue Revolution«. Beides nicht gerade aufbauend (es sind auch nicht alle grau). Und die *Bild*-Zeitung konnte diese Schlagzeile nicht lassen: »Alte kassieren! Junge zahlen nur drauf!« Gemeint war das Sozialsystem.

Was also? Die Auseinandersetzung mit der Frage »Bin ich alt, und was bedeutet das?« ist so existenziell, dass die Antwort, die jeder für sich findet, das Leben verändern kann. Bei unseren Gesprächen mit Männern und Frauen fanden wir vielfältige Strategien. Zum Beispiel das »gefühlte Alter«, ein Modewort, das meint: jünger als das echte Alter. Das Geburtsdatum einfach ignorieren. Oder die schon fast trotzige Ansage: Ich stehe zu meinem Alter und bekämpfe die Arthritis.

Auf jeden Fall ist Alter auch eine Chance. Der Druck, sich selbst und anderen beweisen zu müssen, wie erfolgreich, klug und schön man ist, lässt nach. Man kann sich auf ein beachtliches Maß an Erfahrung verlassen, das man schon mal genüsslich ausspielen darf. Man tut, nun ja, nicht ständig, aber öfter, einfach, was man will. Ein Stück Freiheit. Auch davon handelt dieses Buch.

Erstes Kapitel

Immer noch Lust auf Abenteuer

Die Frau, die für ein paar Tage zu Besuch da war, hatte ein schmales, leicht vergilbtes Buch mitgebracht, auf dem in schwungvollen Buchstaben stand: POESIE. Die Frau ist zwischen 75 und 80 Jahre alt, attraktiv, eine von jenen, die scheinbar alterslos durchs Leben gehen. Sie schlug die erste Seite ihres Albums auf, die ihr Vater beschrieben hatte. Da stand: »Verachte nicht die kleinen Sachen, die Du berufen bist, zu machen, hüt Deine Seele, dass sie nicht empor nur schwebt zu hohem Licht.« Und so weiter. Ein Spruch von Hebbel. Darunter: Dein Vati, im Internierungslager, März 1948.

Dieser Spruch habe sie schon damals geärgert, sagte sie. Vielleicht sei ihm so eine Küchenweisheit eingefallen, weil er in Gefangenschaft war oder keinen anderen Dichter zur Hand gehabt hatte. Jetzt im Alter ärgere sie sich wieder. Was heiße denn »kleine Sachen«, sie sei zwar reduziert, die Augen, das Gedächtnis, die Hüfte und so, aber davon lasse sie sich nicht abhalten, noch das eine oder andere Projekt durchzuziehen, das man nicht »klein« nennen könne. Sie blätterte die nächste Seite in ihrem Poesiealbum auf. Auch einer dieser Sprüche, wie sie da so drin stehen. Aber viel besser, meinte sie. Ihre Mutter schrieb: »Lebe wie Du, wenn Du stirbst, wünschen wirst, gelebt zu haben.« Das sei doch ein Aufruf, noch ein paar Abenteuer – na ja, vielleicht auch »kleinere« – zu planen.

Im beginnenden 21. Jahrhundert verabschieden wir uns von bisher traditionellen Lebensläufen. Alt ist nicht mehr der Mensch, der Rente bezieht und auf die Enkel aufpasst. Es wird neue Entwürfe für den dritten Lebensabschnitt geben, die vielleicht für noch nicht auszudenkende Überraschungen sorgen. Damit sind nicht der Jugendwahn und das ständig zitierte »forever young« gemeint, sondern das zunehmende Selbstvertrauen der Generation plus, die mit Phantasie und couragiert ihr Leben gestaltet.

Alt werden ist ein Abenteuer, das zu bestehen einigen Mut erfordert. Nimmt man die Übersetzung aus dem Mittelhochdeutschen, wonach aventiure ein prickelndes Erlebnis ist, dann braucht der Mensch, wenn er als Rentner noch ein Abenteuer sucht, viel Energie und den Willen, sich nicht unterkriegen zu lassen. Wir haben diese Männer und Frauen getroffen, die im Ruhestand noch das aufregende Erlebnis suchen. Unermüdlich macht sich der Journalist Rüdiger Dilloo auf, um zu erproben, wie weit ihn die Füße tragen. Immer wieder verlässt er seinen Bauernhof im Chiemseer Land, um auf Inline-Skates durch die Republik zu kurven oder immerhin bis zum Basislager des Mount Everest zu wandern. Elfriede Graf, heute 86, reiste um den Globus, solange es ihr körperlich noch möglich war. Heute blättert sie in ihren Alben, sieht die Bilder wieder vor sich und freut sich daran. Sie kann wunderbar davon erzählen und unterhält damit ihre gleichaltrigen Freundinnen. Und die etwas Jüngeren unter ihnen lassen sich inspirieren, noch ein paar Länder zu erforschen.

Der Reisemarkt für die Generation plus boomt. Gebucht werden vorwiegend Reisen, bei denen Kultur geboten wird. Die Königsschlösser Marokkos ziehen die Alten genauso an wie die Tonarmee des ersten Kaisers von China. Die Busreisen zu Aufführungen in der Dresdner Semper-Oper sind so beliebt wie die Reisen zu musikalischen Open-Air-Veranstaltungen. Und wenn dann noch Anna Netrebko ihre Stimme erhebt …

Die Senioren unterwegs, das scheint nicht allen zu gefallen. Wie immer, wenn es um Alter geht, finden sich hämische Artikel in den Medien, die beklagen, dass zum Beispiel bei Kreuzfahrten die »Silberhaarigen« überwiegen. Ja was? Sollen sie sich in ihren Garten zurückziehen und ihre Rosen pflegen? Unsichtbar werden, weil sie stören? Das wird nicht passieren. Dazu sind die Alten viel zu unternehmungslustig. Aber sie betrachten die Welt heute mit anderen Augen als in der Jugend. Damals stürzten sie sich unbefangen und leichtsinnig ins Abenteuer – wie es sich für junge Menschen gehört. Heute pflegen sie mit Genuss die Langsamkeit, schauen genauer hin und nehmen sich Zeit. Da werden zwei Tage für die Goyas im Prado in Madrid reserviert und ein anderer Tag nur in der Altstadt verbummelt.

Doch es sind nicht nur die Reisen in die Ferne. Rentner fahren im eigenen Land herum, schauen sich das Ulmer Münster an und die Kreidefelsen von Rügen. Sie stehen im Bamberger Dom und packen schon mal mit an, wenn die Archäologen Hilfe brauchen.

Aber machen wir uns nichts vor: Reisen kostet Geld, das bei Weitem nicht alle Rentner auf der Bank liegen haben. »Ich schaue den Zugvögeln nach, die heute für mich in andere Länder fliegen«, sagt Imme de Haen, die sich als Rentnerin auf ein ganz besonderes Abenteuer einließ. Sie kaufte einen Bauernhof in Brandenburg, veranstaltet dort Seminare und erfüllt sich damit einen Lebenstraum. Auch die Schweizerin Marie-Louise Wirth ließ sich mit 80 Jahren noch auf ein Abenteuer ein, das sie viel Kraft kostete. Die bekannte Galeristin beschloss gegen alle gut gemeinten Ratschläge, sich auf keinen Fall zur Ruhe zu setzen. Sie zog nur in eine kleinere Galerie um, die sie noch managen kann. André Heller, 1947 geboren, sagte in einem Interview: »Ich bin ein manischer Verwirklicher ... Die Pläne kommen zu mir und holen mich ab.« Und es gebe da noch vieles, was er verwirklichen wolle.

Natürlich kann einem so viel Lust auf Leben, als sei Gebrechlichkeit kein Thema, Angst machen. Man könnte sich doch auch einfach ruhig zurücklehnen und gelassen abwarten, ob man hundert oder mehr Jahre alt wird. Warum nicht. Irgendjemand hat den Begriff »Rentnerblues« erfunden – was immer damit gemeint ist. Auf jeden Fall ist der Blues eine schöne, melancholische Melodie, bei der sich wunderbar träumen lässt. Wer ein hektisches Leben hinter sich hat, voller Stress und Unruhe, wird vielleicht nach einer Möglichkeit suchen, sich als Privatier mit ganz persönlichen Interessen neu zu erfinden. Kluge Menschen, die Dichter, die Philosophen, haben sich schon immer Gedanken über das Alter gemacht. Schlag nach bei ... könnte man sagen, wenn die eigenen Ideen einen im Stich lassen. Eine Überlegung finden wir bei diesen Gelehrten immer wieder: »So intensiv wie möglich leben«, um einmal Camus zu zitieren und nicht ständig Goethe. Das könnte auch bedeuten, einen Bruch im eigenen Leben zu riskieren. Sich einen Traum erfüllen, der vorher total absurd erschien. Man muss sich nur trauen.

Noch mal richtig loslegen, den Traum wahrmachen

Imme de Haen, 67, Journalistin, war 18 Jahre Leiterin der Evangelischen Medienakademie in Berlin und zuletzt zusätzlich Leiterin der Evangelischen Journalistenschule. Heute gehört ihr ein Seminarhaus: der Hof der Stille im Havelland.

Mir hat niemand geglaubt, dass ich es wahrmachen würde: Ich habe mit 62, drei Jahre vor dem normalen Ruhestand, aufgehört und damit auf eine richtig gute Pension verzichtet. Ich habe einfach gesagt: Danke, das war es! Zum Schluss hatte ich viel zu viel Ärger im Job. Ich bin eine Aufbautante und habe fast zwanzig Jahre lang zuerst die Evangelische Medienakademie erweitert, dann die Evangelische Journalistenschule in Berlin gegründet, das Konzept dafür geschrieben und umgesetzt. Die Schule lief ganz wunderbar, hat aber auch meine ganze Kraft und Energie gekostet. Der Anspruch der Kirche war schon immer, einen anderen Journalismus zu praktizieren als den üblichen, einen ethisch anspruchsvollen, was noch wichtiger wurde, als die privaten Fernsehanbieter die Medienlandschaft mehr und mehr bestimmten. Ich war begeistert, dass die Kirche mein Konzept akzeptierte und finanzierte. Das hat Spaß gemacht, das war wirklich die Krönung meines beruflichen Lebensweges.

Dann wurde jedoch das Geld immer knapper, und man wusste nicht mehr, ob die evangelische Kirche wirklich engagiert war oder ob sie die Journalistenschule nur als PR haben wollte. Der Anfang vom Ende war, als mir mein Kuratorium gestrichen wurde, fünfzehn hochkarätige Journalisten aus der ganzen Bundesrepublik, die mich inhaltlich unterstützten. Plötzlich stand ich alleine da, musste alles, was ich tat, ohne das Kuratorium im Rücken verteidigen. Gleichzeitig wurden die Mittel immer mehr gekürzt, und meine Aufgaben nahmen zu. Außerdem fand ich die Medienlandschaft zunehmend ekelhaft. Ich sah diese begeisterten jungen Leute und wusste doch, dass sie später froh sein müssen, wenn sie ein Praktikum ergattern. Ich habe darauf zunehmend gesundheitlich reagiert, der ständige Ärger, der Druck, da dachte ich, so geht es nicht weiter. Wenn ich jetzt nicht aufhöre, dann habe ich keine Kraft mehr, noch etwas anderes zu machen. Für mich hieß es: jetzt oder nie.

Den Bauernhof, der jetzt praktisch mein Leben bestimmt, hatte ich schon vorher gekauft. Ich habe mich mein Leben lang für Immobilien interessiert. Wo ich war, schaute ich Häuser und Grundstücke an, schleppte meine kleinen Kinder sonntagnachmittags durch Baustellen, überlegte, wo soll das Esszimmer, wo die Küche hin. Das war ein richtiges Hobby von mir. Monatelang habe ich im Geist Häuser für die Familie entworfen, weil man sich mit vier kleinen Kindern gut überlegen muss, wie man wohnen will. Ich habe auch immer in eigenen Häusern gelebt. Als ich dann in Berlin war, hatte ich die tolle Idee, wenn die Bundesregierung hierher zieht, dann schwärmen alle ins Umland aus und kaufen sich Häuser. Also sollte ich schneller sein. Ich wusste aber nicht, was ich erstehen wollte und ob überhaupt.

Damals war meine Schwester zu Besuch, es war ein schöner Sommertag, und so fuhren wir los, um Häuser anzuschauen. Ich hatte Kontakt mit ein paar Maklern und deshalb einige Adressen. Wohlgemerkt, ich wusste nicht, ob und wo, im Wald, in einem Dorf, am Wasser. Mit der Karte auf den Knien kutschierten wir durch die Gegend und fanden nichts. Alle Objekte waren eine Katastrophe. Natürlich waren andere Leute damals Ende der neunziger Jahre auch schon aufgewacht und wir keineswegs die Ersten. Die letzten heruntergekommenen Katen wurden für viel Geld angeboten, das war nicht mehr angemessen. Wir gondelten ziemlich frustriert durchs Land, hatten aber noch eine Adresse, und ich sagte zu meiner Schwester, lass uns dieses Objekt noch besichtigen. Wir bogen um die Ecke und sahen als Erstes das Wasser hinter dem Hof, da wurde ich aufmerksam. Wir schlichen um das Anwesen herum und schauten durch ein großes Tor in einen richtigen havelländischen Vier-Seiten-Hof: Haupthaus, Stall rechts, Stall links und quer die Scheune. Ich wusste sofort: Das ist es. Wir klingelten den Besitzer aus dem Mittagsschlaf, er führte uns herum, alles war picobello geweißt, man sah nicht, wo die Feuchtigkeit durchkam. Das Haus war renoviert, alles da, neue Wasserleitungen, Heizung, gut in Schuss. Ich war begeistert und erklärte: Das nehme ich. Zu unserem großen Erstaunen antwortete der Besitzer: Es ist schon verkauft. Warum er das nicht gleich gesagt hatte, weiß ich bis heute nicht. Trotzdem: Seine Verhandlungen zerschlugen sich, und ein paar Tage später hatte ich den Hof. Der Preis war angemessen.

Mein Hof liegt in Brandenburg am Rand der Ortschaft Gülpe, nahe dem See. Hinter dem Hof fließt die Gülper Havel, in der man baden kann und Boot fahren. Es ist ein Naturschutzgebiet mit einem einzigartigen Kopfweidenwald. Am Anfang war das Anwesen für mich der Ruhepunkt am Wochenende, es ist nur achtzig Kilometer von Berlin entfernt. Es sollte auch für die Kinder und Enkel sein, denn als ich mich von meinem Mann trennte, fand ich es sehr traurig, dass die Familie nun keinen Mittelpunkt mehr hatte, kein Elternhaus.

Schon damals hatte ich die Idee, etwas zu machen für so gestresste Managerinnen, wie ich eine war, die am Wochenende ausspannen wollen. Es sollte etwas Besonderes sein, nicht wie diese Hotels, in denen man perfekt gestylt zum Frühstück erscheinen muss und überall sitzen die Liebespaare oder die Familien herum und als Frau alleine wird einem in einer Ecke ein kleiner Tisch zugewiesen. Das fand ich immer ziemlich frustrierend. Ich dachte: Warum gibt es nicht eine Art Gästehaus, wo ich ein Zimmer miete und den ganzen Tag tun kann, was ich will, herumschlurfen und keiner kümmert sich um mich, ich kann schlafen, wann ich will, oder auch nicht, fernsehen, Musik hören, wie es mir gerade passt. So in diesem Stil.

So fing ich an, den Hof zu renovieren, auch im Hinblick auf meinen Ruhestand. Ich bin eine aktive Frau und wollte nach meinem Berufsleben mit meiner Zeit etwas anfangen, was mir Spaß macht.

Ich hatte kurz überlegt, noch Religionswissenschaften zu studieren, aber das schien zu sehr l'art pour l'art. Ich wollte wieder etwas aufbauen, ein Projekt haben, für das mein Herz schlägt. Und dann stellte ich fest, dass dieses Haus eine Eigendynamik entwickelte, es war wie ein Geliebter. Ich bin mit Herzklopfen am Wochenende hingefahren, und ganz allmählich hat sich mein ganzes Sinnen und Trachten vom Beruf auf diesen Hof im Havelland gewendet.

Ich ließ meine gesamte Altersversorgung kapitalisieren und steckte sie in den Ausbau des Hofes mit geschmackvollen Gästezimmern. Leider funktionierte meine Idee mit den gestressten Managerinnen nicht. Ich musste etwas anderes versuchen. Weil ich buddhistisch interessiert bin, sprach ich mit meiner Lehrerin darüber, ob ich vielleicht ein Retreathaus aufmachen sollte, was es im Raum Berlin nicht gibt. Bei immerhin 50.000 Buddhisten hier, die sich immer mal wieder zurückziehen, tage- oder monatelang schweigend nur meditieren, lesen, Vorträge hören, müsste solch ein Angebot doch angenommen werden. Meine Lehrerin fand das eine gute Idee, und ich baute in einem der Nebengebäude drei Zimmer zu schönen Gästezimmern mit Fußbodenheizung und Dusche aus. Das aber verschlang mein gesamtes schmales Vermögen. Und meine Rente reicht gerade mal für die Fixkosten.

Meine Lehrerin kam dann mit einer Freundin für drei Wochen zum Retreat. Ich kochte für sie, morgens, mittags und abends – schweigend. Es war wunderbar, und die beiden waren begeistert, aber es wurde nichts Regelmäßiges daraus. Und es fragten auch andere nicht nach. Meine Lehrerin kommt nun einmal im Jahr für eine Woche mit ein paar Schülerinnen. Sie versorgen sich selbst. Mehr war nicht, und das mit dem Retreathaus konnte ich mir abschminken. Vielleicht ist mein Anwesen dafür zu klein. Ich kann nur zehn Leute unterbringen, in Doppelzimmern, und das ist für ein Seminar zu wenig.

Was tun? Meine Schwester vermittelte mir dann eine Yogagruppe, acht Frauen, die sie kannte. Und die waren in diesem Jahr zum vierzehnten Mal auf meinem Hof. Ich koche für sie, ein ganz neues Erlebnis. Ich habe nie gewusst, was Kochen für ein kreativer Prozess ist. Klar, ich habe immer für die Familie, die Kinder gekocht, aber das musste schnell und einfach gehen. Jetzt macht es viel mehr Spaß. Als ich merkte, dass die Gruppe gern und oft kommt, baute ich meinen Speicher zu einem Seminarraum aus. Ab da schaute ich ganz zufrieden in die Zukunft. Trotzdem, es war nicht leicht. Im Januar 2004 hatte ich zum Beispiel noch keine einzige Anmeldung für das kommende Jahr. Im Januar nicht, im Februar nicht, im März nicht. Ich kann aber den Hof nicht halten ohne Seminare. Dann kamen die Anfragen. Gruppen, die Yoga, die Feldenkrais machen, meldeten sich an und seit Neuestem, das ist für mich sehr wichtig, die sogenannten »Maikäfer-Flieg«-Gruppen. Ich bekam einen Anruf aus London von einem Therapeuten, der von mir gehört hatte und einen Ort suchte für seine Seminare. Er arbeitet mit Menschen, die zwischen 1935 und 1945 geboren wurden und unter Kriegstraumata leiden, die jetzt erst im Ruhestand anfangen, sich damit auseinanderzusetzen, und mit Psychotherapeuten, die die Seminare als Weiterbildung nutzen. Dieser Psychotherapeut, Peter Heinl, arbeitet seit über zwanzig Jahren auf diesem Gebiet. Als er sich den Hof anschaute, haben wir uns sofort gut verstanden, ich hatte das Gefühl, wir kennen uns schon lange. 2006 führte er zwei Seminare bei mir durch, 2007 werden es sechs bis acht sein, das sind immer drei Tage.

Das bedeutet für mich: Ich habe nun ein richtiges Seminarhaus, das kleinste in Europa. Es ist ideal für kleine Gruppen, die bei mir das ganze Areal zur Verfügung haben, und ich kann mich ganz individuell auf sie einstellen. Ob sie nun länger arbeiten wollen, ob sie ihre Hauptmahlzeit mittags oder abends wollen. Und ich stehe in der Küche und rühre in den Suppentöpfen. Das ist so eine unmittelbare Befriedigung, zu sehen, wie die Leute strahlend um meinen Tisch herum sitzen.

So läuft es nun ganz gut. Inzwischen habe ich noch eine kleine Gästeküche eingerichtet für einzelne Gäste, die vorwiegend unter der Woche kommen. Sie verpflegen sich selbst, was den Aufenthalt preiswerter macht. Dieser Hof besitzt eine ganz besondere Atmosphäre, und das hat möglicherweise auch mit meiner Person zu tun.

Das Haus ist kein Hotel, wer das sucht, ist hier fehl am Platz. Es ist, als ob du bei Freunden zu Gast bist, aber du musst dafür bezahlen.

Ich habe systematisch daran gearbeitet, dass ich im Dorf akzeptiert wurde, zum Beispiel fast nur einheimische Handwerker beschäftigt. Gülpe hat 150 Einwohner, und ich behaupte, der Aufbau Ost ist an diesem Dorf ziemlich vorbeigegangen. Es gibt keinen Bahnhof, keinen Laden, keine Kneipe, nicht einmal eine Telefonzelle. Der Bus fährt einmal in der Woche ins benachbarte Rhinow. Am schönsten ist der alte Teil um den Kirchplatz, wo auch mein Hof liegt.

Wenn mir jemand prophezeit hätte, dass ich einmal in der Ex-DDR in einem Dorf lande, den hätte ich für verrückt erklärt, denn ich habe mich immer für eine richtige Stadtfrau gehalten. Dann habe ich auch noch zum richtigen Zeitpunkt eine wunderbare Freundin gefunden. Linda hat eine Wohnung in Berlin-Charlottenburg, und wir praktizieren das bekannte »Getrennt-Zusammen-Leben«. Es ist natürlich viel schöner, so ein Gästehaus gemeinsam zu führen, und ich muss nicht ganz auf die Großstadt verzichten.

Mir ist bewusst, dass ich in meinem Leben oft im richtigen Augenblick beschenkt wurde und eigentlich nur sagen kann: Lieber Gott – oder wer immer dafür zuständig ist –, ich danke dir.

Ich bin in meinem Leben viel gereist und habe immer einen Ort gesucht, von dem ich sagen kann: Hier gehöre ich hin. Ich musste immer weiterziehen, aber jetzt habe ich den Ort gefunden, wo ich leben und begraben sein will. Die Wildgänse, die über meinen Hof fliegen, die nehmen meine Sehnsucht nach der Ferne mit und bringen sie wieder. Ich muss nicht mehr weit reisen, die Gänse machen das für mich, ein schönes Gefühl. Ich bin angekommen.

Das Leben – immer noch ein phantastisches Abenteuer

Interview mit dem Modedesigner Nino Cerruti

Als Modedesigner wurde er international gefeiert. Heute leitet er in Biella seine Stofffabrik. Nino Cerruti ist 77 und hat nichts von seinem Elan verloren.

Biella, eine kleine Stadt im Piemont, knapp eine Autostunde von Mailand entfernt, wird seit Jahrzehnten in der internationalen Modewelt gehandelt, als wäre sie ein Juwel. Der DuMont-Kunstreiseführer erwähnt den Ort nur am Rande. Er sei eine Siedlung der Römer, vielleicht sogar der Kelten gewesen. Der Besichtigung wert seien die Via Italia und ein paar angrenzende Straßen, in denen noch der »Reiz eines alten Geschäftsviertels« zu spüren ist. Genannt werden außerdem der Dom mit Baptisterium und ein »ungewöhnlich hoher Campanile«.

Dass dieses Städtchen in der Modewelt immer mit einem hochachtungsvollen Ton (Ah Biella!) ausgesprochen wird, liegt an einem Namen, der ihn geprägt hat: Cerruti 1881, eine Wollspinnerei und Weberei, die der Großvater von Nino Cerruti gründete. Der Enkel baute nicht nur die Fabrik aus, er stieg auch zu einem der bekanntesten internationalen Modedesigner auf, überhäuft mit Preisen und von der Presse gefeiert wegen seiner avantgardistischen Entwürfe. Sein Modeimperium hat Nino Cerruti 2001 verkauft, nicht aber die Fabrik in Biella, die Lanificcio F. lli Cerruti. Sie gehört zur Familienholding, wie die Möbelfirma Baleri und weitere Firmen. Nino Cerruti, 77 Jahre alt, ist der Präsident, und wie er da sitzt in seinem Büro in der alten Fabrikhalle, könnte man ihn malen als den typischen italienischen Patriarchen. Ein attraktiver Mann, der seine Meinung mit der Selbstsicherheit des Alters vertritt. Eigentlich schade, dass er nicht mehr auf dem Laufsteg nach einer Cerruti-Show strahlend den Beifall entgegennimmt. Er trug stets einen gelben Pullover. Jetzt beim Interview trägt er grasgrüne Socken.

Sind diese Socken ein Mode-Statement?
Nein, ganz bestimmt nicht. Meine Lebensgefährtin Sibylla schenkt sie mir. Alle in leuchtenden Farben. Ich ziehe sie mit viel Spaß an, nur die braunen, die mag ich nicht.

Sie waren 71, als Sie die Marke Cerruti verkauften. Starteten Sie sofort wieder durch?
Da ich die Stofffabrik und andere Firmen behalten habe, war es selbstverständlich, dass ich weitermachte. Ich bin, auch während ich in der Mode arbeitete, jede Woche einen Tag hierher gekommen, um den Überblick nicht zu verlieren. Deshalb verschwand ich nie aus Biella und musste deshalb auch später nicht wieder auftauchen.

Sie hätten in den Ruhestand gehen können. Oder wollten Sie noch Geld verdienen?
Mir bereitet meine Arbeit Freude, weil ich sie interessant und faszinierend finde, weil noch viel zu tun ist. Deshalb mache ich weiter. Und natürlich muss man mit seiner Arbeit Geld verdienen, sonst ist man nichts wert. Und das wäre absolut unbefriedigend. Man arbeitet schließlich genauso hart für den Erfolg wie für den Misserfolg. So ist es besser, man hat Erfolg.

Es schließt sich ein Kreis: Ehe Sie Modedesigner wurden, waren Sie für die Stofffabrikation zuständig – wie heute wieder.
Als Jugendlicher hatte ich ganz andere Ambitionen. Ich wollte eigentlich Journalist werden, habe mit Freunden die Zeitschrift *L'Espresso* herausgegeben. Aber dann starb mein Vater über-

raschend, ich musste mein Politologie-Studium lassen und die Firma übernehmen. Ich war damals gerade zwanzig. Immerhin hatte ich bereits Erfahrungen gesammelt. Seit ich zehn Jahre alt war, arbeitete ich jeden Sommer in den Fabriken und wusste deshalb viel über die Stoffherstellung. Das war die erste Station in meinem Leben. Die zweite war meine Karriere als Modedesigner. Und nun bin ich bei der dritten Station angelangt. Das ist sehr befriedigend, denn Stoffe können zur Leidenschaft werden, sie haben ihre ganz eigene Faszination. Ständig passiert etwas Neues. Man denkt: Jetzt habe ich eine Idee verwirklicht, und schon taucht eine andere Komponente auf. Das ist ein lebendiger und kreativer Prozess. Man kann handeln, phantasieren und sich sogar zwischendurch ausruhen. Einer Kollektion muss man sozusagen Leben einhauchen, und es ist wirklich wunderbar, wenn das Ergebnis stimmt. Ich gebe gern zu, dass ich nicht viel Zeit an Details verschwende, ich erfinde lieber etwas Neues. Innovationen gehören zur Tradition und zum Charakter dieser Stofffabrik.

Gehen Sie jeden Tag ins Büro, in die Fabrik?
Selbstverständlich. Ich kann doch nicht kurz erscheinen und sagen: Guten Tag, dieses und jenes ist zu tun, und dann wieder verschwinden. Das möchte ich meinen Mitarbeitern nicht zumuten. Es wäre respektlos. Mein Arbeitstag ist eine Kombination von Disziplin und Freiheit. Disziplin, weil ich Anweisungen geben und Aufgaben koordinieren muss. Aber ich gestehe, dass ich morgens etwas später komme als die anderen, meistens nach neun Uhr. Gegen 19 Uhr mache ich Schluss. Ich sehe meine Aufgabe heute hauptsächlich darin, Menschen, die hier Verantwortung haben, zu beraten: Was für ein Produkt sollte neu entwickelt werden, welche neuen Techniken müssen wir ausprobieren. Und ich entwerfe manche der Stoffe. Ich bin derjenige, der hier viele Diskussionen anschiebt. Leider landen meistens nur die Probleme auf meinem Tisch, und so vergeht der Tag mit ihrer Lösung.

Ihre Firma stellt neben Stoffen, die von Armani bis Chanel bestellt werden, auch Möbel her, Sie besitzen vier Outlets, die in Biella und anderen Orten in Italien Designermode anbieten, und nun engagieren Sie sich auch noch in China. Warum?
Ich konnte es nicht lassen, dort etwas zu machen. China ist ein neuer, wichtiger Markt. Wir haben dort ein kleines Unternehmen gegründet. Ich versuche den Chinesen beizubringen, wie man schöne, perfekte Anzüge macht, handgenäht. Wir müssen sehen, was daraus wird.

Gehen Sie zu vielen Events?
Sehr selten, auch nicht zu den Modeschauen. Da passe ich nicht mehr hin. Mal ehrlich: Junge Leute möchten selten von den Älteren umgeben sein. Sie haben Angst, wir würden ihnen ständig sagen, wo es lang geht. Da muss man vorsichtig sein. Was ich über die neueste Mode wissen muss, kann ich überall nachlesen. Außerdem haben wir in der Firma ein gutes Informationssystem.

Sie wurden jahrelang als Modedesigner bewundert und gefeiert. Vermissen Sie das?
Mir war es nie wichtig, im Mittelpunkt zu stehen. Die Modewelt ist verrückt, dieser ganze Lärm um nichts. Jeder will ständig der Größte sein. Da ist so viel Oberflächlichkeit, so viel Egozentrik.

Manager leiden oft unter dem Verlust an Macht. Sie auch?
Was heißt Macht? Welche Bedeutung hat sie? Ich bin der Meinung, Macht ist in erster Linie Verantwortung und nicht, sich wichtig zu fühlen. Vieles, was wir tun, sind Peanuts im Vergleich zu dem, was in der Welt los ist.

Das klingt nach Altersweisheit.
Nein, nein, das war mir schon immer klar. Alles, was man tut, ist temporär, und glücklicherweise bin ich von dieser Abhängigkeit von der Macht verschont geblieben. Menschen, die Macht lieben, machen mich misstrauisch. Wenn man in der Lage ist, Verantwortung

zu übernehmen, Menschen zu führen, dann ist das eine Aufgabe. Man muss andere Leute respektieren, und es ist schön, wenn man selbst respektiert wird.

Haben Sie Probleme mit dem Älterwerden?
Nun, ich wäre gern jünger, das ist keine Frage, dann hätte ich mehr Energie. In meinem Alter muss ich vernünftig leben, und das ist nicht immer leicht. Man muss auf seinen Körper achten. Vor ein paar Jahren hörte ich auf, Ski zu fahren, und setzte mich auch nicht mehr ans Steuer meines Autos. Beides mache ich nun wieder. Man darf dem Alter nicht nachgeben. Das Leben ist für mich nach wie vor ein phantastisches Abenteuer. Ich möchte nicht das Gefühl haben, die Zeit nicht zu nutzen. Deshalb versuche ich, das Beste daraus zu machen. Nicht gebraucht zu werden, das wäre schlimm. Man muss versuchen, die Dinge so zu tun, dass es einen Grund gibt zu existieren. Man muss seine Zeit auch mit Arbeit ausfüllen, mit Arbeit, die interessant und anregend ist. Alles andere wäre deprimierend. Menschen, die immer aktiv waren und im Alter nicht wissen, was sie machen sollen, tun mir leid. Es funktioniert nicht, wenn man ständig den Leuten erzählt, wie toll es früher war. Da hört einem nach kurzer Zeit niemand mehr zu. Erfahrung ist ein Wert, den man nutzen sollte.

Denken Sie über die Zukunft nach?
Ich denke über die Welt nach, und da stört mich viel. Die Strukturen unserer Gesellschaft werden ständig inhumaner. Wir kreieren ein System, in dem Werte verloren gehen: Sensibilität, Respekt für andere, das wunderbare Gefühl, Teil einer Gemeinschaft zu sein. Wer diesen Verlust kritisiert, bekommt oft zu hören: Das war früher nicht anders. Aber das stimmt nicht. Noch vor Jahren wusste man um den Wert der Menschlichkeit. Auch unsere Großeltern und Eltern beklagten es, wenn sich bestimmte Wertvorstellungen änderten. Aber nun hat unsere Gesellschaft einen Sprung gemacht wie nie zuvor. Die neuen Technologien, wie sie umgesetzt werden, verwandeln die Menschen, und wir wissen nicht, wo das hinführt.

Wie ist es mit Charity? Tun Sie etwas?
Ich bin in einer Fondation, die versucht, mit Vorbeugung gegen die wachsende Kriminalität anzugehen. Das halte ich für sehr wichtig. Heute behandeln wir ein Übel erst, wenn es ausgebrochen ist. Vorbeugung scheint der Vergangenheit anzugehören. Auch daran sieht man, wie unsere Gesellschaft heute konstruiert ist. Mit Behandlung verdient man Geld, mit Vorbeugung nicht.

Viele Menschen sagen, im Alter werden die großen Gefühle weniger.
Das ist nur der Fall, wenn man zum Beispiel noch eine Verliebtheit erwartet wie in der Jugend. Man verliert die Liebe nicht. Aber wenn die Leidenschaft etwas verblasst, nimmt die Beziehung eine intellektuellere Form an. Das ist interessant und selbstverständlich auch Liebe. Doch die Liebe zum Leben, das ist ein Gefühl, das nicht vergeht. Es kann sogar intensiver werden.

Sie wirken, als könnten Sie mit dem Älterwerden gut umgehen?
Wenn ich alles zusammenzähle, die guten und auch die schwierigen Zeiten, dann kann ich sagen, das Leben war gut zu mir und im Moment ist die Situation okay. Ich bin neugierig, lese viel, informiere mich über die Wissenschaften, die Welt der Künste, nicht zu vergessen die Probleme der Natur. Ich bin gern mit jungen Leuten zusammen, weil mich interessiert, was sie denken, auch wenn ich nicht immer ihrer Meinung bin.

Haben Sie sich im Alter verändert?
Ich bin die gleiche Person wie immer, aber alles ist etwas weniger, als es war.

Ihr Traum wurde wahr

Die Modedesignerin Sibylla Jahr startete mit über sechzig nach einer beachtlichen Karriere noch einmal richtig durch. Sie lebt bei ihrem Lebensgefährten Nino Cerruti in Italien. Jetzt ist sie 69 und entwirft ihre zweite Mode-Kollektion.

Mode war vielleicht immer mein Ding. Das kann ich heute rückblickend sagen, obwohl ich ein paar Umwege gemacht habe. Ich studierte nach dem Abitur Germanistik und Modedesign. Dann wollte ich heiraten, doch mein Vater sagte: Kommt nicht in Frage, du musst vorher eine abgeschlossene Ausbildung haben. Gut.

Der Modedesigner Uli Richter bot mir eine Stelle an als Assistentin. Später wurde ich Journalistin, machte ein Volontariat, landete dann irgendwann bei der Frauenzeitschrift *Constanze* als Ressortleiterin für Mode und Kosmetik und war verliebt in den jungen Verleger. Ihn habe ich später geheiratet. Meine berufliche Laufbahn führte mich zu anderen Frauenmagazinen. Aber ich dachte: Das kann doch nicht alles sein. Ich wollte Lehrerin werden, Kindern zeigen, was man alles aus sich machen kann. Ich begann ein Soziologie-Studium, kam schnell voran, und es machte richtig Spaß. Ich fing meine Promotion an mit einem Thema aus meinem Lieblingsfach: nonverbale Kommunikation. Aber daraus wurde nichts. Ich musste das Studium abbrechen. Es kam alles zusammen: Meine Mutter war schwer krank, und ich ließ mich auch noch scheiden. Später habe ich zuerst als freiberufliche Journalistin gearbeitet und wurde dann Ressortleiterin für Mode bei *Cosmopolitan* und danach stellvertretende Chefredakteurin bei *Allegra*. Drei Jahre später machte ich in Hamburg mein Büro für Media-Consulting in Sachen Mode auf.

Zwischendurch lernte ich Nino Cerruti kennen und lieben. Wir waren schon zwei Jahre zusammen, als er mir vorschlug, auch für seine Firma, die Stofffabrik Lanificio Cerruti in Biella, zu arbeiten. Damals war ich ständig zwischen Hamburg und Biella unterwegs. Inzwischen habe ich mein Büro in Hamburg aufgegeben, weil die Aufgaben bei Lanificcio immer mehr wurden: von Multimedia und Marketing bis zu Trendanalysen des Marktes.

Über einen Ruhestand habe ich überhaupt nicht nachgedacht. Man kann sagen, ich startete mit über sechzig wieder richtig durch. Ich musste alles über die Herstellung von Stoffen lernen. Obwohl ich aus der Mode komme, verstehe ich jetzt viel mehr davon als früher. Mein Blick darauf hat sich verändert. Stoffe leben, und sie müssen bis zum letzten Finish viel durchmachen. Stoffe sind sinnlich. Wenn ich einen Stoff in der Hand habe, spricht er zu mir und damit zu seiner Umwelt. Ich hätte nie gedacht, wie interessant es ist, sich mit dieser Materie zu beschäftigen. Gerade habe ich ein dickes Buch entdeckt: »Techno Textiles«. Ich bleibe auf der Spur, will dem Trend nachspüren. Ich habe viele Ideen, und das gibt mir den flow, ein Begriff, den vor vielen Jahren Glücksforscher in Amerika geprägt haben, grob übersetzt: ein tolles Gefühl.

Der nächste Schritt, er war logisch. Ich glaube, der Traum vieler Modejournalistinnen ist es, eine eigene Kollektion zu machen, auch meiner. Man hat ja unendlich viele Modeschauen gesehen und damit viel Erfahrung. Nino Cerruti fand die Idee gut. Zuerst nahm ich Privatstunden in Modezeichnen. Ich sollte Figurinen und nochmals Figurinen zeichnen, was viel Zeit kostete. Ich fand dann eine Modellistin, die für mich nach meinen Ideen und Vorgaben arbeitete. Damit war ich gerettet. Ich wollte Mode machen, die Frauen wirklich tragen können, unkomplizierte Teile, in denen sie von morgens bis abends super angezogen sind, Mode, in der eine Frau gut aussieht und sich wohlfühlt. Ich habe für die erste Kollektion Basics entworfen, die man untereinander kombinieren kann. In Farben, die dem Teint schmeicheln, die frisch sind. Die Kollektion trägt meinen Namen Sibylla Jahr und wird in den Outlets der Lanificcio Cerruti verkauft. Es läuft gut, und ich sitze jetzt an meiner zweiten Kollektion.

Es war schon aufregend. Die Kollektion musste ich vor den Spitzenleuten der Outlets präsentieren, die angereist kamen, um sie zu begutachten. Es ging ums Geschäft: Sie sollten sie schließlich ordern. Am Abend vorher habe ich einen Vortrag in italienischer Sprache eingeübt: was man womit kombinieren, was man zu welcher Gelegenheit tragen kann. Warum diese Farbe mit jener. Es hat geklappt. Für mich persönlich war die Meinung der anderen auch deshalb wichtig, weil ich wissen musste, ob ich mit meinen Ideen richtig liege. Mode ist für mich eine Message, eine Möglichkeit, sich selbst darzustellen, sich wohl zu fühlen, attraktiv zu sein. Mode ist ein persönliches Ausdrucksmittel. Ich bin auch modisch angezogen.

Ich habe noch ganz viele Pläne. Ich weiß eigentlich gar nicht, was Aufhören bedeutet. Heißt es, man sitzt im Lehnstuhl mit einem guten Buch oder vor dem Fernseher? Ich könnte mir auch vorstellen, ich gehe wieder an eine Uni und beende meine Doktorarbeit. Ich habe noch einige Unterlagen, finde das Thema nach wie vor interessant. Um ehrlich zu sein, mich beschäftigt das Alter wenig. Aber ich bin heute eindeutig sicherer als früher. Ich war in meiner Jugend schüchtern, das habe ich mehr im Griff. Ich habe gelernt, dass ich meine Schularbeiten machen muss, wie vor der Präsentation meiner Kollektion. Wenn wir morgen eine Sitzung mit einer Agentur haben, bereite ich mich akribisch vor, kenne alle Zahlen, überlege, welche Fragen gestellt werden könnten.

Es ist seltsam: Ich nehme heute mehr wahr, was um mich herum passiert. Ich gehe eine Straße entlang und sehe fünf Sachen auf einmal. Früher hastete ich schnell durch die Gegend, weil ich irgendwohin musste, weil ich vielleicht Angst hatte, etwas zu verpassen. Ich bin auch nicht mehr so sehr mit mir selbst beschäftigt. Ich weiß, worauf ich achten muss, was ich gut finde, was ich vermeiden sollte.

Eine Partnerschaft, wie Nino Cerruti und ich sie haben, ist nicht nur schön, sondern interessant. Auch weil wir zusammen arbeiten. Wir haben eine Wohnung in Hamburg, sind aber meistens hier in Biella. Ich habe mich sehr um den Garten des alten, schönen Hauses gekümmert, in dem wir hier wohnen. Mein Lebensmittelpunkt ist heute in Biella.

Ich kann gut mit mir umgehen. Vielleicht, weil ich dieses Erlebnis hatte. Es war in Mailand, ich hatte es eilig, schlüpfte aus dem Auto, und da war eine Wasserpfütze, in der ich ausrutschte und kopfüber hinfiel. An mehr erinnere ich mich nicht. Aus Erzählungen weiß ich, dass sofort Leute kamen, mir einen Eisbeutel auf den Kopf legten, und, weil ich nicht mehr zu mir kam, mich zur Notaufnahme ins Krankenhaus brachten. Dort wachte ich nachts um elf Uhr auf, nach fünf Stunden im Koma. An meinem Bett saß Nino, sagte mir: Es ist nichts Schlimmes passiert, sei ganz ruhig. Ich wusste von nichts. Und ich lag da und konnte kaum sprechen. Mit mir war geschehen, was man nachlesen kann, was Menschen erzählen, die im Koma lagen. Ich glitt durch einen Tunnel mit einem Licht ganz hinten, das dich ganz langsam zu sich zieht, und rechts und links tauchten Menschen auf, die ich lange nicht gesehen, an die ich nie mehr gedacht hatte. Ich hatte keine Angst. Es war, als wären da Engel. Es war ein schönes Gefühl. Und immer das gelbe Licht, auf das ich zusteuerte. Dann wachte ich auf. Ich erinnerte mich an alles ganz genau. Ich lag im Bett, war schwach und konnte immer noch tagelang kaum reden. Aber ich war gefühlsmäßig tief berührt, wie nett alle diese Menschen im Tunnel zu mir waren, vor allem jene, von denen ich das nie erwartet hätte, die sich mir verbunden fühlten, das aber früher nie gezeigt hatten.

Dieses Erlebnis hat mich verändert, ohne dass ich es zunächst bemerkte. In dem Moment, als ich aufwachte, fühlte ich eine neue Kraft. Sie war anders als alle Kräfte, die mir sonst in meinem Alltag zur Verfügung stehen. Dazu kam noch die ganze Anteilnahme und Besorgnis der Menschen um mich herum, als ich im Krankenhaus lag. Und in diesem Prozess spürte ich irgendetwas Neues, eine Innerlichkeit, um ein Modewort zu gebrauchen. Auch Dankbarkeit. Und das hält an. Es hört sich vielleicht kitschig an: Ich fühlte mich aufgenommen durch meine Wiederkehr in eine große spirituelle Gemeinschaft.

Mit den rollenden Hotels rund um den Globus

Elfriede Graf hat im Alter ihrem Fernweh nachgegeben und fast die ganze Welt bereist. Ein abenteuerliches Leben, das sie mit Medikamententests finanzierte. Die frühere Sekretärin und Rotkreuzschwester lebt in Neu-Ulm und ist 86 Jahre alt.

Als ich eine Juristenwitwe wurde, so nennen wir eine geschiedene Frau, da habe ich beschlossen, dass ich jetzt die Welt sehen möchte. Ich war während des Krieges als Rotkreuzschwester schon viel unterwegs gewesen, auch als Kind bin ich in mehreren Städten aufgewachsen. Heute heißt es doch so schön, man soll flexibel sein. Nun: Ich war es immer. Als ich meine Wohnung hier in Neu-Ulm bezogen hatte und mich mit dem Alleinleben einrichtete, schenkte mir mein Vater tausend Mark – ich hatte wenig Geld –, und damit habe ich schnurstracks eine Schiffsreise im Mittelmeer gebucht. Das hat ihm irgendwie imponiert, und er schob mir ab da immer mal wieder etwas Geld zu.

Und dann habe ich die Rotel Tours entdeckt, das rollende Hotel. Eine Freundin erzählte mir davon. Sie sagte: Entweder, du machst es einmal und nie wieder, oder einmal und immer wieder. Ich dachte: Warum nicht. Meine erste Reise führte mich zum Nordkap und über Russland wieder nach Hause. Wir sind von München nach Dänemark gefahren, nach Schweden, Norwegen und Lappland, vier Wochen lang. Es war toll, ich habe so viel gesehen, so viel erlebt. Es ist zwar lange her, aber die Bilder habe ich noch im Kopf. Mit den anderen Teilnehmern auf diesen Reisen bin ich gut zurechtgekommen, es sind immer so dreißig bis vierzig Leute. Reisen mit diesen Bussen ist eine Einstellungssache. So preiswert wäre ich doch nie um den Globus gekommen. Ich bin den Rotel Tours ewig dankbar. Ich wollte immer mal ein Dankesschreiben schicken, aber ich komme einfach nicht dazu. Da fahren Leute mit, die richtig an den Ländern interessiert sind, gebildete Männer und Frauen, die auf diese Weise viel von der Welt sehen können. Wer da mitmacht, weiß doch vorher, was ihn erwartet. Diese Berichte über Schubladen in den Bussen, in denen man angeblich schlecht schläft, das habe ich so nicht erlebt. Ich fand das alles ganz okay. Das mit den Schubladen ist Quatsch. Es sind kleine Kojen, in denen man zwar nicht aufrecht sitzen kann, aber sonst ist genügend Platz. Jede dieser Kojen hat ein Fenster, und die Betten sind bequem. Man nimmt auf so eine Reise einen großen Koffer mit und eine Reisetasche, in die man packt, was man so täglich braucht, und alle drei Tage schichtet man gebrauchte Sachen in den Koffer und neue in die Tasche. Ich habe schnell gelernt, mich zu organisieren. Damals bekam man morgens Frühstück, mittags eine warme Mahlzeit, und abends gab es meistens Aufschnitt, Käse und Brot. Aber inzwischen geht man mittags auch irgendwohin zum Essen.

Was mir gut gefallen hat: Die Reiseleiter waren sehr kompetent. Ich habe mich nie besonders vorbereitet, weil ich der Meinung bin, dann ist die Überraschung größer. Unsere Begleiter wussten über Land und Leute Bescheid. Man besucht ja viele Sehenswürdigkeiten, und sie erklärten alles. Sie kümmerten sich auch um Eintrittsgelder, um Trinkgeld. Das ist sehr angenehm, wenn einem das abgenommen wird. Meine zweite Reise ging nach Persien, wie es damals noch hieß, und weiter in die Türkei. Da ganz hinten in der Türkei haben sie mit Steinen nach uns geworfen. Wir sind dann einfach durchgefahren. Manche Reisen waren schon ein Abenteuer. In Russland durfte man nicht einmal die Straße verlassen. Das war in dieser Zeit so. Aber wir waren immer vorsichtig. Man bleibt in der Gruppe, wenn es irgendwie gefährlich ist. Sonst kann man sich schon auch mal selbstständig machen.

Die Reise bis nach Japan war wunderbar. Wir sind mit dem Bus nach Wien gefahren, von dort nach Moskau geflogen, dann nach

Irkutsk. Ich habe unglaublich viel erlebt, sogar am Baikalsee standen wir. Mit der Transsibirischen Eisenbahn waren wir unterwegs, da gab es diesen schönen Tee aus dem Samowar und gutes Essen im Speisewagen. Mit dem Schiff ging es dann nach Japan. Und das ist auch ein Beispiel dafür, wie flexibel solche Reisen gehandhabt wurden. Obwohl der Plan etwas anderes vorgesehen hatte, sagte die Reiseleiterin plötzlich: Wir müssen sofort weiter nach Kyoto fahren, da ist morgen ein Fest. Natürlich sind wir dort den Philosophenweg entlanggebummelt mit all den Tempeln. Ach, und dann sind wir mit dem Shinkansen hinunter nach Hiroshima. Dieser superschnelle Zug war damals noch eine Sensation. Von Tokio flogen wir nach Singapur und von dort zurück nach Deutschland mit einer Zwischenlandung in Dubai. Das ist vielleicht ein Flughafen, alles Gold und Silber!

Diese Reisen! Ich habe immer den Prospekt durchgeblättert und geschaut, was mich jetzt interessieren könnte. Heute blättere ich darin wie in einem Märchenbuch, und dann kommen die Erinnerungen hoch, ein schöner Zeitvertreib. Ich habe nie das Gefühl, ich hätte etwas verpasst.

Als Nächstes bin ich nach Afrika gefahren bis zum Kap der Guten Hoffnung. Da standen wir, wo der Indische und der Atlantische Ozean zusammentreffen. Ja, wenn man es weiß, erkennt man es schon. In so einem Bus durch Afrika zu fahren ist unglaublich. Wir waren in Lambarene, konnten alles anschauen, wir sind in den großen Krater in Tansania mit Jeeps gefahren. Ich habe Fotos, wie dort ein Löwe ein Gnu verfolgt und gepackt und verspeist hat. Als wir in die Wüste kamen, blühte sie, alles war bunt, weil es kurz zuvor geregnet hatte.

Ich habe wirklich viel von der Welt gesehen. Island, Süd- und Nordamerika und China. Selbstverständlich auch die europäischen Länder. Es war immer alles spannend und interessant. Wenn ich heute zurückdenke: Eine meiner schönsten Reisen ging in die Antarktis. Da wollte ich einfach hin. Weil die Rotel Tours das nicht in ihrem Programm hatten, bin ich einfach ins Reisebüro marschiert und habe mir die Tour zusammenstellen lassen. Da war ich ja schon eine erfahrene Reisende und habe mich getraut, das auf eigene Faust zu machen. Es war wunderschön, still und ruhig, eine überwältigende Landschaft.

Das klingt jetzt, als wäre ich ständig unterwegs gewesen. Aber ich habe nur alle zwei Jahre eine Reise unternommen. Das Erlebte muss man ja erst verarbeiten. Meine letzte große Reise machte ich, als ich 76 war, nach Marokko. Danach war ich nicht mehr stabil genug. Klar, wandern und Ski fahren in Südtirol, Bergtouren mit dem Alpenverein, das war bis vor ein paar Jahren schon noch drin.

Obwohl diese Reisen für das, was geboten wurde, wirklich preiswert waren, hätte ich mir so viele nie leisten können. Ich habe sie mit Medikamtentests finanziert. Wenn ich das erzähle, zucken die Leute meistens zusammen und sagen sofort: Das ist doch viel zu gefährlich. Nun ja, vielleicht, aber ich glaube das nicht. Außerdem war ich immer unternehmungslustig und überhaupt nicht ängstlich. Bei mir in der Nähe gab es damals eine Gesellschaft für pharmakologische Untersuchungen, und da wurde ich, man könnte fast sagen, Stammkundin. Ich erinnere mich gar nicht mehr, wie viele solcher Tests ich mitgemacht habe. Sie dauerten unterschiedlich lange, manchmal musste man dort einrücken, eine Woche oder zwei, manchmal auch nur ein paar Tage. Ich traf meistens interessante Menschen, es war nie langweilig. Passiert ist mir nie etwas. Und danach hatte ich wieder Geld auf meinem Konto. Das variierte so zwischen tausend und über zweitausend Mark.

Was ich unbedingt noch erzählen muss, sonst klingt das ja so, als wäre ich die ganze Zeit nur zu meinem Vergnügen unterwegs gewesen: Ich war zwanzig Jahre ehrenamtliche Mitarbeiterin von UNICEF, acht Jahre davon als Leiterin unserer Arbeitsgruppe. Die *Südwestpresse* hat einen Artikel darüber gebracht. Ich lese mal vor: »Elfriede Graf hat die Entscheidung, ihrem Leben einen neuen Sinn zu geben, nie bereut. Sie selbst hat keine Kinder, empfindet aber ein hohes Maß an Befriedigung, für Kinder der Welt einzustehen.«

Unterwegs auf meinen Reisen bin ich vielen Kindern begegnet. Und manchmal dachte ich dann, vor allem in Afrika: Vielleicht haben wir dem einen oder anderen von ihnen geholfen.

EIN UNTERNEHMER, DER MÖNCH WURDE

Bis vor drei Jahren hieß er Hans-Joachim Jütte. Nachdem er sein bürgerliches Leben beendet hatte und ins Kloster ging, trägt er den Ordensnamen Frater Marcel Callo. Die Stationen seines Lebens deuteten nicht zwangsläufig auf den Weg in ein Zisterzienserkloster hin: Lehre als Bauschlosser bei Krupp. Zwölf Jahre Bundeswehr, Abgang als Oberfeldwebel mit Panzerführerschein. Ausbildung zum Verwaltungsfachwirt im mittleren Dienst. Bei der Stadt Dortmund zuständig für die Unfallverhütung bei den Müllwerkern. Weiterbildung in den gehobenen Dienst und Einsatz als Standesbeamter. Hans-Joachim Jütte traute zweieinhalbtausend Paare, selber geheiratet hat er nicht. Nach Beendigung seiner Tätigkeit im öffentlichen Dienst bis zu seinem Eintritt ins Kloster Heiligenkreuz war er ein erfolgreicher Geschäftsmann mit einem Jahresumsatz von über einer Million Mark. Die Zisterzienser sind ein Orden in der römisch-katholischen Kirche. Die Mönche in Heiligenkreuz leben nach den Regeln des Hl. Benedikt. Das Stift liegt in einem idyllischen Tal westlich von Wien und wird jährlich von mehr als 180.000 Menschen besucht. Zum Konvent gehören 74 Mönche. Der älteste ist 98 Jahre alt, der jüngste 21. Frater Marcel Callo ist 62 Jahre alt. Ein rundlicher, freundlicher Mann mit viel Humor.

Frater Marcel, wie sind Sie zu Ihrem Ordensnamen gekommen?
Bei uns im Kloster ist es so, dass wir dem Herrn Abt drei Vorschläge unterbreiten dürfen, was unsere Favoritennamen sind. Das ist so eine Art »Mitbrüderbeteiligung«. Normalerweise ist es so, dass der

Abt bestimmen kann, wie man heißen soll. Es ist aber sicherlich sinnvoll, wenn man bei der Namensgebung mitwirken kann und einen Namen bekommt, mit dem man wirklich leben kann und zu dem man eine persönliche Beziehung hat. Ich selbst bin durch Zufall in einem Buch auf Marcel Callo gestoßen. Das ist ein junger Mann gewesen, der mit 23 Jahren im KZ Mauthausen in Oberösterreich ums Leben gekommen ist. Er war Franzose und in der Stadt Rennes Ministrant und Jugendführer. Mutig setzte er sich während der Nazibesetzung für die katholische Sache ein und forderte die Jugendlichen auf, dem Glauben und der Kirche im Gebet treu zu bleiben. Er hat Gebetsrunden gegründet, was letzten Endes dazu führte, dass er verhaftet wurde und nach Gera in ein Gefängnis kam. Dort setzte er fort, was er zuhause begonnen hatte. Von Gera wurde er nach Mauthausen in Oberösterreich ins Konzentrationslager gebracht, wo er am 19. März 1945 zu Tode kam. Marcel Callo wurde 1996 durch Papst Johannes Paul II. selig gesprochen. Wie gesagt: Für mich war es wichtig, einen Namen zu tragen, mit dem ich mich identifizieren kann – auch, weil er aus der jüngeren Geschichte stammt. Und so habe ich das unserem Herrn Abt auch vorgetragen. Ich war nicht davon überzeugt, dass ich den Namen bekommen würde – und war bei der Einkleidung ganz gespannt: Welchen Namen werde ich nun tragen? Das erfährt man erst, wenn man das Ordensgewand angelegt bekommen hat. Dann spricht der Abt ein Gebet, und darin kommt der neue Name vor. Er hat Marcel Callo gesagt, und darüber war ich sehr glücklich. Ich freue mich über diesen Namen.

Wie nennen Ihre Freunde von früher Sie?
Meine Geschwister sagen meinen Vornamen, meine Freunde sagen teilweise auch Frater Marcel. Manche sagen, wie früher, Achim zu mir.

Wenn wir noch nicht an das Kloster denken, sondern zuerst an den Schritt davor: Wie wurde aus dem Standesbeamten der erfolgreiche Unternehmer?

Ein Freund wurde krebskrank und bat mich, ihm bei der Geschäftsführung seines Friseursalons zu helfen. Es war ein kleiner Salon mit fünf Mitarbeitern und siebzig Quadratmetern Salonfläche. Ich habe ihm zunächst neben meiner Arbeit bei der Stadt geholfen. Als er dann überhaupt nicht mehr konnte, habe ich immer mehr Arbeit übernommen. Und als mein Freund dann starb, hat er mir seine Geschäftsanteile vererbt und dem jungen Mann, der sein Friseurmeister war, Anteile überschrieben. Und so kam ich als Standesbeamter zu einem Friseurgeschäft. Völlig branchenfremd. Ich wusste überhaupt nicht, was da abgeht.

Und dann?
Packte mich der Ehrgeiz. Ich hatte mir zum Ziel gesetzt: Wir wollen die Besten sein. Unser Geschäft soll der beste Salon in Dortmund sein! Wir wollen hier der absolute In-Friseur werden – das war meine fixe Idee. Und da habe ich draufhin gearbeitet.

Und wie wird man ein In-Friseur?
Das ist nicht einfach, es hängt von vielen Faktoren ab. Zum Beispiel die Ausbildung der Mitarbeiter durch zusätzliche Seminare. Das Ambiente muss stimmen, alles muss so sein, dass der Kunde sich wohlfühlt. Der Kunde und seine Wünsche müssen im Mittelpunkt stehen. Ich habe eigene Frisurenkollektionen entwickelt, die für unsere Kunden tragbar sind. Ich hatte mir eine eigene Strategie ausgedacht und war auch ziemlich kreativ in der Umsetzung.

Ging die Strategie auf?
Sie ging auf, und wir mussten expandieren. Zum Schluss hatten wir einen Salon mit einer Fläche von 280 Quadratmetern, mit Dachterrasse, Pflanzen und Sonnenschirmen, eine Farblichttherapie, ein Hydrojet, Kosmetik, eine Abteilung für Hand- und Nagelpflege und im Terminplaner Wartezeiten zwischen vier und sechs Wochen. Das war der Stand, bevor ich ins Kloster ging. Wir gehörten zu den hundert Friseuren in Deutschland, die einen Jahresumsatz von über einer Million D-Mark machten.

Das scheint Ihnen Spaß gemacht zu haben?
Ja. Und wie! Ich bin da voll und ganz drin aufgegangen. Vielleicht haben Sie's ja gemerkt – ich kann mich da noch immer so richtig begeistert reinreden. Unser Name war bekannt: Coiffeur Avantgarde. Es wurde über uns geschrieben, unsere Frisuren wurden abgebildet. Das lief alles sehr gut – bis der Euro kam. Der Euro hat viele Dienstleistungsbetriebe, die sich mit Mode und Schönheit beschäftigten, in die Bedrouille gebracht. Das war 2002. Da merkte ich schon: oh, oh – das wird eng.

Weil die Kunden wegblieben?
Die Kunden blieben uns treu – aber ihre Besuche wurden seltener. Die Kunden, die sonst alle vier Wochen kamen, kamen nur noch alle sechs bis acht Wochen. Das heißt ganz klar: weniger Umsatz. Und der Luxus, den wir angeboten haben, wurde nicht mehr so frequentiert. In diese Phase fiel der Gedanke des Klostereintritts.

Das kann nicht wahr sein – Sie sind wegen des Euros ins Kloster gegangen?
(Lacht) Nein. Natürlich nicht!

Aber wo kam der Gedanke so plötzlich her?
Gute Frage – wo kam der Gedanke her? Man spürt den Ruf Gottes. Jedes Mal, wenn ich in die Kirche ging, wurde dieses Verlangen stärker. Aber es schien mir zu einfach, weil ich dachte: Vielleicht bläst dir jetzt ja nur mal der Wind ins Gesicht, wenn alles nicht so gut laufen sollte.

Hatten Sie Angst oder Sorge vor dem Älterwerden?
Das wären keine Gründe, um in ein Kloster zu gehen. Das würde sicherlich nicht gut gehen. Aber der Wunsch wurde immer stärker und nahm mich mehr und mehr ein.

Was war dran an diesem Ruf. War der echt?
Viele meiner Bekannten haben gesagt: Ja, du bist überlastet, du musst ein bisschen entspannen. Geh mal ein halbes Jahr in ein Kloster, und dann kommst du wieder, und alles ist wieder gut. Nee, nee, habe ich gesagt. Ich mein das wirklich ernst. Ich möchte wirklich in ein Kloster gehen. Irgendwann war dieser Gedanke da: Geld, Geschäft – das kann doch nicht alles gewesen sein. Ganz deutlich spürte ich es in der Weihnachtszeit. Es war um die Weihnachtszeit herum. Überall die totale Hektik. Niemand freute sich auf Weihnachten. Es ging nur um Geschenke. Meine Güte, dachte ich. Das kann doch nicht sein, dass du hier nur im Stress herumrennst und dich gar nicht mehr auf das Wesentliche konzentrierst! Dass du plötzlich abtrittst von der Bühne ... und das soll dann das Leben gewesen sein.

Sie dachten an einen Herzinfarkt oder einen Schlaganfall?
Auch.

Ist Ihnen in der Zeit irgendetwas Schlimmes zugestoßen? Ein Todesfall, eine Krankheit?
Ich habe in der Zeit meine Eltern verloren. Ein guter Bekannter ist an Krebs gestorben, alles kurz hintereinander. Meine Schwester lebt seit zehn Jahren mit einem Hirntumor – das sind vielleicht auch Dinge, die einen zum Überlegen bringen.

Der Gedanke ans Kloster war in Ihrem Kopf – und dann?
Habe ich mich ganz sachte damit beschäftigt. Wenn man lange Jahre so erfolgreich war, dann sagen die anderen natürlich: Ist er jetzt ganz und gar abgedreht? Deswegen habe ich die Sache nicht an die große Glocke gehängt, sondern habe eine Klostertour gemacht.

Alleine?
Ich habe einen Kollegen mitgenommen, der mit mir im Standesamt zusammengearbeitet hat. Er ist zwar aus der Kirche ausgetreten – war aber der Einzige, der mich wirklich ernst genommen hat. Ich muss dazu sagen: In meiner Jugend hatte ich schon Kontakt zu Zis-

terziensern, weil ein Großonkel von mir auch Zisterzienser war und ich ihn in meiner Jugendzeit öfter besucht habe – Klöster waren mir also nicht fremd. Und dann habe ich gesagt: Was ich noch nicht kenne, das ist das Kloster Heiligenkreuz. Ich bin Fronleichnam 2003 das erste Mal hier in Heiligenkreuz gewesen. Und habe das sehr schön gefunden, sehr beeindruckend und bin eine Woche lang geblieben. Und habe mich später noch einmal angemeldet für den September, für das Fest der Kreuzerhöhung. Und als ich damals hier war, hab ich mir gesagt: Wenn es wirklich sein soll, dass du ins Kloster gehst, dann gehst du nach Heiligenkreuz.

Wie geht man denn ins Kloster?
Es mussten natürlich Gespräche geführt werden. Und ich dachte: Vielleicht nehmen sie mich gar nicht – ich war ja damals schon fast sechzig. Dann hörte ich, dass es hier einen älteren Mitbruder gab, Pater Alban, der mit siebzig Jahren ins Kloster eingetreten ist und auch aus dem Ruhrgebiet kommt. Und mit ihm habe ich mich unterhalten. Wir verstanden uns gut, und er sagte mir: Das wird schon werden.

Was ist das für ein Gespräch gewesen? Komplizierte Fragen nach Glauben und Gewissen?
Es war ein einfaches, freundliches Gespräch mit dem Prior über den Glauben und das Leben. Wenn man in ein Kloster geht, sind nicht die weltlichen Fragen ausschlaggebend, sondern einzig und allein die Frage nach der Gottsuche. Will ich wirklich hierher, um Christus im Gebet nahe zu kommen.

Was ist so schwer am klösterlichen Leben?
Es ist ja nicht nur das, was der Besucher sieht – das schöne Chorgebet zum Beispiel. Es ist das Leben untereinander. Es ist das tägliche Allerlei, all das, was es in jedem Beruf auch gibt. Mal ein schönes Erlebnis, mal ein negatives Erlebnis. Man soll nicht denken, das Leben im Kloster sei der Aufenthalt auf Wolke sieben. Man muss im Kloster auch Dinge tun, über die ich in meiner Position draußen

längst hinweg war. Tun, was andere einem sagen, und das in Demut und Gehorsam. Das auszuhalten, das ist schwierig.

Zum Beispiel?
Ich kann nicht einfach sagen: Brüder, ich setze mich jetzt ins Auto, ich fahr nach Wien und mach Shopping. Man könnte mir theoretisch auch sagen: Scheuer mal den Kreuzgang. Jeder beteiligt sich an allen Arbeiten, die anfallen, wobei das Lebensalter nicht zählt. Was zählt, ist das Eintrittsalter, der Status. Und wenn ich Novize bin, dann bin ich ein Auszubildender – hier im Kloster ein Auszubildender für das geistliche Leben. Dann muss ich an Arbeit tun, was anfällt, und muss mir auch von den Mitbrüdern was sagen lassen. Das ist natürlich anders, als wenn man draußen im Leben der Chef war, der Anweisungen gibt und bestimmt, was getan werden soll, und ein Unternehmen organisiert. Im Kloster ist man, egal wie alt man beim Eintritt ist, immer der Jüngste, und da kann keiner sofort sagen, was alles besser gemacht werden müsste. Da muss man sich zurücknehmen und ganz bescheiden von vorne anfangen. Das ist das Schwierigste im Kloster: sich zurücknehmen, wenn man schon älter ist und ein erfolgreiches Berufsleben hinter sich hat. Für einen jungen Mann, der hier anfängt, ist das einfacher – der kennt es vielleicht nicht anders.

Bescheidenheit ist Ihnen schwergefallen?
Nicht die Bescheidenheit, es war das Gehorchen. Ein Mitbruder und ich sollten an einem gemeinsamen Ausflug teilnehmen, und wir hatten absolut keine Lust. Der Ausflug hat uns absolut gestunken, und wir haben ziemlich rumgenörgelt. Da waren wir noch Novizen. Und dann hat der Novizenmeister gesagt: Schluss, aus jetzt – Sie fahren mit.

Den Ton kannten Sie gar nicht mehr?
Nee. (Lacht) Da mussten wir in den sauren Apfel beißen und sind dann mit so einem richtig dicken Hals mitgefahren. Das war eine einwöchige Urlaubsreise in die Steiermark. Hinterher stellte sich na-

türlich heraus, dass das gut war. Aber im ersten Moment – nee, wir wollten nicht!

Sie mussten Gehorchen lernen?
Mir hat mal ein Mitbruder gesagt: Gehorsam ist, wenn es weh tut. Und das ist wirklich ein wahres Wort. Wenn ich irgendetwas nicht machen will und ich sehe nicht ein, warum ich das tun soll, und denke: O nee, warum ich schon wieder – und wenn ich dann von einem, der über mir steht, gesagt kriege: Und jetzt machst du es – dann tut das weh. Das ist Gehorsam. Dieses kann dann auch eine Prüfung sein, an der man die klösterliche Berufung messen kann. Oder ob man immer wieder denkt: Wisst ihr was, ihr könnt mich mal alle gerne haben. Ich geh wieder zurück in mein normales Leben. Wenn ich so denken würde, dann hätte ich keine Berufung zum Klosterleben. Man muss auch in diesem klösterlichen Leben für die Berufung kämpfen.

Wenn man das beherrscht – ist das Demut?
Unbedingt. Sich nicht in den Vordergrund spielen. Die dritte Stufe der Demut, heißt es in einer Regel des Heiligen Benedikt, ist voller Gehorsam. »Aus Liebe zu Gott unterwirft sich der Mönch dem Oberen in vollem Gehorsam. So ahmt er den Herrn nach, von dem der Apostel sagt: Er war gehorsam bis zum Tod.«

Zu den Regeln gehört auch das Gebot der Enthaltsamkeit – ist das schwer für Sie?
(Lächelt) Sagen wir mal so: Einem 21-jährigen Mitbruder fällt es bestimmt schwerer als einem Mann über sechzig, der ich ja bin. Es ist ein Kampf manchmal – aber der gehört zu diesem Leben.

Sind Sie ein Berufener? Gab es eine Stimme, die Sie gerufen hat?
Ich habe keine Vision gehabt, wenn Sie das meinen. Mir ist auch niemand nachts im Traum erschienen und hat gesagt: Du musst jetzt ins Kloster gehen. Und zwar nach Heiligenkreuz. Manche glauben an so eine Art Fügung. Wie gesagt: Ich bin hier früher nie gewesen

und habe diesen Ort und dieses Kloster dennoch sofort als »das ist es« erkannt.

Wovon hing Ihr Eintritt ins Kloster ab?
Das Wichtigste ist natürlich, dass ich im Kloster Gott suche und Ihm nachfolgen will. Sobald das klar ist und die Oberen im Kloster zugestimmt haben, heißt es nun, die privaten Dinge zu regeln. Ich habe es dann wirklich so gemacht, wie es in der Heiligen Schrift schon steht: Wer mir nachfolgen will, verkaufe alles, was er hat. Aber es ist kirchenrechtlich gar nicht so gewünscht, weil man sich dadurch in eine gewisse Abhängigkeit bringt. Das hat mir sogar der Abt gesagt: Ich soll nicht alles weggeben, sondern irgendwo noch eine Option einbauen. Das habe ich auch getan. Wenn es mit mir und dem Klosterleben nicht klappen sollte, dann kann ich mietfrei in meinem Haus wohnen. Und irgendwie passte plötzlich alles gut zusammen. Mein Geschäftspartner musste sich umorientieren und die Rolle des Chefs übernehmen. Der Mietvertrag für den Salon lief Ende des Jahres aus, er hat einen kleineren Salon in der Innenstadt gefunden. Kein Schickimicki mehr. Nur noch: Haare schneiden, bunt und krumm machen.

Sind Sie an dem Geschäft noch finanziell beteiligt?
Nein. Auch mein Drei-Familien-Haus habe ich abgegeben.

Verschenkt?
Ja. Bis auf die Option, dass, wenn es hier nicht klappen sollte, ich dort mietfrei wohnen kann.

Das ist sehr großzügig.
Na ja – aber ohne den Friseurbetrieb hätte ich das Haus auch nicht kaufen können. Meine Wohnung war mit Galerie und großem Garten. Und wenn ich abgehe in die Grube, dachte ich, dann soll das die Alterssicherung für den Dirk sein. Und wenn ich nach Dortmund komme, bin ich da wie zuhause.

Von wem haben Sie Abschied genommen?
Von meinen Schwestern natürlich, alles ganz unspektakulär. Wir haben uns im Freundeskreis zusammengesetzt und sind in einem schönen Lokal essen gewesen. Und außerdem: Ich bin ja nicht aus der Welt. Es ist ja nicht so, dass die Klostertüren zufallen und weg bin ich. Man hält Kontakt zur Familie und zu Freunden.

Erinnern Sie sich an Ihre Ankunft im Kloster?
Natürlich. Mein Geschäftspartner hat mich mit dem Auto hergebracht. Mit zwei, drei Koffern bin ich angekommen, mehr hatte ich nicht dabei. Später habe ich dann ein paar meiner Möbel hierher geholt, weil ich mir ein Zimmer aussuchen konnte, das noch nicht möbliert war. Einen Schreibtisch habe ich hier gekauft.

Sie dürfen doch, sagen die Regeln, keinen Besitz haben?
Das ist richtig, man hat ja auch keinen Besitz. Jetzt nutze ich es, und wenn ich die Augen für immer zumache, gehört es dem Stift.

Wie ging es dann weiter?
Als Erstes kommt man als Kandidat hierher. Das war bei mir der 11. Januar 2004. Und dann beginnt ein ganz neuer Lebensabschnitt. Als Kandidat sitzt man wie ein Gast in der Kirchenbank mit ganz normalem Straßenanzug. Man hört dem Chorgebet zu und findet das wunderschön und ergreifend und wartet auf den Moment, wo man selber ins Chorgestühl darf. Wir waren damals vier Kandidaten und ganz heiß darauf, dass sie uns endlich ins Chorgestühl lassen. Das ist die erste Etappe. Und dann kam dieser Tag, an dem man einen Talar anzieht, ein weißes Rochette, an denen man die Kandidaten oder Seminaristen erkennt. Meine Güte – und dann steht man in dem Chorgestühl und ist ganz ängstlich und steht gerade und steif wie eine Kerze, um nur ja nichts falsch zu machen.

Waren Sie sicher, dass man Sie aufnehmen würde?
Nein, es wird nicht jeder genommen. Wenn es zu viele negative Punkte gibt, dann wird die Zulassung abgelehnt. Richtig fest im

Kloster ist man erst dann, wenn man die feierliche Profess abgelegt hat. Vorher kann man immer noch gehen. Nach der feierlichen Profess geht man davon aus, dass man nach diesen fünf Jahren als Kandidat wirklich im Kloster bleiben will.

Wovon hängt Ihre persönliche Entscheidung ab?
Das Wichtigste im Kloster ist, dass man Gott suchen will. Das sagt der Heilige Benedikt in seiner Regel.

Wie suchen Sie Gott?
Das ist nicht einfach. Es ist nicht so, dass man plötzlich sagt: Jawoll, jetzt habe ich Gott gefunden! Es gibt tausend Kleinigkeiten im Kloster, an denen man festmachen kann, dass man hierher passt.

Haben Sie in der Zeit, in der Sie hier sind, schon mal an dem Schritt ins Kloster gezweifelt?
Wirklich so gezweifelt, dass ich gesagt habe: Wäre ich bloß nicht hierher gegangen – das habe ich noch nie. Dass man sich ab und an über das eine oder andere ärgert, ist ganz normal. Aber grundsätzlich habe ich nicht an meinem Schritt gezweifelt. Und wenn ich auf Besuch zuhause bin und den Frisiersalon besuche, dann spiele ich da zwar manchmal noch unwillkürlich den Chef, und einige Mitarbeiter sagen noch immer: Ach, da kommt unser Chef, und fragen mich, wie ich dies oder das machen würde … das wehre ich natürlich ab. Und wenn ich zurückkomme und von Weitem den Turm des Klosters sehe, dann denke ich: Ah, Gott sei Dank, wieder zuhause! Ja, Heiligenkreuz ist mein Zuhause.

Wie sieht Ihr Tag im Kloster aus?
Der Tag ist geprägt von unserem Chorgebet und der Arbeit. Dieses Motto »ora et labora« wird hier gelebt. Es geht morgens um Viertel nach fünf mit dem Chorgebet los. Ich stehe also um Viertel nach vier auf. Das dauert an normalen Tagen mit der Heiligen Messe zusammen bis Viertel nach sieben. Danach ist Frühstück, danach beginnt die Arbeit und auch der Hochschulbetrieb. Ich bin dafür zuständig,

dass innerhalb des Klosters alles seinen geregelten Gang geht, um es mal salopp zu sagen. Ich schaue, was kaputt ist, ich organisiere die Handwerker, ich schaue, dass meine Mitbrüder alles bekommen, was sie brauchen, bis hin zur Beschaffung von Blumen bei Namenstagen. Alles, was keinem besonders zugeordnet ist, das fällt in meinen Bereich. Das habe ich mir nicht ausgesucht – das habe ich vom Abt als Aufgabe bekommen. Alle Hausbetriebe gehören in mein Gebiet. Die Schneiderei, die Wäscherei und die Hausdiener, das sind die Männer, die bei uns im Haus die Reinigungsarbeiten machen. Hausdiener ist nicht mein Wort, so werden diese Männer in Österreich leider immer noch genannt. Der Herr Franz und der Herr Josef. Der Abt verteilt die Aufgaben einmal im Jahr. Ich habe jetzt gerade noch etwas dazubekommen, und zwar den Dienst an der Pforte, damit ein Mönch gleich am Anfang auch für Besucher präsent ist und kompetent Auskunft geben kann.

Wann arbeiten und wann beten Sie?
Ich arbeite von acht bis zwölf. Um zwölf ist Chorgebet, danach ist Mittagessen, gegen 13 Uhr ist die Non, eine kleine Gebetseinheit nach dem Mittagessen, und dann geht es um 14 Uhr weiter mit der Arbeit bis 17 Uhr. Danach kann man sich dann auf die Vesper um 18 Uhr vorbereiten, das ist das Abendlob oder Abendgebet. Und das Nachtgebet ist die Komplet, das ist das letzte Gebet des Tages. Danach beginnt das Schweigen. Nach dem Nachtgebet wird nicht mehr geredet, um sich quasi mit sich selbst beschäftigen zu können. Man kann lesen oder meditieren oder einfach schlafen gehen.

Gibt es Urlaub vom Klosterleben?
Ja, natürlich. Wir haben zwanzig Tage Urlaub im Jahr, und man kann mit seinem Urlaub machen, was man möchte. Wenn ich jetzt auf die Idee käme, auf die Malediven zu fliegen, würde ich vom Kloster kein Ticket dafür kriegen. Normalerweise haben wir ja kein Geld – aber hier bekommt jeder von den Brüdern ein monatliches Taschengeld, damit ich nicht um fünf Euro betteln muss, wenn ich mal im Café eine Tasse Kaffee trinken möchte. Also als einfacher

Profess bekomme ich 110 Euro und die feierlichen Professen 220 Euro. Einfache Toilettenartikel werden gestellt. Wenn aber jemand für den Computer noch extra Zubehör haben möchte, dann muss er das vom eigenen Geld bezahlen.

Dürfen Sie Wein trinken?
Zum Mittagessen und zum Abendessen gibt es Wein bei uns.

Sie haben ein Handy?
Handys haben die Funktionsträger, die Brüder, die erreichbar sein müssen. Also ich habe vom Stift ein Handy bekommen. Der Abt auch und der Gastpater natürlich auch. Wer sonst privat ein Handy haben will, muss sich das von Vater und Mutter oder Freunden schenken lassen. Oder sparen.

Sie haben gesagt, das Ziel sei, in den Himmel zu kommen.
Ja, das habe ich gesagt.

Haben Sie eine Vorstellung davon, was das bedeutet, im Himmel zu sein?
Wir dürfen uns den Himmel ja nicht so vorstellen, dass da oben eine große Pforte ist, wo Petrus steht und uns reinlässt in ein Paradies, in dem Milch und Honig fließen, wo der Löwe neben dem Kaninchen spielt wie auf bunten Kitschpostkarten. Der Himmel ist ein Zustand. Ein Zustand der Glückseligkeit. Der ständigen Anschauung Gottes. Ein ständiges Glücklichsein, Sich-Wohlfühlen, Zufriedensein, dass wir Gott schauen können.

Das passiert nach dem Tod – oder kann man den Zustand schon vorher erreichen?
Nein, nach dem Tod. Das ist ein geistiger Zustand.

Sie haben gesagt, wir hätten einen liebenden und auch einen sprechenden Gott. Spricht Gott zu Ihnen?
Ja. Wenn ich ein intensives Gebet spreche, dann kommen mir Ge-

danken, die ich ohne Gebet gar nicht in mir hatte. Die mir im Zuge meines Gebetes eingegeben worden sind. Manchmal ist das auch mit einem tiefen Gefühl der Geborgenheit verbunden. Das ist etwas sehr, sehr Schönes.

Nimmt Ihnen das die Angst vor dem Tod?
Ja, das steht auch in den Regeln des Heiligen Benedikt: Man soll täglich auf den Tod vorbereitet sein. Auch seinen Lebenswandel so führen, dass man jederzeit abberufen werden kann. Eigentlich sollte man vor dem Sterben keine Angst haben – und ich glaube auch nicht, dass wir hier Angst vor dem Tod haben.

Full speed mit 80 plus oder: Das Leben ist nur so gut wie sein Soundtrack

Interview mit dem Komponisten Peter Thomas

Peter Thomas gilt als Deutschlands innovativster Komponist von Filmmusiken. Er wurde 1925 in Breslau geboren, wuchs in Berlin auf und studierte am Mohrschen Konservatorium. Spezialgebiet: Blasmusik. Es würde ein dickes Buch füllen, all die Filme aufzuzählen, für die er die Musik schrieb: 550 Fernsehfilme und hundert Kinofilme. Dazu kommen Musicals, Orchesterwerke und Musik unter anderem für Eartha Kitt (Onkel Toms Hütte), Juliette Gréco, Esther und Abi Ofarim und Senta Berger. Für die Musik zu den Filmen »Flucht nach Berlin« und »Die endlose Nacht« bekam er 1963 den Bundesfilmpreis in Gold, 1980 den Schallplattenpreis der Deutschen Phonoakademie für die beste Filmmusik und 1993 eine Goldene Schallplatte für »Dschungel-Hit«. Kult wurde Peter Thomas mit der Musik, die er für die Fernsehserie »Raumpatrouille – Die phantastischen Abenteuer des Raumschiffes Orion« komponierte – ein Straßenfeger in den 1960er Jahren. Seine Musik kann bizarr, schrill, futuristisch, unheimlich und witzig sein, immer ist sie einprägsam. George Clooney verwendete im Jahre 2002 für sein Regiedebüt »Geständnisse – Confessions of a Dangerous Mind« fünf Kompositionen von Peter Thomas aus seinen Edgar-Wallace-Krimimusiken. Peter Thomas ist seit fast fünfzig Jahren – »und zwar glücklich« – mit der Schriftstellerin und Gesellschaftskolumnistin Cordula Ritter verheiratet. Das Paar Ritter/Thomas wohnt in Lugano mit einem traumhaften Blick über den See.

Sie sind ein mit Preisen überhäufter Komponist ... eine Goldene Schallplatte ...
Hallo! Die ist aber nicht aus echtem, sondern aus Trompetengold!

Immerhin.
Ein Bonmot von dunnemals: Je preiser gekrönt, desto tiefer gefallen. Weil die prämierten Filme meist sehr ausgefallen ausfielen und darum auch an der Kasse ausfielen. Man bekam wegen des Preises nicht einen einzigen Auftrag mehr, als man den Auftraggebern wert erschien.

Sie haben sich den Spitznamen Dr. Unermüdlich gegeben. Dann ist es wahrscheinlich besser, Sie nicht zu fragen, wann Sie aufhören wollen, sondern: An was arbeiten Sie gerade?
Im Moment habe ich etwas ganz Neues für mich entdeckt. Vor einiger Zeit habe ich zufällig einen Gottesdienst im ZDF gehört. Da sagte ein Pfarrer aus Michelstadt, er möchte beweisen, dass Musik dazu in der Lage ist, die verschiedenen Religionen zu vereinen. Dann hatte er einen Organisten, der »protestantischen« Boogie spielte, danach kam eine jüdische, sehr hübsche Klarinettistin, die »jiddisch folkloriert« intonierte, und dann war da noch ein Muslim, der auf besonderen, im Sinne des Wortes »merk-würdigen« Trommeln trommelte, dazu Melodien auf einem lautenähnlichen Instrument zirpte. Diese drei Musiker spielten nacheinander.

Ich habe den Musikmacher, Hans-Joachim Dumeier, sofort kontaktet, weil mich das faszinierte, und gesagt: Toll! Diese Idee, die *ist* es einfach – das ist 2007! Religionen aller Länder, vereinigt euch musikalisch! Und jetzt kommt her, ihr drei Religionen, und wir machen das. Aber wir spielen nicht nacheinander, sondern miteinander und übereinander. Das möchte ich machen mit meinen bescheidenen Mitteln, das ist der neue Weg, so kriegen wir die Religionen zusammen. Es entsteht der Kanon der drei an Gott glaubenden Religionen, ein Trialog für Christen, Juden und Muslime. Textlich so: Wir atmen gemeinsam, wir singen gemeinsam den Kanon vom Glauben an den einen, den Alleinigen, unseren Gott. Wenn Ihr Buch erscheint, ist der Kanon längst fertig. Dann bleibt nur die große Frage: Mit welcher Religion startet der Kanon? Aus meiner Sicht ganz klar mit den Juden, die ja die Allerersten waren, die Gott Erkennenden.

Hört sich so an, als hätten Sie mit dem Älterwerden kein Problem?
Stimmt. Ich habe mit dem Älterwerden so etwas von einem Nichtproblem, das glauben Sie gar nicht. Und wissen Sie, warum?

Warum?
Weil ich mich jeden Morgen freue, dass ich lebe. Dass es so etwas gibt wie das Leben – das ist für mich ein Wunder! Das können Sie mit keiner Wissenschaft erklären. Eigentlich kann man nur sagen: Oh, Mann – Wahnsinn, dass man krauchen kann! Natürlich geht im Alter nicht mehr alles so schnell. Man überlegt länger, man hat mehr Verantwortung. Aber ich lasse mir auch nichts mehr gefallen.

Sie sehen nicht so aus, als hätten Sie sich je etwas gefallen lassen.
Klaro. Was mir gefällt, das lasse ich mir gefallen. Otherwise: Nein, ich lasse mir eben nichts mehr gefallen. So konnte ich, dem lieben Gott sei Dank dafür, auch kein Magengeschwür kriegen. Ich sage immer gleich, was ich denke.

Wie viele Stunden arbeiten Sie täglich?
Kann ich nicht sagen. Um halb acht stehe ich auf, und wenn die Kellnersonnne aufgeht, das ist bei uns der Mond (Kellnersonne sagen die Berliner), dann höre ich auf zu arbeiten. Ich arbeite nicht, wenn es duster ist. Ich muss die Dunkelheit nicht haben. Ich hatte nie Chefs, weil: immer freiberuflich. War nie abhängig von einer Arbeitszeit. Bei mir gab's nie einen freien Sonntag oder Samstag – die Wochenenden sind die besten Arbeitstage. Wissen Sie, warum? Da können einem die anderen die Gedanken nicht wegnehmen.

Ich bin nicht so begabt, dass ich drei Sachen auf einmal machen kann. Immer nur eines nach dem anderen. Also: Ich habe genügend zu tun. Und darum geht es ja, wenn man älter ist, nicht wahr? Oft ist es so, dass die Leute sich wahnsinnig beschäftigen – aber nur für die

Schublade. Das ist ja der Knackpunkt. Für die Schublade möchte ich nicht arbeiten. Ich habe mit jeder Arbeit ein Ziel vor Augen, wo ich sie publizieren kann. Das hat nichts mit einem monetären Fokus zu tun, das Kreative an sich hat Vorfahrt. Ich bin sehr froh, dass man mir heute allerorten zuhört und vertraut.

Wie ist das mit dem Älterwerden in der Film- und in der Musikbranche?
Das wird nicht anders als in anderen Berufssparten sein – ich tausche mich nicht so sehr mit den anderen aus. Ich bin und ich bleibe stets ein Einzelkämpfer.

Was würden Sie jungen Leuten raten, wenn die in Ihrer Branche Erfolg haben wollen?
Lernen. Nur lernen … und nochmals: lernen. Und probieren, nicht kopieren. Stets kreativ sein, unermüdlich. Nur nach vorne denken. Nicht auf das große, nicht mal auf das kleine Geld schielen.

Und was lernen?
Zum Beispiel, dass sich die Zeiten geändert haben. Man muss sich heute nicht nur mehr auf sein Ureigenes beschränken. Heute ist alles vielgestaltiger – in jedem Metier. Man muss bei der Musik, die man macht, auch wissen, was man verkaufen kann. Wenn einer seine Musik nicht verkaufen kann, dann ist er eben kein richtiger Musiker, der davon leben kann und ja auch leben muss. Man kann sich nicht hinsetzen und sagen: Ich höre nicht rechts, ich höre nicht links, ich bin ein Genie. Nee, so geht das nicht! Man muss für das Geniewerden ziemlich viel tun, glaube ich.

Haben Sie einen unerfüllten Traum?
Leider träume ich nie. Und wenn, dann melde ich mich noch mal.

Mit welchen Musikern arbeiten Sie am liebsten?
Klaro doch mit dem Peter Thomas Sound Orchester, das ist jetzt vierzig Jahre alt. Das gibt es in allen Varianten – je nach Aufgaben-

stellung. Bei Space mehr Elektronik, bei Crime als Big Band, bei Erinnerungen an die Zukunft als Sinfonieorchester – aber alles immer mit Rhythm, Lust, Liebe und guter Laune.

Und Ihre Anforderungen an Musiker, mit denen Sie arbeiten?
Man muss bei mir Noten lesen können wie ein oder zwei Weltmeister. Und dann auch noch total free sein, jazzig, phrasieren können … na, mehr nicht. Doch: auch noch total nett sein.

Sie schreiben am allerliebsten für …
… grooooooooße Orchester! Das sind dann so an die 65 Mannen, auch Damen dabei. Mein letztes Œuvre lief 2006, im November beim WDR in Köln, live, im Großen Sendesaal, die einzige Heinz-Erhardt-Oper. Die hieß »Noch 'ne Arie« oder: »Der Ritter Kunibert«. Die Musik für die Urform hatte Heinz Erhardt gemacht – ich habe dem Ganzen einen pikanten Schliff gegeben, die ganze Partitur sehr thomasiert. Und natürlich den einmaligen Humor des Besten dieses Genres fokussiert und unterstrichen – das Stück ist quasi ein Lächeln für Orchester. Kennen Sie »Hoffnung Concerts«? Das geht von London aus. Dafür schrieb ich auch, das sind auch Concerts für eine groooooße Musiker-Truppe. Da gibt es so einen Thomas-Titel: »Composers Digest«, bei dem die Musiker nicht spielen, sondern sprechen. Oder: »the stolen a«. Klaro sind das keine teutschen Konzerte … Also: Der gestohlene Kammerton a liegt in Paris. Und wenn der nun nicht mehr an seinem Platz ist (das ist wirklich so, der liegt in einem Museum unter der Erde in Paris) – dann kann kein Orchester auf der Welt, keine Popgruppe ihre Musik spielen. Ohne den Kammerton a geht gar nichts. Und dieses Chaos stelle ich dar.

Man stelle sich vor, man verlange von einem deutschen Orchester, es solle sprechen, anstatt spielen … da käme, außer der Weigerung, das zu tun, leider nur ein müdes Lächeln. Ja, ich bin rührig, ich kann mich immer wieder für etwas Neues begeistern.

Zum Beispiel …
… macht mir die Musicalfassung von »Hänsel und Gretel« Spaß.

Die Geschichte der armen, ausgesetzten Kinder, die bei der bösen Hexe landen?
Nee, so natürlich nicht! Diese Kinder müssen ja heute anders sein als im Märchen. Bei mir gibt es zwei Elternpaare. Das eine Paar hat einen Sohn und das andere Paar eine Tochter, damit die ganze Geschichte nicht ohne sexuelles Begehren ablaufen muss. Und dann gibt es zwei Möglichkeiten: entweder ein reicher Vater mit Sohn, der Klavier spielt. Der Vater von Gretel ist vielleicht Zuhälter und seine Frau aus einem ähnlichen Gewerbe. Und weil sie keine Kinder kriegen können, haben sie eine Art Gretel aus Südamerika adoptiert, und dieses Mädel spielt begnadet Gitarre ... und dann läuft die Geschichte von ganz alleine in eine Jetzt-Richtung. Das Pfefferkuchenhaus ist weiß wie Kokain. Und die Hexe ist ein Mann.

Der arme Humperdinck!
Keine Sorge! Das Ganze wird musikalisch natürlich mit großem Respekt vor Engelbert Humperdinck ablaufen.

Wie sieht es in dem Kopf eines Komponisten aus? Tönt es da?
Oh ja – es tönt sehr laut, wenn einer kommt und mir einen fetten Auftrag gibt. Aber Spaß beiseite: Ich habe als Composer beim Musikmachen immer gleich mehrere Freuden. Die erste: Ein Mr. Jedermann kommt mit einem Filmprojekt. Die zweite Freude: damit schwanger gehen. Die dritte Freude ist, wenn die Partitur fertig ist, die vierte sind die Musikaufnahmen, und die fünfte Freude ist, wenn der Film dann läuft und llllläuft!

Hören Sie beim Notenschreiben schon Musik?
Ich weiß genau, was ich hinschreibe – aber es ist nicht so, dass es in meinem Kopf dann tönt und brummt. Ich schreibe die Noten hin und spiele sie dann auf dem Klavier nach – und das Klavier ist die Bestätigung dessen, was ich denke.

Hatten Sie jemals die Befürchtung, dass man den Filmkomponisten Peter Thomas aus Altersgründen beiseite schieben möchte?
Solche Denke kommt bei mir nicht auf. Nur mit fünfzig habe ich mal gedacht: Ach, du meine Güte, dass man sooo alt werden kann! Nein, ich hatte diese Probleme nicht. Ich habe noch nie an einer Tür geklopft, weil's schade für die Knöchel ist. Ich bin noch nie zu einem Sender gelaufen, um einen Auftrag zu erbitten, auch zu keinem Produzenten. Das kann ich nicht. Wenn keiner mehr anrufen würde, wäre das natürlich richtig blöde. Ich könnte mir vorstellen, dass man sehr traurig wird, wenn man alt ist und es ruft keiner mehr an.

Aber Ihnen ist das nicht passiert?
Nee. Bis dato nicht. Und wenn, würde ich es nicht merken, weil mich meine eigenen Initiativen total auf Trab halten. Soooo viel Zeit bis hundert ist ja auch nicht mehr! Ach, noch ein Satz: Sollte ein kommender Composer dieses lesen und im Klartext wissen wollen, was ich so zwischen den Zeilen stehen habe, dann soll er mir 'ne Mail schicken: music@peterthomas.ch

Und ich antworte auch. Versprochen!

Mit 60 Jahren – auf nach Sambia

Katrin Saage-Fain schloss ihre Kanzlei, weil sie von einem Projekt in Afrika fasziniert war. Über ihr Alter machte sie sich keine Gedanken. Die Anwältin ist spezialisiert auf Familienrecht und binationale Beziehungen sowie Ausländerrecht. Für die IG Medien (heute Ver.di) vertrat sie Schriftsteller und Journalisten bei Ärger mit ihren Verlegern. Katrin Saage-Fain hatte zusammen mit einer Kollegin eine gutgehende Kanzlei in Frankfurt am Main. Sie lebt heute in Andalusien, weil es ihr in Deutschland in jeder Beziehung zu kalt ist.

Ende 1999, ich war gerade 59 geworden, rief mich eine Mandantin an, die bei der GTZ (Gesellschaft für technische Zusammenarbeit) arbeitete, und sagte: Ich muss für ein Projekt eine Juristin finden, wie mache ich das wohl am besten? Gibt es Fachzeitschriften, in denen ich inserieren, gibt es Institutionen, an die ich mich wenden kann? Dann habe ich neugierig gefragt: Ja, wofür wird denn eine Juristin gesucht? Sie erklärte, das sei ein Projekt, bei dem mit der Justiz und Frauenorganisationen in Sambia zusammengearbeitet werden solle. Es ginge um die rechtliche Besserstellung von Frauen. Da habe ich aus allertiefster Seele gesagt: Ach, wie schade, dass ich schon so alt bin! Sie hat dann gefragt, *wie* alt ich sei, und das habe ich ihr verraten: 59.

Ach, sagte sie, in Afrika macht das eigentlich nichts. Bewerben Sie sich doch – ich schicke die Unterlagen. Die habe ich mir angesehen und gedacht: Das Projekt ist wie für mich erfunden, das möchte ich machen! Ich habe mit meinem Exmann darüber geredet – und auch der sagte: Katrin, das Projekt sieht aus, als ob der, der sich das ausgedacht hat, dich kennt.

Nachdem meine Bewerbung erfolgreich war, hatte ich ungefähr drei Monate Zeit, um meine Kanzlei aufzulösen, meine Mandanten unterzubringen und meine Sachen zu packen – das war enorm viel Arbeit in wenig Zeit. Aber an meiner Entscheidung habe ich nie gezweifelt. Wenn ich gefragt werde, ob ich keine Angst davor hätte, meinen Beruf, meine Lebensumstände so drastisch zu ändern, das sei mutig und heldenhaft, kann ich nur sagen: Ich bin kein Held. Helden sind dumm. Ich habe nicht darüber nachgedacht, ich wollte das Projekt gern machen, das war alles. Meine Schwester hat mich gefragt, ob ich nicht irgendwohin gehen könnte, wo man mich auch besuchen könne. Die fand Afrika zu weit und zu fremd. Die meisten Kollegen konnten meine Entscheidung nicht verstehen – so wie ich nicht verstehen konnte, warum die nicht alle vor Neid geplatzt sind. Ich bin gegangen, als ich gerade sechzig geworden war.

Ich war Leiterin für das Projekt »Verbesserung der rechtlichen Situation von Frauen und Mädchen in Sambia«. Als ich in Sambia ankam, wusste ich nicht viel – nur, dass ich bei der Justiz angesiedelt sein würde und dass es auch um die Zusammenarbeit mit Frauenorganisationen ging. Als ich in der Hauptstadt ankam, gab es ein großes Auto, mit dem ich mich zunächst nicht getraut habe zu fahren, weil ich Linksverkehr nicht gewohnt war. Ich sollte ein Büro in der Justiz bekommen – da war aber kein Büro für mich. Als ich mich dort blicken ließ, riefen sie erstaunt: Oh, du bist schon da! (Lacht)

Gut, die GTZ hat ein sehr schönes Haus in Lusaka, ich habe dort erst einmal ein Büro bekommen mit Internetanschluss, Schreibtisch und Telefon. Aber da wollte ich nicht bleiben. Da fühlte ich mich, als sei ich in Deutschland und viel zu weit entfernt von meinen Projektpartnern. Ich bin dann jeden Morgen in die Justiz gefahren und bin denen dort mit meinen Fragen nach einem Büro so auf die Nerven gegangen, dass sie nach drei Wochen etwas gefunden hatten.

Aber was! Es war ein finsteres Kellerloch. Ich dachte: Jetzt wollen die mal sehen, ob sich die Musungo, die Weiße, so richtig schön aufregt. Nee, den Gefallen tu ich euch nicht, habe ich gedacht: Ich ziehe hier einfach ein. Da war kein Telefon, da war gar nichts. Aber dann stand plötzlich ein Mann mit einem Teppich unter dem Arm vor der Tür und sagte: Den soll ich hier hinlegen. Mit dem Teppich war ich dann schon was Besseres. Das habe ich aber erst sehr viel später begriffen. Dann stand eine Sekretärin vor der Tür – und zuerst dachte ich: Oh, jetzt schicken sie dir eine Aufpasserin, denn in den Projektvereinbarungen war die Stellung einer Sekretärin durch die Justiz nicht vorgesehen. Ich habe aber doch beschlossen, sie zu nehmen. Das war Rose. Dann gab mir ein erfahrener Kollege den Tipp, Rose aus meinem Projektetat zu bezahlen, damit waren auch die Loyalitäten klar. Rose war keine Supersekretärin, aber sie arbeitete seit 25 Jahren in der Justiz und kannte sich bestens aus, und das war für mich wichtig. Schließlich gab mir die Justiz eine ihrer Telefonleitungen, dafür haben wir in den fünf Jahren Telefondienst für die Justiz gemacht, denn die Nummer stand weiterhin auf dem Briefkopf der Justiz.

Es gefiel mir gut, dass das Projekt noch nicht lief, dass ich ganz von vorne anfangen musste. Ich begann damit, Unmassen von Leuten zu besuchen, NGOs (Nicht-Regierungsorganisationen), mit denen ich eventuell zusammenarbeiten konnte, und andere Hilfsorganisationen. Ich traf zwei Frauen vom Deutschen Entwicklungsdienst. Die eine arbeitete fünfhundert Kilometer nordöstlich der Hauptstadt mit einer Frauenorganisation zusammen, von der ich schon gehört hatte. Die andere hat mich mit in die Südprovinz genommen und in die Nordwestprovinz. Sie war bereits seit zehn Jahren in Sambia und kannte sich prima aus. So habe ich nach und nach viele Menschen kennen gelernt – aber das dauert, man muss geduldig sein. Auch bei der Justiz musste ich Kontakte knüpfen. Ich war die einzige Weiße dort, und die wollten auch erst mal sehen, wer diese Musungo eigentlich ist.

Ich habe mitbekommen, dass die Mehrzahl der Frauen sich an die untersten Gerichte, die sogenannten Local Courts, wenden mussten, wenn sie familienrechtliche oder erbrechtliche Probleme hatten. Diese Gerichte wenden im Wesentlichen Stammesrecht an, das Frauen häufig diskriminiert. Es gibt zwar auch geschriebenes Recht, nur kennen es die meisten nicht. Auch waren diese Gesetzestexte in den Local Courts nicht vorhanden. Die große Mehrzahl der sambischen Gerichte sind Local Courts, sie sind über das ganze Land verteilt, und 80 bis 90 Prozent aller von der Justiz behandelten Fälle werden dort entschieden. Allerdings bekam das Personal dieser Gerichte keine Ausbildung. Man geht davon aus, dass sie ihr eigenes Stammesrecht kennen. Auf meinen Einwand, dass das nicht ausreichend sei, bekam ich in der Justiz als Erklärung gesagt, es seien eben so dermaßen viele, dass die Mittel nicht vorhanden seien, um dieses Personal auszubilden.

Ich habe der Justiz vorgeschlagen, dass das Projekt sich um die Aus- und Weiterbildung des Personals der Local Courts, beginnend mit den Richtern, kümmern wolle. Damit waren sie einverstanden. Es war ihnen absolut bewusst, dass das schon längst hätte geschehen müssen.

Wir haben zunächst in einem mehrtägigen Workshop geklärt, was Richter der Local Courts wissen müssen. Das Ergebnis waren ein Curriculum und ein Handbuch. Danach haben wir Trainer ausgebildet, die zur Hälfte aus der Justiz und zur anderen Hälfte aus der Zivilgesellschaft kamen, Männer und Frauen. Dann haben wir begonnen, in der Süd- und in der Ostprovinz die Richter der Local Courts auszubilden. Die Trainer sprachen alle außer Englisch, der Amtssprache, jeweils mehrere lokale Sprachen. Bei den Richtern gab es manchmal mit Englisch Probleme. In einem Land mit 73 verschiedenen Stämmen, sieben Hauptsprachen, die so unterschiedlich sind, dass sie untereinander nicht verstanden werden, und darüber hinaus vielen Dialekten dieser Hauptsprachen – ist Sprache ein Problem.

Die Richter der Local Courts haben mich sehr beeindruckt. Es sind vor allem Männer zwischen 45 und 80 Jahren. Diese alten Männer, von denen ich befürchtet hatte, dass sie nichts Neues mehr lernen wollten, sondern sich an ihr Stammesrecht klammern würden – diese alten Männer waren Spitzenklasse: neugierig, wissbegierig und bereit zu Veränderungen. Bei den Schulungen kam es immer wieder zu spannenden Diskussionen mit ihnen. In der Justizverwaltung, die in der Hauptstadt Lusaka angesiedelt ist, wird auf diese

Richter herabgesehen, sie werden nicht für voll genommen. Das war besonders auffällig, als ich das Curriculum für die Schulungen mit der Justiz diskutierte. Es hieß immer: Das können sie nicht, und das können die nicht, das ist zu schwierig. Dagegen habe ich nur gesagt: Sie müssen diese Arbeit machen, also müssen sie es auch können. Im Übrigen ist kein Inhalt so schwierig, dass man ihn nicht erklären könnte. Es kommt nur darauf an, wie man etwas vermittelt.

Parallel dazu habe ich in den beiden Provinzen NGOs gesucht, mit deren Hilfe Frauen aus den Dörfern über ihre Rechte informiert werden konnten. In der Südprovinz gab es eine NGO, die von Lehrern Ende der achtziger Jahre gegründet worden war. Sie wollten den Frauen im Dorf helfen und waren, als ich nach Sambia kam, so weit, dass sie mehr über Recht wissen wollten, auch, um dieses Wissen auf dem Land zu verbreiten. In der Ostprovinz gab es eine Frauenorganisation, die sich auch in den achtziger Jahren zunächst in den Dörfern entwickelt und dann auf zwei höheren Ebenen zusammengeschlossen hatte. Auch diese Frauen waren zu dem Ergebnis gekommen, dass sie Rechtskenntnisse erwerben wollten, um sich selbst und anderen helfen zu können.

Beiden Organisationen habe ich vorgeschlagen, dass wir Frauen aus den Dörfern ausbilden, die dann ihrerseits diese Kenntnisse weitertragen. Diese Frauen haben wir Paralegals genannt. Die Organisationen sollten unter ihren Mitgliedern Menschen suchen, denen sie zutrauten, dass sie das schaffen. Sie müssten auch Englisch können, denn die Amtssprache in Sambia ist Englisch. Das Problem ist, dass es vor allem unter den ländlichen Frauen sehr viele Analphabetinnen gibt.

Dann habe ich Trainer gesucht, die natürlich aus der Hauptstadt kamen. Sie mussten bereit sein, mit uns aufs Land zu fahren, was nicht alle wollen. Für die Südprovinz hatte ich einen jungen Anwalt gefunden, der in England studiert hatte. Der lief in Schlips und Kragen herum – ein richtiger Jurist eben. Im Laufe der Schulungen wurde er richtig locker, die Frauen liebten ihn. Neben den Schulungen hat er vielen mit Rat und Tat geholfen. Das war deshalb etwas ganz Besonderes, weil es in Sambia auf dem Land keine Anwälte gibt.

Bei den Inhalten der Trainings haben wir uns von dem Curriculum für die Richter leiten lassen, aber besonderen Wert auf die Vermittlung der für Frauen wichtigen Inhalte gelegt. Wir haben über die Menschenrechte gesprochen, die sambische Verfassung, in der alle wesentlichen Grundrechte enthalten sind – nur kennen viele sie nicht. Wir haben mit den Frauen über das seit 1989 existierende Erbrecht gesprochen. Danach sind Frauen und Kinder beim Tod des Vaters und Ehemannes sehr viel günstiger gestellt als nach den Stammesrechten.

Nicht alle Frauen jubeln, wenn sie ihre Rechte kennen lernen – sie sind schließlich in einer anderen Ordnung aufgewachsen. Aber die bewussteren Frauen waren begeistert.

Die Frauen in Sambia haben mich ungeheuer beeindruckt. Sie müssen in den Dörfern in sehr schwierigen Verhältnissen leben und arbeiten, mit Ehemännern, die bestimmen, die sie als Eigentum betrachten, da sie einen Brautpreis für sie entrichtet haben. Die ihnen sogar verbieten können, auch nur die Hütte zu verlassen. Und die Frauen waren trotzdem fröhlich. Die Workshops mit ihnen waren immer toll. Wenn man sich vorstellt, dass diese Frauen die Erlaubnis ihrer Männer brauchten, wenn sie das Dorf verlassen wollten, dass sie zum Teil tagelang unterwegs waren, um zum Schulungsort zu kommen. Manche mussten ihre Säuglinge mitbringen, das war manchmal ein Riesengeschrei. Aber sie kamen. Diese Frauen sind großartig. Wenn sie im Workshop etwas hörten, was ihnen gut gefiel, fingen sie vor Freude an zu singen und zu tanzen.

Wir haben im Süden ungefähr 200 und im Osten 150 Paralegals ausgebildet. Sie werden manchmal »Barfußanwältinnen« genannt, aber der Ausdruck ist Unsinn. Es gibt kein deutsches Wort dafür. Sie gehen auch nicht barfuß, sondern fahren mit dem Fahrrad. Das Fahrrad haben sie durch das Projekt bekommen. Das Fahrrad ist auf dem Land der VW des armen Mannes. Wenn es im Dorf überhaupt Räder gibt, gehören sie den Männern, nicht den Frauen. Als ich die Räder kaufen wollte, habe ich festgestellt, dass es in Sambia keine Frauenfahrräder gab. Da ich sehr viele gekauft habe, habe ich darauf bestanden, dass Frauenräder besorgt oder neu gebaut wurden.

Na, die Frauen waren vielleicht stolz! Weil sie Angst hatten, dass ihnen die Männer die Räder wegnehmen, haben wir Verträge mit ihnen gemacht, danach durften sie sie nur für ihre Arbeit als Paralegal benutzen und nicht den Männern geben. Das wurde nicht immer eingehalten, das war mir schon klar – aber es gab den Frauen die Sicherheit, nein sagen zu können. Vielleicht könnte man die Frauen Fahrrad-Anwältinnen nennen.

Gewohnt habe ich in der Hauptstadt Lusaka in einem Haus mit zwei Schlafzimmern und zwei Bädern und einem wunderschönen alten Mangobaum vor dem Haus. Personal wollte ich nicht haben – aber man muss Personal haben, weil man Arbeitsplätze schaffen muss. Ich hatte eine Frau, die sauber gemacht und meine Wäsche gebügelt hat – gewaschen habe ich selber. Ich hatte einen Gärtner und zwei Wächter, die Tag und Nacht auf das Haus aufpassten. Dann hatte ich einen Fahrer und eine Sekretärin. Also: Ich habe ein paar Arbeitsplätze geschaffen.

Ich war fünf Jahre und drei Monate in Sambia. Mein erster Vertrag ging über drei Jahre, und dann habe ich noch mal verlängert, bis ich 65 wurde. Das Projekt läuft aus, die GTZ steigt aus. Es soll keine kleinen Einzelprojekte mehr geben, das ist die Politik. Es sollen Projekte zu Programmen zusammengefasst werden – es gab aber in Sambia kein deutsches Programm, in das wir hineingepasst hätten. Die Engagiertesten werden weitermachen, das ist keine Frage – aber Strukturen, die nicht tief verwurzelt sind, können auch wieder zusammenbrechen. Ich war fünf Jahre in Sambia und habe erfahren, dass die Leute, die wir ausgebildet haben, gute Arbeit machen. Wenn die Gelder nicht gestrichen worden wären, wäre ich gern noch geblieben. Ich bin nicht klapprig, ich bin gesund. Wenn man jung ist, denkt man, mit 65 sei man uralt und kann kaum noch krauchen – aber das stimmt nicht. Zum Abschied von Sambia haben wir ein großes Fest gefeiert. Ich bin traurig weggegangen – aber auch stolz auf die Arbeit.

Miss Marple surft durchs Internet

Miriam Ettisch-Enchelmaier führt seit 1972 eine internationale Wirtschaftsauskunftei und Detektei. Sie lebt und arbeitet in Dirmstein, einem zauberhaften Städtchen in der Pfalz. Ihr Büro ist ein kreatives Nebeneinander von Faxgerät und Computer, Akten und Telefonapparaten. Auf der Fensterbank im Untergeschoss sitzen Puppen, die sie sammelt; durch das Büro bewegen sich leise zwei Katzen. Über ihre Arbeit als Detektivin veröffentlicht sie wissenschaftliche Texte im Netz. Im Juli 2005 hat »Miss Marple« an der britischen Universität in Durham im Fach Computerwissenschaft ihren Master-Abschluss erlangt. Titel der Arbeit: »How to be a Highly Successfull Private Investigator« – Wie man ein erfolgreicher Detektiv wird. Eine Dissertation, in der ihre jahrzehntelange Erfahrung steckt. 95 Prozent des Tages spricht und schreibt sie englisch. Miriam Ettisch-Enchelmaier hat Orientalistik und nebenbei Deutsch und Latein studiert. Die weißhaarige Dame ist offiziell im Rentenalter – aber nur auf dem Papier. Sie ist voll in ihrem Beruf engagiert und baut ein Heim für agile Senioren, ein Modellprojekt im pfälzischen Dirmstein.

Der Arbeit in meinem Beruf sind, auch wenn man das erst einmal nicht wahrhaben will, im Alter wirklich Grenzen gesetzt. Es ist weniger der Geist als der Körper, der einen dann behindert. Wenn ich draußen herumlaufen muss – auch mal nachts oder mal ganz früh morgens –, dann ist das schon ermüdend und körperlich anstrengend. Auch, wenn man in einem Auto stundenlang sitzen und jemanden observieren muss und nicht einschlafen darf – das könnte eine Detektivin schon irgendwann zwingen, diesen Teil der Recherche aufzugeben. Aber heutzutage wird ja viel mit Hilfe des Internets und vom PC aus gearbeitet – und Büroarbeit kann ein Detektiv noch sehr lange machen.

Ich kann abends noch bis Mitternacht im Büro sein, das macht mir nichts aus. Es ist ja mein Haus, in dem ich arbeite, ich muss auf niemanden Rücksicht nehmen. Aber in meinem Beruf darf ich nicht in dem Sinne krank werden, dass ich total ausfalle – und Urlaub machen ist auch nicht gerade leicht, auch nicht, wenn man Personal hat. Ich habe mal einen Fall gehabt, wo ich wirklich mit 39 Grad Fieber fest im Bett lag. Mein Auftrag war, in Heidelberg zu ermitteln – und das habe ich vom Bett aus gemacht und meine Recherche dann telefonisch durchgegeben. Aber das war für den Kunden nicht ausreichend. Ich musste mich an die Schreibmaschine setzen und den Bericht schriftlich verfassen. Früher, als ich noch viel gereist bin, da hatte ich mein Mini-Büro immer dabei und habe auch schon mal mit der Schreibmaschine auf dem Schoß im Wald gesessen, Berichte geschrieben und Anfragen bearbeitet.

Ich liebe meinen Beruf immer noch sehr. Es gibt natürlich – wie in jedem anderen Beruf auch – den Alltag, die Normalität. Wir kochen alle nur mit Wasser: Mal ist es reines Quellwasser, und mal ist das Wasser verseucht. Warum sollte ich aufhören? Man muss doch irgendetwas machen! Ich kann doch nicht nur Däumchen drehen und im Sessel sitzen. Und die Internationalität, die meine Spezialität ist, die ich schon immer betrieben habe, die macht mir Spaß. Und auch, dass ich merke, im Laufe der vielen Jahre einen siebten Sinn für Menschen und Zusammenhänge weltweit entwickelt zu haben.

Ich habe zum Beispiel mal jemanden als Reinemachfrau anstellen wollen. Sie wohnte in meiner Nähe, das wäre ideal gewesen. Aber irgendwie habe ich so ein Gefühl gehabt ... ich konnte es nicht benennen ... aber ich sagte mir: Ach, rufst du doch lieber mal in einer Datenbank an. Und siehe da: Die Dame hatte im Jahr davor einen Offenbarungseid geleistet. Das ist eben der siebte Sinn, den man nur durch langjährige Erfahrung bekommt. So dieses Gefühl: Irgendwo ist etwas faul. Obwohl die Frau sich am Telefon wirklich sympathisch anhörte.

Meine Hauptarbeit besteht aus telefonieren und am PC sitzen. Heute läuft ja alles über diese elektronischen Kommunikationsmittel. Im Normalfall ist es so: Ich bekomme einen Auftrag, und entweder erledige ich den selber oder ich gebe ihn an lokale Kollegen weiter. Zum Beispiel sollte ich mal jemanden interviewen, der hinter Paderborn in so einer kleinen Ortschaft wohnte – dafür hätte ich zwölf Stunden unterwegs sein müssen –, so einen Auftrag gebe ich weiter. Oder in Holland. Da sollte eine Frau beobachtet werden, die angeblich wegen einer Schulterverletzung nicht arbeiten konnte. Aber sie war Trommlerin in einer Band – wie passt das zusammen? Da musste ich jemanden finden, der dort hingeht und observiert, ob sie trommelt – das war ein anstrengender Nachttermin, so ab 23 Uhr. Es wurden Videoaufnahmen gemacht, um zu zeigen, dass die Frau sehr wohl zu arbeiten vermag, wenn sie etwa anderthalb Stunden ohne Unterbrechung trommeln konnte.

Am liebsten habe ich hin und wieder einen richtig schwierigen Auftrag, damit meine grauen Zellen etwas zu tun haben. Schwierige Aufträge erkennt man nicht unbedingt auf den ersten Blick. Manche erscheinen anfangs, als seien sie reine Routine. Alles ganz einfach, keine Probleme. Und umgekehrt gibt es das auch. Da sieht ein Auftrag sehr schwer aus, und dann löst man ihn im Handumdrehen. So kann der leichte Auftrag zur harten Nuss werden, und der scheinbar schwierige löst sich auf wie eine Wolke. Kompliziert wird ein Fall, wenn der Auftraggeber dermaßen viele Fragen hat, dass die Recherche mühsam wird. Gut, der Wohnort ist meistens bekannt, aber: Wie lange wohnt die Person schon dort? Wie ist ihr Ausbildungsweg? Wann verlässt sie das Haus? Wann kommt sie zurück? Wie verhält sich die Person bei der Befragung? Fotos sollen geschossen werden, nicht nur von dem Haus, sondern auch von der Umgebung.

Vor vielen Jahren hatte ich mal einen Fall von einem Kollegen bekommen, da ging es um eine Ungarin, in Florida wohnhaft, aber gerade in einem entlegenen Ort in Ungarn auf Urlaub. Deren Sommerhaus war abgebrannt, und der Verdacht war aufgekommen, dass sie möglicherweise diesen Brand veranlasst hätte. Mein Kollege, ein Feuerversicherungsexperte, bat mich, diese Frau aufzutreiben. Da ich von diesen Untersuchungen nichts verstehe, aber recherchieren kann, habe ich ihn gebeten, mir seine Fragen für den Fall zur Verfügung zu stellen, sollte ich die Frau erreichen. Ja, und um neun Uhr abends hatte ich sie am Telefon. Während des Interviews habe ich noch eigene Fragen gestellt, die sich aus ihren Antworten ergaben. So wurde klar, dass sie unschuldig war. Daraufhin hat die Versicherung den Schaden beglichen.

Ich kann natürlich nicht irgendwo anrufen und sagen: Hier ist das Detektivbüro Sowieso ... aber irgendeinen Namen muss man sagen, wenn man recherchiert. Ich habe einen Doppelnamen. Hier im Dorf bin ich Frau Enchelmaier. Manchmal sage ich am Telefon: »Mein Name ist Enchelmaier von der Firma Ettisch«, damit man nicht so herausbekommt, wer nun angerufen hat.

»Detektiv« als Lehrberuf steckt noch in den Anfängen. Ich selbst bin da reingestolpert. Ich musste mir eine Arbeit suchen, und aufgrund meiner Sprachkenntnisse landete ich in einer Berliner Handelsauskunftei im Europa-Center, damals das höchste Gebäude West-Berlins. Das war schon einige Zeit nach meinem Studium. Man engagierte mich als Büroleiterin. Ich sollte dafür sorgen, dass alles wunschgemäß abläuft. Wir hatten viele Aufträge, die durch auswärtige Rechercheure erledigt werden sollten. Tja, die haben sich mit Englisch schwergetan, und die Kunden drängten auf Erledigung der Aufträge. So sah ich mich gezwungen, den Hörer aufzunehmen und selber zu recherchieren. Recherchieren ist ja etwas, was man auf der Uni lernt. Das ist in meinem Beruf nicht viel anders als bei einer Verkäuferin: Eine sehr gute Verkäuferin besteht zu siebzig Prozent aus dem Wissen, wie man verkauft – und nur zu dreißig Prozent aus Fachkenntnissen. So ist das mit dem Recherchieren. Das Wichtigste ist, zu wissen, wie man sich Informationen beschafft – der Rest ist berufsspezifisches Fachwissen. Und ich konnte recherchieren und hatte keine Angst vor der Internationalität, weil ich damals schon oft im Ausland gewesen war. Weiterhin wusste ich schon vor 35 Jahren, dass man global denken und arbeiten muss, um erfolgreich zu sein. Dass man Daten global transferieren konnte – ähnlich wie bei Im- und Export, wovon ich einige Kenntnisse hatte –, wusste ich auch schon damals, als Kollegen noch Angst hatten, »über die Grenzen zu springen«. Dieses Wissen war meine Marktnische.

Einmal musste ich zwei Firmen in China finden, denen von einer amerikanischen Firma in Amerika Gerichtspapiere ausgehändigt werden sollten. Wie aber eine Firma in China finden? Da habe ich erst einmal die Auslandsauskunft angerufen. Die haben gesagt, sie brauchten den Ort und den Kanton, und zwar in chinesischen Buchstaben. Dann habe ich einen alteingesessenen Kollegen in Hongkong und einen in Peking kontaktiert, die wussten auch nicht weiter. Aber mein Motto ist: »Don't take a ›No‹ for an answer.« Ich sollte ja obendrein noch die juristischen Repräsentanten, also die Geschäftsführer, herausfinden. Ich bin dann ins Internet gegangen, habe beide gefunden, habe nicht aufgehört zu recherchieren und herausgefunden, dass es von den chinesischen Firmen jeweils eine Tochtergesellschaft in den USA gab. Das war wie ein Sechser im Lotto! Man musste keine Papiere ins Chinesische übersetzen, nicht nach China schicken, sondern konnte sie in den USA überreichen. Das hat meinem Kunden viel Zeit und viel Geld gespart. Das war ein Fall für die grauen Zellen, die haben sich gefreut. Ich sage immer: Das Internet ist wie ein Dschungel, man braucht eine Machete, um sich durchzukämpfen. Aber wenn man einen Weg durch den Dschungel gefunden hat, dann findet man hier eine wertvolle Orchidee und dort einen schönen Vogel. Man kann aber auch unversehens den rechten Weg verlieren. Aber wenn Sie den Computer ausschalten, finden Sie sich wieder sicher zuhause.

Ich spreche Englisch, etwas Französisch, etwas Italienisch, meine Mitarbeiterin kann gut Italienisch und Spanisch, ein paar Brocken anderer Sprachen hier und da – trotzdem ausreichend, um als Öl in der Maschinerie zu agieren. Irgendwie kann ich mich immer verständlich machen. Da hatten wir mal eine Ermittlung. Wir brauchten Informationen von einer Uni in St. Petersburg, reine Routine. Meine Mitarbeiterin versuchte ihr Heil, aber die Telefonistin hat sich dumm gestellt und wollte nur Russisch verstehen. Also: »I don't take a ›No‹ for an answer.« Ich gebe nicht so schnell auf! Da habe ich meine paar Brocken Russisch aufgerufen und gesagt: Dobry den, Direktoru poshalujsta, das heißt: Direktor bitte sprechen. Sofort hat sie mich verbunden, weil ich mir ein bisschen Mühe gegeben habe, und, oh Wunder, der Direktor sprach fließend Deutsch. Es hat sich wieder erwiesen: Höflichkeit ist die beste Eintrittskarte. Auch wenn ich ein paar Worte in Arabisch spreche, freuen sich die Araber, und die Kooperation auch einer Frau gegenüber ist hervorragend. Es zeigt sich immer wieder: Mein Sprachwerkzeug ist ein wichtiges Gerät für mich – wie der Computer und das Telefon.

Unerfüllte Wünsche im Leben? Ich hätte unheimlich gern meinen Doktor gebaut. Vielleicht kommt das noch. Aber manchmal hat man auch Träume, die nicht erfüllt werden. Man muss wenigstens träumen können.

Immer wieder neue Sehnsuchtsziele

Lebenshunger hat ihn immer wieder dazu getrieben, dort, wo er eingestiegen war, auch wieder auszusteigen. Rüdiger Dilloo, 66, hat so jung als Journalist Karriere gemacht, dass er nicht erst alt werden musste, um sich zu fragen, ob der einzige Sinn des Lebens Aufstieg, Ruhm und Geldverdienen ist. Er lebt auf einem ausgebauten Bauernhof im bayerischen Schlaipfering und sucht auch im Alter noch das Abenteuer.

Ich hatte nach dem Abitur überhaupt keine Lust zu studieren. Ich jobbte zwei Jahre lang als Reiseleiter, aber eigentlich wollte ich schon mit fünfzehn Jahren Journalist werden. Ich dachte, wenn in der *Süddeutschen* mal eine Meldung steht: »Dackel am Stachus überfahren« und darunter R.D. – das wäre der Traum meines Lebens. Meine Mutter hat versucht, mir das auszureden. Sie war Volksschullehrerin, nach dem Krieg ohne Mann mit drei Kindern. Sie meinte, materielle Sicherheit sei erst einmal das Wichtigste, ich solle Beamter werden und nebenher schöne Kurzgeschichten schreiben. Aber dann schob mich eine andere Frau in die richtige Richtung: Ich verliebte mich in Petra, eine Studentin aus einer meiner Reisegruppen, die mich auf eine Stellenanzeige aufmerksam machte: Die *Welt* suchte Zeitungsvolontäre. Voraussetzungen: 25 Jahre alt, abgeschlossenes Studium oder Berufsausbildung. Ich war 21 und hatte weder noch. Sie nahmen mich auf Probe – vermutlich, weil es mein Bewerbungsschreiben in sich hatte. Ich wurde schnell Redakteur und als Korrespondent in meine Heimatstadt, nach München, geschickt.

Dann war 1968, die große Polarisierung zwischen Rechts und Links. Ich sympathisierte mit der Studentenbewegung, aber bei einem Kongress des SDS wurde mir gesagt: keine Interviews für Leute vom Springer-Verlag. Das machte mir klar, dass ich bei der *Welt* aufhören musste. Ich kündigte und schrieb mich an der Uni für Psychologie ein – ziemlich halbherzig. Als Journalist war ich aber in der Branche schon aufgefallen, sofort nach der Kündigung kam die Zeitschrift *Twen* auf mich zu. Dort war ich zunächst Reporter und dann stellvertretender Chefredakteur. Als *Twen* eingestellt wurde, hatte ich zwar ein Angebot vom *Stern* und vorher schon eines vom *Spiegel* – aber ich wollte nicht mehr weitermachen wie bisher.

Man muss die Zeit bedenken: Es war Anfang der siebziger Jahre. Ich hatte als Journalist die alternative Bewegung beobachtet und war fasziniert. Ich sah, dass es noch ein anderes Leben gibt als Geld verdienen, Karriere machen, am Schreibtisch sitzen, Chef haben, Sekretärin haben, Kollegen und zwanzig Tage Urlaub. Das war mein erster Ausstieg. Es muss im Leben mehr als Alles geben: Ich schiffte in Bremerhaven meinen VW-Bus ein und fuhr ein Jahr lang rauf und runter durch Amerika – ich wollte sehen, wo die ganzen utopischen Ideen damals herkamen. Dann wollte ich in Mexiko Spanisch lernen, um schließlich nach Chile zu gehen, wo Allende am Ruder war. Es kam anders: Ich wurde in Mexiko krank und wollte nur noch zurück.

In München habe ich mich dann ernsthaft zum Studium eingeschrieben: Pädagogik. Mich interessierten die vielen neuen alternativen Methoden in der Erziehung. Das Studium habe ich ordentlich abgeschlossen, aber nebenher immer für das Magazin der *Zeit* geschrieben, die mich als Redakteur haben wollten. Damals hatte ich eine Freundin, die genau wie ich aufs Land ziehen wollte. Wir machten Folgendes aus: Ich gehe ein Jahr lang zum Magazin der *Zeit*, spare Geld, und dann gehen wir zusammen aufs Land. Das habe ich tatsächlich so durchgezogen – es folgte mein zweiter Ausstieg. Eine Hundertachtzig-Grad-Kehrtwende: vom Schreibtisch in eine sehr einfache Landkommune.

Diese Sehnsucht nach einem Leben auf dem Land war bei mir immer stärker geworden. Vielleicht ist der Hintergrund meine Kindheit. Ich bin in einem Tiroler Bergdorf aufgewachsen, meine Großmutter war ein Kleinbauernkind, und meine Mutter hatte immer eine sehr enge Verbindung zum bayerischen Bauernleben. Das ist das eine. Das andere war der Zeitgeist. Viele Leute hatten damals diese Sehnsucht nach anderen Lebensformen. Bei mir kam ein richtiges Bedürfnis dazu, körperlich zu arbeiten statt ewig am Schreibtisch. Die Selbstversorgung auf einem eigenen Stück Land war für mich ein wundervolles Ideal: Getreideacker, ein paar Milchtiere, Gemüsegarten, Obst- und Nussbäume, möglichst wenig oder gar kein Geld brauchen, und das alles nicht in der herkömmlichen Kleinfamilie, sondern in einer größeren Gruppe – seit Amerika wusste ich, dass das möglich war.

Damals bildete sich auch in Deutschland eine Landkommunen-Szene, vor allem in armen, buckligen Gegenden, wo Kleinbauern ihre unrentablen Höfe billig verkauften. Hunsrück, Eifel, Bayerischer Wald, besonders auch in Niederbayern: Zwischen Eggenfelden und Passau gab es in den siebziger Jahren etwa vierzig Landkommunen. Eine Gruppe zog die andere nach sich, es war ein richtiges alternatives Netzwerk. Dort schauten wir uns um, meine Freundin Edith und ich, und schlossen uns Leuten aus dem Rheinland an, die gerade für 45.000 Mark ein tadellos erhaltenes Sacherl gekauft hatten, mit immerhin zwei Hektar Grund. In Bayern heißt ein großer Bauernhof ein Sach, ein Sacherl ist eine kleine Nebenerwerbslandwirtschaft. In unserer Kommune waren wir zunächst acht Erwachsene mit drei kleinen Kindern. Unser Prinzip war: Jeder, der so tickt wie wir, kann mitmachen, ob er Geld hat oder nicht. Voraussetzung ist die Lust, die bäuerliche Selbstversorgung zu lernen.

Jetzt war ich also das, was man damals einen Aussteiger nannte. Ich war 35 Jahre alt. Ich machte mir keinerlei Gedanken darüber, ob ich je wieder einen festen Job bekommen würde. Ich hatte Karriere gemacht, Geld verdient, beruflichen Erfolg gehabt, ich konnte schreiben, das war schon sehr wichtig für mein Selbstwertgefühl. Das merkte ich manchmal im Vergleich mit ganz Jungen, die direkt nach der Schulzeit unsicher in der Kommuneszene herumsuchten, immer mit dem Gefühl, anderswo etwas zu verpassen.

Der praktische Anfang in der Landwirtschaft war dann aber für mich eine ganz schwere Zeit. Ich konnte nichts von dem, was hier gefragt war. Mein Status als Journalist, Schreiber, Redakteur, nichts mehr zählte, null. Aber ich habe mich durchgebissen, und nach einem Jahr fühlte ich mich einigermaßen sicher. Am liebsten habe ich die Stallarbeit gemacht. Wir hatten zwei Kühe, vier Ziegen und zwei Milchschafe und natürlich Hühner, Hasen, Bienen. Die Schafe melken, mit ihren winzigen Zitzen, das war immer wieder spannend. Die Milch verarbeiten, Butter und Käs und Joghurt machen, die Kuh zum Stier führen, Klauen schneiden, mähen, die Sense dengeln, Heu machen, odeln und Mist breiten, den Bulldog fahren, pflügen, säen mit der Hand. Brot backen. Sauerkraut stampfen. Obst und Gemüse einwecken. Äpfel lagern. Brennholz machen für den Winter. Meine Güte, was haben wir alles gewerkelt. Aber die Arbeit empfand ich eigentlich nie als zu hart, wir waren ja viele. Hart waren die Psychokisten innerhalb der Gruppe. Die Eifersucht, die Rivalitäten. Manchmal bin ich mit dem Rad ins Dorf abgehauen, habe bei der Krämerin eine Prinzenrolle gekauft und sie am Waldrand ganz allein verputzt. Erst zur Melkzeit kam ich zurück und ging direkt zu den Tieren.

Trotz der oft schwierigen Gruppendynamik fühlte ich mich in dieser Gemeinschaft wirklich aufgehoben. Wenn du mit deiner Freundin Knatsch hattest, wurdest du aufgefangen und getröstet. Wenn du nicht mehr weiter wusstest, redeten dir die anderen gut zu. Es war eine wunderbare Zeit! Ständig kamen Besucher von anderen Kommunen, und dann saß und lag man abends auf dem großen Podest in der Küche, kochte, aß, redete, trank den eigenen Most und rauchte den eigenen Hanf, die ganz Harten rauchten sogar den eigenen Tabak, aber der war ziemlich krass. Wir machten viel Musik, wir hatten viel Sex, eh, klar, das war noch die Zeit vor Aids. Natürlich hatten wir keinen Fernseher. Das Lebensgefühl in unserer Kommune war schon phantastisch, wir lebten tatsächlich die Utopie.

Als ich nach zwei Jahren alles im Griff hatte, kam die Lust aufs Schreiben zurück. Ich schlug der *Zeit* eine Serie über unsere Landkommune vor. Die alten Kollegen waren sofort interessiert, aber meine Freundin war total dagegen. Es gab ewig lange Diskussionen in der Gruppe. Schließlich schrieb ich ja nicht nur über mich, sondern über uns alle. Aber ich konnte sie schließlich doch überzeugen. Ich beschrieb einen Jahreslauf in unserem Selbstversorger-Sacherl, und die Artikel hatten bei den *Zeit*-Lesern eine enorme Resonanz. Ich bekam schachtelweise Leserbriefe, das war eine sehr glückliche Zeit. Ich hatte meine zwei Seiten zusammengebracht, die kopfige und die händische, die bürgerliche und die alternative.

Nach drei Jahren stand wieder mal eine Veränderung an. Edith war nach Südamerika gegangen, und ich wollte in die Alpen. Bergtouren hatte ich seit meiner Kinderzeit immer wieder gemacht, auch als Redakteur im Urlaub, die Berge sind irgendwie mein angestammtes Milieu. Jetzt hatte ich unbeschränkt Zeit für sie. Ich packte meinen Rucksack und ging in den jugoslawischen Alpen los, immer Richtung Westen. Daraus wurden dann zwei Jahre. Ich wanderte allein, schlief meistens im Freien, überquerte einen Gebirgszug nach dem anderen, zickzackte rum, wie's mir einfiel, und irgendwann stand ich auf dem Montblanc. Selten einmal fühlte ich mich einsam. Aber jeweils in den Wintermonaten kam ich zurück in den (lacht) warmen Schoß der Kommune.

Auf dieser Wanderung habe ich in Graubünden, in der Schweiz, Leute aus der Älpler-Szene kennen gelernt. Das sind die, die im Sommer auf den Almen arbeiten. Das hat mich sehr interessiert, also habe ich mich um eine Stelle auf der Alm beworben. Die Arbeit dauert immer drei Monate im Sommer, der Lohn ist gut. Unsere Alm lag knapp 1700 Meter hoch, wir waren zu dritt mit sechzig Kühen. Die mussten tagsüber in den Bergen gehütet und morgens und abends gemolken werden. Am Tag kommen da bis zu tausend Liter Milch zusammen. Die müssen zu Käs und Butter verarbeitet werden, im September vor dem Almabtrieb hatten wir mehr als vier Tonnen Käslaibe im Käskeller, die dann genauestens mit den Bauern je nach Milchleistung ihrer Kühe abgerechnet wurden. Der Tag auf der Alm geht um vier Uhr morgens los, wenn er gut läuft, ist man so um halb neun Uhr abends fertig. Es ist schwere, verantwortungsvolle Arbeit, bei der man hundertprozentig aufeinander angewiesen ist, verglichen damit hatte unser Wirtschaften in der Kommune etwas Spielerisches. Fünf Jahre lang habe ich das gemacht. Das waren sehr, sehr schöne Sommer. Die werden mir mein Leben lang bleiben. Auch auf der Alm bin ich als Anfänger manchmal schier verzweifelt, dann aber in die Aufgabe hineingewachsen und stärker herausgekommen. Mit mehr Muckis, aber auch stärker im Kopf. Auch über die Zeit auf der Alm habe ich in der *Zeit* eine Serie geschrieben.

Die Winter verbrachte ich bei den Freunden in Niederbayern. Ich machte mich in der Kommune nützlich, jobbte vor Weihnachten bei der Post, ab und zu verdiente ich ein bisschen Geld als Musiker. So kam es, dass ich Barbara kennen lernte: Im Herbst 1985 spielte ich mit meiner Jazzcombo auf einer Hochzeit in München, und da war sie. Als Gast. Was soll ich sagen, es war Liebe. Barbara ist auch Journalistin. Sie besaß einen alten Bauernhof im Chiemgau, aber im Gegensatz zu mir war sie ein Stadtmensch. Sie bewohnte den Hof nur am Wochenende und in den Ferien. Ich zog zu ihr. 1986 ging ich noch mal auf die Alm, im September besuchte mich Barbara dort, und im Mai darauf kam unsere Tochter auf die Welt. Fünf Tage vor meinem 46. Geburtstag wurde ich Vater. Es war der richtige Zeitpunkt. Lange Zeit war mir klar gewesen, dass ich kein Kind will, und ich hatte das meinen Partnerinnen auch sehr klargemacht. Ich wusste, dass mein Lebenshunger sich nicht mit der Bindung an ein Kind vertragen würde. Erst so um meinen Vierzigsten herum änderte sich das, da hatte ich wahrscheinlich genug Erfahrungen gesammelt und zum ersten Mal so etwas wie einen Kinderwunsch gespürt.

Ich wurde also sesshaft. Ich wurde Hausmann mit einem kleinen Baby. Barbara arbeitete in München, machte Karriere und verdiente das Geld. Diese Arbeitsteilung hatten wir verabredet, und die funktionierte auch. Am Wochenende kam die Mama heim und war dann ganz da fürs Kind. Aber die Woche über war ich mit Lea allein, bekochte sie, brachte sie in den Kindergarten und in die Schule, spielte mit ihr, las ihr vor, tröstete, entertainte, erzog sie, und wenn sie krank war, machte ich mir Sorgen. Alles das Normalste der Welt, aber von all meinen weniger normalen Aktivitäten vielleicht dann doch die nachhaltigste. Als sie vier war, schrieb ich wieder einmal eine autobiografische Serie in der *Zeit*, über mich und meine Tochter. Ich nannte sie *Hausmanns Dilemma*. Danach bot mir meine Zeitung eine New-York-Kolumne an, und wir siedelten als Kleinfamilie für ein Jahr um, vom Chiemgauer Bauernhaus in eine Wohnung im zwölften Stock am Broadway. Das war auch kein kleines Abenteuer. Lea war sechs und wurde in Manhattan eingeschult.

Lang her ist das alles. Kinderaufziehen ist einerseits so ewig lang, wenn man es von Tag zu Tag erlebt, und andererseits vergeht die Kinderzeit als Ganzes so brutal schnell. Das erleben wohl alle Eltern. Unsere Tochter ist jetzt 20, außer Haus und studiert. Ich schreibe wieder mehr, Kolumnen, Reportagen, Reiseberichte. Ich fühle mich daheim in unserem alten Vierseithof. Barbara pendelt nach wie vor viel nach München.

Seit einem Jahr bin ich im Rentenalter, aber das heißt nicht viel bei mir. Mit der Rente habe ich mich erst beschäftigt, als vor ein paar Jahren dieser Schrieb aus Berlin kam und es so mühsam war, die Formulare auszufüllen, weil ich nie lange fest angestellt war. Mein Leben ist nicht geradeaus verlaufen, ich bin immer wieder meinen Sehnsuchtszielen gefolgt, eine Konsequenz davon ist eben meine ziemlich minimale Rente. Eine Konsequenz davon ist aber auch, dass ich gelernt habe, mit wenig Geld gut hinzukommen. Mit dem Schreiben verdiene ich ja doch Einiges dazu. Vor ein paar Jahren ist mir allerdings klar geworden, dass ich zu manchen Dreißigjährigen, die jetzt in den Redaktionen sitzen, keinen Draht mehr habe. Hat mich aber nicht weiter gewundert: Als ich selbst als Redakteur in dem Alter war, hatte ich auch wenig Lust auf fünfzigjährige Kollegen. Die Gleichaltrigen haben mich interessiert. Wir hatten das Gefühl: Wir sind die Jungen, und uns gehört die Welt. So ist es eben heute auch. Ich kann das gut verstehen.

Übers Älterwerden habe ich so zwischen 55 und 60 angefangen nachzudenken. Damals begannen so typische kleine Männerprobleme wie die mit der Prostata. Ich fing auf einmal an, die Medizinseiten der Zeitungen zu lesen, plötzlich interessierten mich Vorsorge und Hüftschmerzen. Ich bekam einen Blick für künstliche Hüften! Am Anfang schlug mir das stark auf die Psyche, dieses Gefühl: Du wirst älter, als Mann. Aber inzwischen fühle ich mich wohl mit meinem älteren Körper. Deprimierend wäre für mich, wenn ich körperlich immobil wäre – das wäre vermutlich schlimmer, als wenn ich nicht mehr schreiben könnte. Ich mag mich gern körperlich verausgaben, das macht high. Der Körper funktioniert, du schaltest ab, bist praktisch nur noch so ein Maschinchen, das ist wunderbar. Mein liebster Sport, abgesehen vom Bergwandern, ist Inlineskaten. Man muss ständig reagieren, man ist schnell, und ich mag Sportarten, bei denen einem der Wind um die Ohren pfeift. Aber klar, meine Grenzen werden mir mehr und mehr bewusst. Skiabfahrten in schwierigem Tiefschnee machen mir inzwischen mehr Angst als Spaß. Vor zwei Jahren hat mich *Geo* zum Surfenlernen geschickt – das habe ich in der vorgesehenen einen Woche nicht geschafft. Da fühlte ich mich alt und steif, verglichen mit den jungen Kursteilnehmern. Aber das war schon okay, und *Geo* hat trotzdem eine ganz gute Ich-Reportage bekommen.

Letztes Jahr zu meinem Fünfundsechzigsten hat mir meine Frau ein Flugticket nach Katmandu geschenkt. Sie wusste, dass ich immer schon mal nach Nepal wollte. Ich bin drei Monate geblieben. Mit dem Rucksack durch den Himalaya gewandert, in Nepal und in Tibet, allein, ohne Führer oder Träger, ähnlich wie vor 25 Jahren in den Alpen. Das hat mir sehr viel gegeben. Ich weiß natürlich nicht, wie lange ich so etwas noch machen kann, wie lange mein Körper solche Touren mitmacht. Aber noch bin ich glücklich, wenn ich als Rucksackwanderer in den Bergen verschwinden kann. Manchmal denke ich, das wäre nicht schlecht als letztes Abenteuer, als Abschluss.

Ich habe nie bereut, dass ich damals aus meiner Karriere ausgestiegen und aufs Land gegangen bin. Dafür ist das alternative Leben in mir viel zu vital geblieben. In meinen Wachträumen sehe ich oft Bilder und Szenen aus diesen Jahren. Da stehe ich jetzt zum Beispiel hier in meiner Küche, schnipple Gemüse fürs Abendessen, und auf einmal taucht ein Bild von damals auf. Der Trog mit dem Sauerteig in der Landkommune. Mein Schlafsack im Mondlicht auf einem Dreitausendergipfel. Das Kühesuchen im Morgennebel auf der Alm – dieses ganze spannende Leben. Das gibt mir so viel. Das ist überhaupt mit gar nichts aufzuwiegen.

In den Slums von Kolumbien

Krystyna Graef ist Ärztin und Psychotherapeutin. Sie hat ihre Heimat Polen 1963, mit 26 Jahren, direkt nach dem Staatsexamen, verlassen. Für die Organisation Ärzte für die Dritte Welt ging sie häufig nach Südamerika. Krystyna Graef ist siebzig Jahre alt, spricht sechs Sprachen und möchte immer gerne dort arbeiten, wo sich ein spannendes Projekt ergibt. Der Abschied von der eigenen Praxis ist ihr aufgezwungen worden. Wenn es nach ihr ginge, würde sie dort noch heute arbeiten.

Ich gab meine Kinderarztpraxis vor drei Jahren ab – nach 35 Jahren in den gleichen Räumen. Ich habe immer noch Sehnsucht nach dieser Arbeit. Vor Kurzem vertrat ich eine Kollegin im Taunus – da war ich wie aufgeblüht. Ich war richtig glücklich, obwohl es dort eine ganz andere Klientel gab als meine. Die Kollegin hatte am Tag vielleicht fünfzehn Patienten, während ich an manchen Tagen 150 hatte. Diese Vertretung war das reine Vergnügen.

Ich musste meine Praxis aus Altersgründen abgeben, das sind die Bestimmungen der kassenärztlichen Vereinigung, da kann man nichts machen. Ich finde das empörend! Da musste der deutsche Nobelpreisträger in Biochemie flehende Briefe schreiben, um zu erreichen, dass er vielleicht weiterarbeiten kann. Ob es ihm gelungen ist, weiß ich nicht. Der war 65 Jahre alt und sollte aufhören – und hatte gerade mit seinem phantastischen Team den Nobelpreis bekommen! Ist das jetzt der Jugendwahn – oder was ist das?

Ich habe nach langem Suchen eine gute Nachfolgerin gefunden, aber eine Kollegin von mir hat ein halbes Jahr lang ohne Erfolg einen Nachfolger gesucht. Da hat sie die Tür ihrer Praxis abgeschlossen und alles, was noch zu gebrauchen war, dem Roten Kreuz geschenkt. Ist das nicht traurig?

Ich war jetzt nur noch ein einziges Mal in diesem Jahr in meiner alten Praxis, öfter kann ich mir das nicht zumuten. Obwohl: Wenn man ein bisschen depressiv ist, sollte man vielleicht doch hingehen, weil man von den alten Patienten so viele Streicheleinheiten kriegt.

Die Praxis liegt in einer Multikulti-Gegend, manchmal habe ich das Frankfurter Kreuzberg genannt, die Lage für die Mütter war prima. Ich hatte schätzungsweise dreißig Prozent deutsche Patienten, mehr als dreißig Prozent Moslems, Marokkaner und Türken – und der Rest war aus aller Welt. Das hing damit zusammen, dass ich mehr oder weniger gut sechs Sprachen sprechen kann. Mein Türkischkurs war für mich eine positive Aggressionsverarbeitung. Ich war so wütend, dass die Frauen, wenn ihre Kinder krank waren, nicht alleine zum Arzt gehen durften. Die mussten warten, bis die Ehemänner abends nach Hause kamen. Also wenn ich Feierabend machen wollte, standen die moslemischen Väter vor der Tür, und dann musste ich weiterarbeiten bis abends um acht. Ich war schon so aggressiv, dass ich die ganzen Moslems nicht mehr sehen konnte.

Irgendwann, als ich wieder so aggressiv war, habe ich mir eine Flasche Sekt gekauft, habe mich damit zuhause vor den Spiegel gesetzt und Zwiesprache mit mir selbst gehalten. Also, habe ich mir gesagt, die moslemischen Frauen kommen nicht, weil sie sich nicht mit mir verständigen können. Und wenn sie mit mir sprechen könnten, kämen sie dann ohne ihre Männer? Habe ich mir Sekt nachgeschenkt und gedacht: Vielleicht kommen die aus Anatolien, können nicht lesen und schreiben, prost, aber du hast doch ein flexibles Hirn – also, was ist die Konsequenz? Dann habe ich die Flasche ausgetrunken und beschlossen: Ich mache einen Türkischintensivkurs. Das war der schönste Sprachkurs meines Lebens. Mit anschließendem Besuch in türkischen Kneipen, ich war nie vor Mitternacht zuhause.

Und dann kam das türkische Fernsehen und das deutsche Fernsehen und haben gefragt, warum ich Türkisch lerne, und ich habe auf Türkisch geantwortet, dass ich das für meine türkischen Babys mache, und am nächsten Tag war meine Praxis voll von türkischen Blumen, das war wunderschön. Und tatsächlich sind die Frauen dann auch vormittags gekommen.

Die Frage war ja, nachdem ich die Praxis abgegeben hatte: Was soll ich jetzt machen? Im *Ärzteblatt* habe ich eine Anzeige gefunden, in der Kinderärzte gesucht wurden für eine Gemeinschaftspraxis in Spanien. Da habe ich mich gemeldet, bin mittlerweile auch zugelassen für Spanien und auch schon ein paar Mal dort gewesen, es war eine Praxis in Marbella – aber das Projekt ist daran gescheitert, dass nicht genug Patienten kamen. Jedenfalls nicht so schnell, wie die Kollegen es aus finanziellen Gründen brauchten.

Dann habe ich erst einmal in meiner Heimat Polen Urlaub gemacht. Damit habe ich die Nabelschnur, die so lange durchschnitten war, wieder ein bisschen geflickt. Da ich immer noch quartalsweise denke, bin ich jetzt bestimmt drei, vier Wochen im Quartal in Polen.

Mir tut das erst einmal persönlich gut, weil die Emigranten früher als Verräter angesehen worden sind, damit musste ich all die vielen Jahre leben. Durch die Globalisierung und durch die EU ist das alles ein bisschen milder geworden. Heute ist ja die Auswanderung gesellschaftsfähig, zu meiner Zeit war das tatsächlich Verrat. Ich bin damals nach Amerika ausgewandert, ich hatte ein Stipendium bekommen, und vielleicht hat auch das bei manchen Leuten Neid erweckt.

Ich habe während der Solidarność-Zeit medizinische Hilfstransporte nach Polen gefahren, auch noch während des Kriegsrechts. Darüber ist in einer historischen Zeitschrift ein Artikel erschienen, und das, würde ich sagen, ist jetzt meine Eintrittskarte in die polnische Gesellschaft. Damit ist dann der alte Verrat wieder gutgemacht worden. Ab und zu gehe ich in die Buchhandlung, bestelle zehn Hefte und verschenke sie an polnische Freunde und Bekannte. Nicht aus Eitelkeit, ich verteile die Zeitschrift eher wie eine Visitenkarte.

Was ich im Augenblick für mich gefunden habe und wofür ich mich einsetze, das ist die deutsch-polnische Freundschaft und Verständigung. Ich bin Mitglied der Deutsch-Polnischen-Gesellschaft geworden, eine Verbindung zwischen Frankfurt und Krakau. Als ich zum ersten Mal zu diesen Treffen kam, habe ich gesehen, dass ich schon ganz viele Leute vorher kannte. Und einen Tag später rief mich die Sekretärin an und fragte, ob ich mit ihnen nach Krakau fahren würde. Nein, habe ich gesagt, ich kann nicht mit Ihnen fahren, denn ich bin schon in Krakau, ich habe dort in der Nähe ein Haus. Lassen Sie uns doch die deutsch-polnische Freundschaft in meinem Haus praktizieren. Am nächsten Tag rief sie wieder an und sagte, dass sich zwölf Leute angemeldet hätten und ob ich in Krakau Gesprächspartner finden könnte, damit man miteinander diskutieren kann. Ja, und wer kommt von Ihrer Seite, habe ich gefragt, wen soll ich einladen, damit es zu einem guten Gespräch kommt? Ihre Antwort war: die obere Mittelschicht. Ich bin wahrscheinlich schon so demokratisch, dass ich zunächst einmal gar nicht wusste, was die obere Mittelschicht ist. Da habe ich mir gedacht, dass alle, die ich in Polen kenne, sicher irgendwie Mittelschicht sind, ob obere oder untere – was weiß denn ich. Ich habe also zwischen fünfzehn und zwanzig Polen eingeladen, eine polnische Frau bestellt, die phantastisch gekocht hat in meinem Haus. Fünf Gänge, wenn nicht mehr.

Die Deutschen wollten mit Chauffeur und Bus kommen, ich habe in meinem Haus auf sie gewartet. Ich wohne auf dem Lande, also mehr oder weniger in der Pampa. Und als der Bus kam, liefen die Bauernkinder auf die Straße und schrien: Frau, guck mal, ein Bus voller Leute! Als ich zum Tor kam, stiegen da nicht zwölf Leute aus, sondern zweiunddreißig – zusammen mit meinen achtzehn Polen hatte ich auf einmal fünfzig Gäste. Die Deutschen hatten nicht mehr erwartet als Baguette und Käse, und bei mir bog sich der Tisch mit lauter leckeren Sachen. Da haben sie sich gewundert.

Am interessantesten waren die informellen Gespräche und die Fragen der Deutschen, die ich zufällig mitbekommen habe: Warum macht sie das wohl? Was hat sie davon? Und dann hörte ich von dieser sogenannten deutschen mittleren Oberschicht, wie sie sagten:

Wir haben nicht gedacht, dass die Polen so viel Kultur haben und dass die so toll wohnen ... Da hab ich mich umgedreht und gesagt: Genau deswegen mache ich das, damit wir übereinander staunen können! Ja, das macht mir Spaß. Inzwischen habe ich Kontakte zur jüdischen Gemeinde in Krakau, die dort sehr aktiv ist. Es ist in Polen nicht einfach mit den Kontakten. Polen ist eine sehr hermetische Gesellschaft. In bestimmte Kreise kommt man nicht rein, ohne eingeführt worden zu sein. Inzwischen bin ich auch von Psychiatern angesprochen worden wegen unserer Gesellschaft und auch von Bankern.

Was ich sagen will: Wenn man außer an sich selber noch an andere Menschen denkt, ist man keine schlechte Mutter oder Großmutter. Wenn ich nur Enkelkinder hüten würde, hätte ich mich aufgegeben. Irgendetwas werde ich immer tun.

Und wenn mir meine Deutsch-Polnische-Gesellschaft nicht mehr spannend genug ist, dann gehe ich wieder zu den Ärzten für die Dritte Welt, und am liebsten nach Kolumbien. Das Land ist zwar als heißes Pflaster verschrien – ich finde es nicht so schlimm dort, man muss nur wissen, wie man sich verhalten soll. Im Bus sollte man zum Beispiel keine Plätzchen essen, die einem der Nachbar anbietet. Da kann schon mal mehr drin sein als Mehl und Zucker. Ein Kollege hatte so ein Drogenplätzchen angenommen, und als er wieder wach wurde, da war er ausgeraubt und befand sich kurz vor der Grenze zu Ecuador. Bei uns im Slum ist wohl auch schon mal geschossen worden, oder die Praxis, in der ich arbeitete, wurde mit Steinen beworfen – man geht eben abends nach acht Uhr nicht mehr vor die Tür! Manchmal hatte ich Angst, aber sehr selten. Dafür entstehen unter den Ärzten, die dort arbeiten, phantastische Freundschaften.

So ein Einsatz im Slum ist eine großartige Schule für Leute, die hier im Wohlstand leben. Du kriegst eigentlich zweimal einen Schock. Den ersten, wenn du dort hinfährst, und wenn du nach Deutschland zurückkommst, bekommst du den zweiten Schock. Dort habe ich viele fröhliche Menschen getroffen, und hier sind alle traurig und schwätzen vom Geld. Wenn du in so einem Land wie Kolumbien gearbeitet hast, wirst du politisch links, das geht gar nicht anders.

Altersgerecht habe ich mich nie benommen

Marie-Louise Wirth, 80, ist Galeristin und seit 20 Jahren spezialisiert auf moderne Gemälde und Skulpturen. Ihr Interesse an der Kunst half ihr über die Schicksalsschläge in ihrem Leben hinweg und lässt sie auch im Alter nicht los. Sie hat zwar gerade ihre Galerie verkleinert, startet aber mit einem neuen Kunstkonzept durch. Marie-Louise Wirth lebt in Hochfelden bei Zürich.

So, nun sitze ich hier in meinem neuen Zuhause. Ich muss zugeben, der Umzug hat mich geschafft. Mit 80 Jahren bin ich doch nicht so flink auf den Beinen, wie mein Lebensgefühl es mir immer wieder einredet.

Auch gut. Das ist nun mein neues Heim. Ein Häuschen mit vierhundert Jahre alten Balken und einem Giebeldach. Es wird wohl das letzte in meinem Leben werden. Ein merkwürdiges Gefühl. Vielleicht liegt es daran, dass ich vom Wohnzimmer aus auf mein altes Zuhause blicken kann. Zwischen diesem und dem jetzigen liegen ein Bächlein und vierzig Jahre Leben. Ich hätte mein Haus auf der anderen Seite des Baches nicht verlassen müssen. Aber eines Nachts sagte eine Stimme zu mir: Marie-Louise, es wird Zeit. Du musst deine Mühle weitergeben. Ich fuhr in meinem Bett hoch. Was soll ich? Meine Mühle aufgeben? Meine Galerie? Was wird aus den Skulpturen in meinem Park? Nie und nimmer! Im Alter neigt man ja dazu, alles so zu behalten, wie man es gewöhnt ist. Da bin ich keine Ausnahme. Doch diese Stimme ließ mich einfach nicht mehr los. Schließlich habe ich klein beigegeben. Denn ehrlicherweise, mir fiel es immer schwerer, eine dreigeschossige Mühle mit 14 Zimmern und einem parkähnlichen Garten in Ordnung zu halten.

Und Ordnung halten musste ich. Schließlich war mein Haus gleichzeitig meine Galerie. Bis auf wenige Zimmer, die ich privat nutzte, hingen überall Werke zeitgenössischer Künstler wie Patrick Lo Giudice, Peter Panyoczki oder Erna Weiss, während in den Zimmern die Kleinplastiken von Jwan Luginbühl, Akiko Sato oder Katja v. Lübtow standen. Der Park selber war das Reich der großen Skulpturen, die dort ihre Schönheit entfalteten. Ich hatte immer das Gefühl, der Park liebt seine Skulpturen. Und die Skulpturen den Park. Ich meine, wann und wo hat man schon die Gelegenheit, Großplastiken so aufzustellen, dass nichts sie beengt. Ich hatte dieses Glück. Und das Glück, einen Mann zu haben, der sich in den sechziger Jahren entschloss, hier in Hochfelden eine Fabrik aufzubauen. Ein Ort übrigens, der – obgleich unweit des Flughafens Zürichs gelegen – immer noch vor sich hinzuträumen scheint. Gleichzeitig entdeckte er diese Mühle für uns und unsere drei Kinder. Mein Gott, war die zerfallen. Da stand kein Ziegel mehr auf dem anderen. Die Mühle war völlig hinüber. Dafür aber günstig. Gerade richtig für uns, meinte mein Mann. Er war immer sehr zupackend. Also kaufte er sie zusammen mit dem Park. Er überließ es dann mir, die Restaurationsarbeiten zu organisieren, während er seine kleine Fabrik im chemoplastischen Bereich aufbaute und gleichzeitig penibelst unseren Kontostand im Auge behielt. Dieser war zwar stets tiefgelb, rutschte jedoch nie in den roten Bereich. Das war für meinen Mann wichtig, da war er ganz Schweizer. Zu dieser Zeit dachte ich keinen Augenblick daran, dass hier einmal meine vierte Galerie stehen würde.

Anfang der siebziger Jahre führte ich das Leben einer Schweizerin aus dem Mittelstand. Ehemann, drei Kinder, Haus und Hund. Eben eine typische Familienfrau. Gut, in etwas unterschied ich mich von meinen Freundinnen. Ich ging arbeiten. Das war damals in der Schweiz für Frauen wie mich ein Unding. Wie kannst du nur, bekam ich oft zu hören. Auf solche Sprüche gab ich nichts. Mein Job als Einkaufsleiterin für ein amerikanisches Textilunternehmen gefiel mir. Zumal er mir ermöglichte, oft in die USA zu reisen. Dort traf ich Frauen, die wirklich unabhängig waren, was mir sehr imponierte. Dort verspürte ich auch zum ersten Mal beim Anblick eines Gemäldes das Kribbeln, das mich seither nicht mehr loslässt. Ich musste das Bild einfach haben. Also kaufte ich es. Und stotterte heimlich den Preis in Raten ab. Sodass mein Mann, der zwar herzensgut war, nicht völlig aus dem Häuschen geriet. Denn Kunst war für ihn etwas, das man bewunderte, aber nicht kaufte. Und wenn, dann nur bei einer vorhersehbaren Wertsteigerung. Mir hingegen war damals der materielle Wert eines Kunstobjekts ziemlich egal. Hauptsache, es war gut und berührte mich. Mit dieser Einstellung fing ich an zu sammeln. Nie die Künstler, die gerade »in« waren. Sondern eher die, die am Anfang ihrer Laufbahn standen. Es reizte mich, diesen stillen Künstlern mit einem Kauf einen kleinen Karriereschubs zu versetzen.

Mein Leben verlief in dieser Zeit sehr geordnet. Zu geordnet, denke ich mir manchmal im Nachhinein. Eines Tages hielten die Kinder und ich uns wieder in unserer Mühle auf. Sie war schon fast fertig. Nur noch ein Bereich des Hauses war eine Baustelle. Ich passte einen Augenblick nicht auf, da kletterte mein jüngster Sohn Martin auf ein Gerüst und stürzte in die Tiefe. Er war sofort tot. Mit acht Jahren war sein Leben vorbei und meines auch. Mein Mann, die Kinder und ich haben lange überlegt, ob wir in die Mühle überhaupt einziehen wollen. Irgendwann jedoch merkte ich in meiner Trauer, dass ich den Ort nicht verlassen konnte, wo mein Martin kurz vor seinem Tod noch so gelacht hatte. Wir gaben der Mühle im Gedenken an ihn seinen Namen – Martinsmühle. Das Leben ging weiter. Musste. Schließlich hatte ich noch zwei weitere Kinder, die mich brauchten, einen Mann, der wie ich trauerte und gleichzeitig uns versorgen musste. Und ebendiese Mühle. Ich arbeitete, besuchte Selbsthilfegruppen. Das half. Aber den größten Trost fand ich in der Kunst. Ich ging in Ausstellungen und Galerien, las viel, arbeitete mich wie eine Irrsinnige in das Thema zeitgenössische Kunst ein, verfeinerte meinen Blick. Jahre vergingen. Irgendwann ließen wir eine Plastik machen – einen Jungen in Lebensgröße, der nun auf der Mauer unserer Martinsmühle sitzt.

Noch Jahrzehnte später kam es mir manchmal vor, als ob dieser Junge von seinem Sitz aus all meinen Kunden zublinzelte, die durch das schmiedeeiserne Tor unseren Park betraten. Da hatte ich mir bereits einen Ruf als Galeristin für zeitgenössische Kunst und Skulpturen erarbeitet, der meine Kunden hinaus ins Zürcher Unterland fahren ließ, ein Gebiet, aus dem meine Kundschaft normalerweise nicht stammt. Die Martinsmühle, das einstige Familienhaus, wurde zu meinem vierten Galerieort. Das war Ende der neunziger Jahre und ich bereits siebzig Jahre alt. Meine Kinder gingen längst ihre eigenen Wege, in der Mühle wohnte nur noch ich. Ich, die längst merkte, dass ihre Liebe vor allem der Bildhauerei galt. Ich finde es wundervoll, wenn ein Kunstobjekt dreidimensional ist, wenn ich es wortwörtlich be-greifen kann. Nicht allein mit dem Verstand oder über den Bauch, sondern mit den Händen. Ich glaube zwar nicht, dass ich damit verstehe, was die Besonderheit dieser Skulptur ist. Aber es ist für mich immer wieder ein überaus sinnliches Erlebnis. Und das allein ist doch wunderschön. Damals dachte ich mir, warum nicht den Park als Ausstellungsort für große Plastiken gebrauchen? Warum nicht die Mühle zur Galerie machen? Ich könnte dort arbeiten und gleichzeitig wohnen und all die schönen Skulpturen ausstellen, für die ich jetzt keinen Raum hatte. Meine Künstler, meine Familie und auch meine Kunden waren skeptisch. In dieser Zeit besaß ich nämlich bereits meine dritte Galerie in der Nähe des Stauffachers. Das ist mitten in Zürich, dort, wo Damen und Herren flanieren, die sich um Geld keine Sorgen mehr machen müssen. Meine Galerie war sehr hell und sehr groß. Ich verkaufte Werke von Künstlern wie Sigmar Polke und David Hockney. Und stellte Skulpturen zum Beispiel von Pedro Txillida aus. Ich hätte meine Galerie weiterhin so bis zum Sanktnimmerleinstag betreiben und damit zufrieden sein können. Aber es juckte mich, mich neu auszurichten. Egal, ob ich damals siebzig Jahre alt war oder nicht.

Manchmal frage ich mich: Wer bestimmt eigentlich, was es heißt, sich altersgemäß zu verhalten? Altersgerecht habe ich mich wohl nie benommen, glaube ich. Ich weiß es nicht. Ich weiß ja nicht einmal, was von mir alter Frau erwartet wird. Ich persönlich hatte mir das

Alter einfach nie vorgestellt. Alter war für mich schlicht kein Thema. Gut, jetzt mit achtzig Jahren merke ich, dass ich langsamer werde, dass ich schneller falle und dass mir jeder Sturz extrem wehtut. Und dass ich vieles vergesse. Doch mein Verstand funktioniert noch sehr gut. Gott sei Dank. Und mein Wille auch. Auch hierfür danke ich und für mein imaginäres Schafsfell. Das hat mich gegen Sprüche wie »das macht man nicht, dafür bist du zu alt, das ist nichts für dich« und so weiter immunisiert. Sonst hätte ich wohl nie den Mut gehabt, im jugendlichen Alter von sechzig Jahren Galeristin zu werden.

Ich erinnere mich genau. 1986 saß ich in einer Veranstaltung des Galerievereins Zürich und blickte um mich. Links und rechts neben mir sah ich nur jüngere Teilnehmer. Meist Männer, die alle scheinbar große Erfolge mit ihren Galerien hatten. Hörte sich jedenfalls so an. In ihrer Mitte: ich, weiblich, in ihren Augen alt, vom Galeriegeschäft keinen blassen Schimmer. Die typische Anfängerin. Ich hörte sie förmlich denken: Schon wieder eine reiche Hausfrau, die mit dem Geld ihres Mannes glaubt, jetzt auf Kunst machen zu können. Na, so ganz Unrecht hatten sie ja nicht. Das Geld stammte von meinem Mann, und vom Galerie-Business hatte ich wirklich keine Ahnung. Vom Galerie-Business wohlgemerkt. Von Kunst jedoch verstand ich ziemlich viel. Und was das Geld anbelangte: Zu gerne hätte ich darauf verzichtet, es bereits jetzt schon zu bekommen. Das Geld war nämlich Teil der Erbschaft, die mir mein Mann hinterließ.

Mit sechzig Jahren verlor ich den Gefährten meines Lebens. Viel zu schnell und unerwartet. Eigentlich waren wir mittendrin auszuhecken, was wir nach seiner anstehenden Pensionierung auf die Beine stellen wollten. Wir dachten daran, ein Hotel in der Provence aufzumachen. Das passende Gebäude hatten wir auf einer unserer Reisen bereits entdeckt. Fehlte nur noch die Erfahrung als Hotelier. Das schreckte uns nicht wirklich ab. Wir schrieben bereits an unseren Plänen, als meinem Mann eröffnet wurde, er leide an Bauchspeicheldrüsenkrebs im Endstadium. Er litt nicht lange. Dafür zogen sich mein Leid und meine Trauer hin. Ich fiel in ein Nichts. Nichts und niemand konnte mich aus dem Graben herausholen, der sich mir mit seinem Tod auftat. Weder die Arbeit noch die Kinder. Ich war untröstlich. Mir wurde immer wieder gesagt: »Hör auf zu arbeiten, setz dich doch einfach zur Ruhe.« Eher meinen Kindern zuliebe ging ich also auf Veranstaltungen und in Cafés. Und traf vor allem Witwen. Am Anfang war ich gespannt zu erfahren, wie sie nun ihr Leben gestalten, so ohne ihre Männer. Doch die Antworten, die sie für sich gefunden hatten, tönten in meinen Ohren schrecklich. Sollte ich jetzt zwanzig, dreißig Jahre lang nur noch reisen oder mich um meine Enkelkinder, die ich damals noch gar nicht hatte, kümmern? Nein wirklich. Das war so gar nicht nach meinem Geschmack. Ich brauchte Abenteuer, Spannung in meinem Leben. Doch davor eine gehörige Portion Trost. Die fand ich wie nach dem Tod meines Sohnes wieder in der Kunst. Mit dem Unterschied, dass ich diesmal selber zum Pinsel griff. Wild entschlossen, die kommende Künstlerin zu werden.

Ein Hirngespinst? Wie man es nimmt. Immerhin habe ich Künstlergene in mir. Mein Vater war Maler, genauer gesagt Berner Landschaftsmaler. Als kleines Mädchen sah ich ihm gerne zu, wie er Pigmente zerrieb, Farben mischte und dann die Berge vor unserer Haustüre auf die Leinwand bannte. Er schnitzte auch und hatte oft Besuch von seinen Freunden. Die waren wie er. Bernerisch langsam, bodenständig, völlig in ihrer Kunst lebend. Wenn einer von ihnen mal ein Bild oder eine Skulptur für zweihundert Franken verkaufte, war das ein besonders guter Tag. Heute erreichen ihre Werke Preise bis zu 100.000 Franken. Unglaublich. Nun ja, solche Preise waren für meinen Vater außerhalb seines Vorstellungsvermögens. Wie auch der Gedanke, dass seine Tochter von Bern nach Zürich ziehen könnte, um dort ein Architekturstudium aufzunehmen. Bitte? Ein Mädchen und studieren? Doch nicht in der Schweiz der vierziger Jahre. Da erschien es meinem Vater schon sehr fortschrittlich, mich eine kaufmännische Lehre machen zu lassen. Ich landete als Schreibkraft im Bundeshaus, dem Parlamentsgebäude der Schweiz, und langweilte mich tödlich. Bereits um zehn Uhr vormittags war ich mit meiner Arbeit fertig und erschauerte vor den weiteren sieben Stunden, die noch vor mir lagen. Stricken war verboten, also wandelte ich durch die ehrwürdigen Hallen und betrachtete die dort hängenden Gemälde sehr genau. Ich holte mir Bücher über die jeweiligen Meister und verglich die theoretischen Kunstabhandlungen mit den praktischen Ausführungen, die vor meiner Nase hingen. Welches Geschick sich hinter Farbläufen, Pinselführungen und Perspektiven verbarg, wusste ich ja bereits. Auch wie viel Arbeit in Werken steckt, die so aussehen, als seien sie aus einem Moment des Überschwangs geboren. Ich wusste durch meine Kindheit mehr über das Handwerk eines Künstlers, als mir eine Theorie beschreiben konnte. Nur war mir das viele Jahre nicht bewusst. Bis mir eines Tages die Malerin, die mich nach dem Tod meines Mannes unterrichtete, den Pinsel aus der Hand nahm und meinte: »Du weißt zu gut, wie es sein sollte. Nicht dein Bauch führt deine Hand, sondern dein Kopf.« Das war das Ende meiner Künstlerkarriere. Und der Anfang meiner Galeristinnenlaufbahn.

Mein Mann hatte gut für uns vorgesorgt. Er hinterließ zwar einen Haufen Rechnungen und Konten, von deren Existenz ich bis dahin nichts wusste, aber letztendlich erbte ich ein kleines Vermögen, über das ich frei verfügen konnte. Ich entschloss mich, es in eine Galerie zu stecken, obwohl meine Umgebung fassungslos war. In der kleinen Galerie, die ich trotz mulmigen Gefühls in Zürich gegenüber »Christie's« eröffnete, versuchte ich, die Werke zu verkaufen, die ich in den Jahren zuvor gesammelt hatte. Meist junge Amerikaner, aber auch Fotografien. Wie die Werke von Robert Frank, die in dieser Zeit keiner, aber auch wirklich keiner haben wollte. Ich Dummerjan habe sie doch tatsächlich später komplett viel zu tief verkauft. Entgegen meiner inneren Stimme, die mich davon abhalten wollte. Heute reißen sich die Museen der Welt um ein Foto des größten zeitgenössischen Schweizer Fotografen. Aus diesem Debakel lernte ich, auch mal zu warten und auf mein Bauchgefühl zu hören. Und ihm zu vertrauen, wenn ein Künstler mit einer Ausstellungsmappe in meine Galerie kommt. Es begann, sich in ihren Kreisen herumzusprechen, dass ich mich vor allem für die Jüngeren, Unbekannteren interessierte. Drei Jahre später konnte ich eine größere Galerie in Zürich-Seefeld aufmachen. Mit ihr begann meine Zeit der Entdeckungen und Abenteuer – wie ich sie nenne. Ich intensivierte den Kontakt mit den Malern und Bildhauern, die ich für wirkliche Künstler halte. Neben den obligatorischen Vernissagen vermittelte ich ihnen Projekte, mit denen sie ihren Lebensunterhalt bestreiten konnten, und brachte sie in Kontakt mit Sponsoren, die die Herausgabe von Werkausgaben ermöglichten. Ich finde, Galeristin zu sein bedeutet mehr, als bei Wein und Häppchen eine kunstgeschichtliche Abhandlung aufzusagen und Smalltalk mit gutbetuchten Kunstinteressierten zu führen. Ich komme gerne zu einem Kunden nach Hause und suche gemeinsam mit ihm den bestmöglichen Platz für sein erstandenes Werk aus. Und falls er es wünscht und es mir möglich ist, lernen sich auch Kunde und Künstler kennen. Oft sind daraus langjährige Verbindungen entstanden. Das ist doch eine Bereicherung? Für meine Kunden und für meine Künstler, die immer auf eigenes Risiko arbeiten.

Genau das, stets auf eigene Gefahr und Kosten hin zu arbeiten, bewundere ich. Auf die Werke eines Künstlers hat die Welt noch nie gewartet. Geschweige denn, sie von Anfang an geschätzt. Ich habe mich oft gefragt, wie setzt sich der Wert von Kunst zusammen? Wer bestimmt, was »in«, was »out« ist? In der Zeit meiner zweiten Galerie bin ich auf Messen gefahren. Nicht, um zu kaufen, sondern, um zu verkaufen. Sei es die Kunstmesse von Mailand, die Art fair in Chicago oder die Art Miami. Ich beobachtete fast immer dasselbe Phänomen. Manche Künstler waren gefragter, als ihr Werk es auf den ersten Blick erahnen ließ. Ehrlich gesagt, für mich oft auch nach dem zweiten und dritten Blick.

Ich persönlich sehe mir die Technik eines Künstlers genau an. Meiner Meinung nach drückt sich in jeder Art von Kunst, wenn sie handwerklich beherrscht wird und aus sich heraus geschöpft wurde, eine Handschrift aus. Künstler jedoch, die glauben, mit einem bestimmten Sujet oder einer besonderen Technik das Ei des Kolumbus gefunden zu haben, sind mir innerlich fremd. Da können sie noch so erfolgreich Bilder verkauft haben, auf denen zum Beispiel alles auf dem Kopf zu stehen scheint. Mir sind derartige Künstler suspekt, und ihr Werk bezeichne ich als eine reine Masche, die sich irgendwann von selber überlebt, da bin ich mir sicher. Aber das ist meine persönliche Meinung. Und nicht immer findet das, was ich für gut halte, Anklang bei meinen Kunden. Ich erinnere mich an einen rumänischen Künstler, den ich auf der Art Miami groß herausbringen wollte. Er malte Männerakte auf Silberpapier und zerknautschte diese dann höchst raffiniert. Ich war überzeugt: Von dem verkaufst du alles. Nichts habe ich verkauft! Rein gar nichts. Am Ende der Messe kam ein Kubaner an meinen Stand und sagte nur: »... wenn es Frauenakte gewesen wären ...« Tja, ich lerne immer wieder gerne dazu. Nichtsdestotrotz, für mich war die Zeit, in der ich auf Messen ausgestellt habe, sehr aufregend. Eine Art Mutprobe. Irgendwann wurde mir meine zweite Galerie zu klein, und ich zog in die dritte, in der Nähe des Stauffachers. Um noch mehr ausstellen zu können, was ich in der Welt der zeitgenössischen Kunst entdeckt hatte.

So schließt sich der Kreis. Nach dieser Galerie kam die Zeit meiner Martinsmühle. Die ist nun auch vorbei. Jetzt habe ich ein Häuschen mit sieben Zimmern, dem Blick auf meine Mühle. Und meiner fünften Galerie. Na, eher Galeriechen. Es ist nur ein Zimmer, in dem ich ausstelle. So ganz kann ich es dann doch nicht lassen. Nicht nur, weil meine Künstler, die für mich eine Art Familie sind, mich dazu gedrängt haben. Nein, weil ich selber nicht davon überzeugt war aufzuhören. Ich fühle mich nicht alt, also muss ich mich auch nicht so geben. Trotz Falten, Vergesslichkeit und einem Gang, der dem eines Pinguins nicht unähnlich ist. Das sind doch alles Äußerlichkeiten. Innerlich fühle ich mich nicht mehr richtig jung, nein, aber irgendwie zeitlos. In der Kunst gibt es immer wieder Neues zu entdecken, da habe ich keine Zeit für ein Leben in der Vergangenheit. Mir fallen Altersgenossen auf, die wie ausgelöscht erscheinen. Richtiggehend leblos. Ihre Unterhaltung kreist ständig um Essen und Krankheiten. Ich habe zwei Theorien, wie es dazu kommt. Zum einen haben sie wohl vergessen, sich in jungen Jahren etwas zu suchen, das ihnen im Alter Spaß macht. Und zum anderen muss es doch unendlich schlimm sein, mit sechzig aufzuhören zu arbeiten, obwohl man doch so viel kann und weiß. Da platscht man doch regelrecht in sich zusammen. Ich persönlich wollte und will nie so werden. Die Kunst hilft mir dabei und mittlerweile auch mein Geschäftssinn.

Ich habe nämlich eine neue Idee entwickelt. Eine Art Kunstkonzept de luxe. Ich organisiere Skulpturen-Ausstellungen für Hotels mit Sternen und Umschwung. Das heißt, Hotels der gehobeneren bis sehr gehobenen Klasse stellen auf ihrem Gelände – im Schwyzerdütsch Umschwung genannt – Skulpturen und Plastiken zeitgenössischer Künstler aus. Welche, wo und wie lange, das obliegt meinem Kunstkonzept. Eine Winterausstellung hatte ich bereits auf dem Gelände eines Hotels am Zürichsee. Der Hotelier war sehr zufrieden. Es sei eine zusätzliche Attraktion für seine Gäste gewesen, etwas, was sie so noch nicht gesehen hatten. Eine weitere Ausstellung ist jetzt im Garten eines Fünf-Sterne-Hotels auf dem Zürichberg. Ich bin sehr zufrieden. Nicht nur, weil aus mir achtzigjähriger Dame eine Art Kunst-de-luxe-Managerin geworden ist, sondern weil ich so weiterhin die Skulpturen interessanter Künstler ausstellen kann. Auch ohne meinen Park. Ach ja, übrigens: Auch diesmal fehlten die Stimmen der Besorgten nicht. »Sei doch zufrieden, eine bekannte Galeristin zu sein. Warum musst du in deinem Alter wieder etwas Neues beginnen.« Und so weiter und so weiter. Ehrlich, mein Tipp: Einfach nicht darauf hören. Ich glaube nämlich fest an eines: Solange der Verstand und der Körper mitmachen, ist der Mensch nicht dazu geboren aufzuhören. In diesem Sinne wünsche ich mir nichts anderes als viele weitere gesunde Jahre.

Das Alter und die vitale Illusion

Interview mit dem Schriftsteller Dieter Wellershoff

Dieter Wellershoff, geboren 1925, ist mit seinem umfangreichen Werk einer der bedeutendsten deutschen Schriftsteller. Zu seinen vielen Auszeichnungen gehören der Heinrich-Böll-Preis, der Josef-Breitbach-Preis sowie der Friedrich-Hölderlin-Preis, um nur die Wichtigsten zu nennen. Sein Bestseller »Der Liebeswunsch« wurde kürzlich verfilmt, sein Erzählungsband »Das normale Leben« gehörte 2005 zu den hochgelobten Büchern des Jahres. 2007 erschien »Der lange Weg zum Anfang – Zeitgeschichte, Lebensgeschichte, Literatur«. In diesem Interview spricht Dieter Wellershoff über die Erfahrung des Alters.

Sie sind über achtzig, und Ihr Werk ist umfangreich. Haben Sie jemals gedacht, jetzt ist alles erzählt, alles gedacht?
Nein. Das wäre ja auch ignorant gegenüber der Vielfalt des Lebens.

Aber der eigene Impuls könnte sich erschöpft haben?
Das ist richtig. Bisher hatte ich allerdings, wenn ich ein Buch beendet hatte, immer noch einen Vorrat von Motiven und Stoffen im Kopf oder in meinen Notizen. So gibt es zum Beispiel ein Manuskript mit ausgearbeiteten Konzepten für eine Reihe von Erzählungen, dem ich nachträglich den Titel »Ungeschriebene Geschichten« gegeben habe. Doch ich muss feststellen, dass ich auf schriftlich ausgearbei-

tete Ideenprotokolle selten zurückgegriffen habe. Und zwar umso seltener, je elaborierter sie waren. Anscheinend spricht die Phantasie auf zu genau formulierte Notizen nicht mehr so bereitwillig an, weil sie den spontanen Vorstellungsfluss behindern können. Zum Schreiben braucht man neue Impulse und Ideen. Was aber nicht heißt, etwas völlig Neues machen zu müssen. Denn nach meinem Verständnis schaut sich ein Schriftsteller nicht ständig nach wechselnden Aktualitäten um, sondern folgt einer inneren Orientierung, einem Grundthema. Das Neue zeigt sich dann als ein neuer Schritt im Zusammenhang seines bisherigen Werkes.

Wie findet man ein Thema?
Es muss sich einstellen. Und es muss sich bemerkbar machen durch ein Motiv, eine Perspektive, die Aufmerksamkeit erweckt, auch wenn man noch nicht sagen kann, woran das liegt. Roland Barthes hat gesagt: »Das Begehren schreibt den Text.«

Was heißt das?
Dass man zum Schreiben Faszination braucht. Nur daraus entstehen die Einfälle und der besondere, der persönliche Blick, der das tiefere Interesse der Leser weckt. Gleich zu Anfang eines Buches muss der Leser das Gefühl bekommen, dass dort jemand spricht, der ihm etwas Besonderes zu erzählen hat.

Wäre nicht die Erfahrung des Alters ein Thema für Sie?
Das ist natürlich ein fundamentales menschliches Thema. Und zudem ein hoch aktuelles, das gegenwärtig ständig diskutiert wird, weil die Menschen wesentlich älter werden als früher, aber in der Regel nicht mehr in großen bodenständigen Familienverbänden aufgehoben sind, in denen mehrere Generationen miteinander leben, sozusagen in einem natürlichen Generationenvertrag. Das Alter muss also neu definiert werden, vor allem durch die Alten selbst. Aber ich denke nicht, dass ich die bestehende reichhaltige Literatur über das Alter noch um einen autobiographischen Erfahrungsbericht vermehren sollte. Lieber würde ich einen Roman schreiben, in

den dann vielleicht autobiographische Erfahrungen einfließen können, aber nicht als Hauptthema.

Was sind denn Ihrer Meinung nach die wichtigsten Voraussetzungen für ein gutes Alter?
Trotz der unvermeidlichen Beschwerden des Alters eine stabile Gesundheit zu haben und genug Geld, um unabhängig leben zu können. Dazu gehören aber auch lebenspraktische und psychologische Voraussetzungen: Man muss sich körperlich und geistig fit halten, alte Interessen pflegen, sich neue Aufgaben stellen, neugierig bleiben und – ganz wichtig – in einem lebendigen Austausch mit anderen Menschen bleiben, möglichst mit Menschen unterschiedlichen Alters. Wenn diese Grundvoraussetzungen stimmen – und das tun sie natürlich bei vielen Menschen durchaus nicht –, ist das Alter keine schlechte Lebenszeit. Denn es bringt auch Entlastungen mit sich. Man muss nicht mehr alles mitmachen, muss sich nicht mehr beweisen, wie in den Jahrzehnten, in denen man sich seinen Platz im Leben erkämpfen und darin behaupten musste. Mehr Gelassenheit und Distanz werden möglich, was ein großer existenzieller Komfort sein kann. Mein Lieblingswort in dieser Hinsicht stammt von John Cage: »Wenn wir die Welt von unseren Schultern nehmen, bemerken wir, dass sie nicht fällt.« Ich will nicht behaupten, dass ich mich immer auf der Höhe dieser Einsicht befinde. Denn der Satz bedeutet ja auch, alles geht weiter ohne uns. Und zwar schon bald. Das ist eine zwiespältige Erfahrung, ein kalter Lufthauch, in dem es einem schwindeln kann. Meistens ist das nur ein Augenblick, der bald wieder zu einem Hintergrundwissen verblasst, das vor allem ein Antrieb ist, sich entschieden dem gegenwärtigen Leben und der nächsten Zukunft zuzuwenden.

Sie sehnen sich also nicht in Ihre Jugend oder in die frühen Jahre des Erwachsenenlebens zurück?
Nein, wirklich. Es erscheint mir keineswegs als wünschenswert, noch einmal so naiv und so getrieben zu sein. In der Phantasie kann man vielleicht mit dem Gedanken spielen, die Fehler, die man gemacht

und nachträglich erkannt hat, bei einem zweiten Lebensdurchlauf zu vermeiden. Aber irgendwelche Fehler hätte man immer gemacht. Im Grunde wundere ich mich darüber, dass ich trotz oder wegen mancher Versäumnisse und Umwege ein Leben geführt habe, das ich akzeptieren kann.

In Ihren Romanen und Erzählungen haben Sie viele krisenhafte und auch katastrophale Lebensgeschichten und scheiternde Menschen dargestellt. Was war dabei Ihre Absicht, Ihr Motiv?
Ich schrieb immer aus Faszination. Darüber kann man sich natürlich Gedanken machen. Ich glaube schon, dass meine Faszination für krisenhafte Situationen etwas mit meinem eigenen Leben zu tun hat, in dem es manche riskante Situation gab. Vielleicht war das Schreiben auch Angstabwehr. In den sechziger Jahren, als in Frage stand, was Literatur kann und was nicht, habe ich aus dieser Vermutung den Gedanken entwickelt, dass Literatur eine Lebenssimulation sei oder, anschaulicher gesprochen, eine imaginäre Probebühne, auf der wir uns alle Glücks- und Unglücksmöglichkeiten des Lebens vor Augen führen, auch das Abwegige, Erschreckende, das Schlimmste, auch Verbrechen, Wahnsinn und Tod.

Sie schreiben aber nicht aus Mitleid?
Nicht primär, obwohl viel Einfühlungsvermögen und Verstehen der Unglückslogik dazugehören, wenn man ein scheiterndes Leben darzustellen versucht. Mein eigentlicher Schreibimpuls ist nicht sentimentaler oder moralisierender Art. Primär geht es mir um angstfreie und möglichst komplexe Wahrnehmung der Wirklichkeit mit all ihren Widersprüchen und Zufälligkeiten. Und damit auch um eine unbeschönigte Darstellung der condition humaine.

Auf die Frage, was für Sie der Sinn des Lebens sei, haben Sie geantwortet: »Leben – was sonst?«
Das war die pointierte Fassung einer grundsätzlichen Überzeugung, die etwas ausführlicher formuliert lautet: Der Sinn des Lebens ist es zu leben. Es ist kein Durchgang in eine höhere postmortale Exis-

tenz, wie es die Religionen lehren, sondern es ist die fundamentale, nicht hintergehbare Wirklichkeit, die alle unsere Möglichkeiten in sich birgt. Es ist auch der grundlegende Wert, von dem alle anderen Werte abgeleitet sind.

Wie sind Sie zu dieser Wertschätzung des Lebens gelangt?
Ich glaube, sie ist zunächst einmal ganz natürlich. Jedes Lebewesen ist durch seine biologische Verfasstheit auf Leben programmiert. Aber die Bewusstheit, die emphatische Zustimmung zum Leben, verdanke ich der Tatsache, dass ich durch unwahrscheinliche Zufälle das Massensterben des Zweiten Weltkrieges überlebt habe. Von meinem Jahrgang sind 40 Prozent gefallen, von meiner Kompanie noch bedeutend mehr. Damals war ich 18 Jahre alt, jetzt bin ich 81. In all diesen Jahren ist mir bewusst geblieben, dass ich ein außerordentliches Geschenk bekommen habe, das ich auf keinen Fall vertun durfte.

Es war ein Geschenk des Zufalles.
Natürlich. Als Geschenk eines Gottes, der, wie immer schon in der Geschichte, das furchtbare Massensterben geduldet, wenn nicht gar inszeniert hat, wäre mir eine solche Bevorzugung moralisch inakzeptabel erschienen, so korrumpierend wie ein Bestechungsversuch.

Worin sehen Sie den Unterschied zum Zufall?
Der Zufall ist außerhalb jeder Moral. Er ist ein dynamisches Element, das das ganze Leben durchwirkt und gegen Stillstand und Berechenbarkeit schützt, indem es durch neue Situationen neue Antworten herausfordert. Das beginnt schon bei der Geburt. Es ist wie bei einem Kartenspiel, bei dem man seine Karten aus einem verdeckten Stapel zieht, um daraus ein eigenes Spiel zu machen. Dem entspricht eine Gesellschaft, die sich als offener Raum versteht und allen Menschen nahelegt, innerhalb der gesellschaftlich vorgegebenen Spielregeln unter dem Motto der »Selbstverwirklichung« seinen eigenen Weg zu gehen, seinen eigenen Lebenssinn zu finden und sein eigenes Glück zu machen. Es ist ein anspruchvolles, riskantes Konzept, an

dem viele scheitern. Denn es erzeugt nicht nur Vielfalt, sondern auch riesige, nicht zu rechtfertigende Unterschiede zwischen Gewinnern und Verlierern. Aber das Gegenteil einer streng normativ geordneten, machtbeherrschten und zentralperspektivisch orientierten Gesellschaft erzeugt viele zwanghaft angepasste und auch massiv unterworfene Menschen, ohne die Unterschiede von Gewinnern und Verlierern aufzulösen. Eher sichert es sie ab durch systemkonforme moralische Rechtfertigungen.

Wie sehen denn unter der Perspektive des Altwerdens diese beiden Gesellschaftsmodelle aus?
Das ist schwer zu sagen, wenn man nicht in abstrakte Verallgemeinerungen geraten will. So gewiss es ist, dass es immer wieder, auch in ganz verschiedenen Gesellschaften, unerträgliche, vernichtende Zustände gegeben hat, so rigide und generalisierend erscheint mir andererseits Adornos berühmter Satz, dass es »kein richtiges Leben im falschen« gebe, der lange Zeit die Standardformel systemorientierter Gesellschaftskritik war. Wirklichkeitsnäher erscheint mir die Gegenaussage, dass es immer, auch mitten im sogenannten falschen Leben, richtiges, gelingendes Leben gegeben hat. Anderenfalls wäre die Menschheit ausgestorben. Aber wie das Leben jeweils aussah, wie es erlebt wurde, das ist höchst verschieden und lässt sich eigentlich nur individuell erzählen.

Sprechen wir von Ihnen. Was halten Sie – außer den erwähnten Bedingungen wie Gesundheit und genügend Geld, um unabhängig leben zu können – für die wesentliche Voraussetzung eines geglückten Alters?
Ein geglücktes Leben.

Ein großes Wort.
Ja. Aber es ist nicht im Sinne vorgegebener und erfüllter Erfolgsmaßstäbe gemeint, sondern als ein persönliches Einverständnis mit dem gelebten Leben, nicht in jeder Hinsicht, aber insgesamt. Leben kann keine glatte, homogene Bilanz sein. Irrtümer, Versäumnisse,

Fehler gehören dazu. Aber es muss Identität haben, eine deutliche, selbst geschaffene Prägung, die Widersprüche umschließt und trotz aller Krisen, Wendungen und Neuanfänge, die man durchgemacht hat, einen inneren Zusammenhang erkennen lässt. Dann kann man es als sein eigenes Leben begreifen und akzeptieren.

Und wenn man das nicht kann, weil man kein Glück hatte oder zu schwach war, um seine Träume zu verwirklichen?
Dann muss man seine alten Träume und Ansprüche loslassen und sich auf das einstellen, was einem geblieben ist. Wenn man das nicht kann, dann drohen im Alter Misanthropie, Selbsthass und Depression. Kierkegaard hat das die »Krankheit zum Tode« genannt und in unheimlicher Anschaulichkeit als eine »Selbstverzehrung der Seele« beschrieben. Bei geringerer intellektueller Schärfe wird es wohl eher ein Abstumpfen, ein Verflachen sein. Oder eine der zunehmenden Demenzkrankheiten besorgt die Loslösung vom Leben mit naturwüchsiger Konsequenz.

Was wäre die Alternative zu diesen deprimierenden Möglichkeiten?
Nach einem selbstgestalteten, bejahten Leben einen nicht-resignativen Abschied zu nehmen.

Glauben Sie, dass es leichter ist, das näherkommende Ende zu akzeptieren, wenn man das Leben geliebt hat?
Ich weiß es nicht. Aber es ist eine von mir bevorzugte Vorstellung. Sie ist verbunden mit dem Vorsatz, noch im letzten Akt einen Rest von Selbstverantwortung zu bewahren. Das ist allerdings ein imaginärer Anhaltspunkt. Denn man weiß ja nicht, wie das Sterben sein wird. Sehr alt gewordene Menschen haben offenbar manchmal das Glück, im Einschlafen zu erlöschen. Goethe dagegen, der lebenslang um den Tod einen weiten Bogen gemacht hat, bekam dessen ganzen Schrecken zu spüren. Er ist schreiend vor Schmerzen und in panischer Angst in einem stundenlangen Todeskampf an einem Herzinfarkt gestorben. Der Arzt, der dabei war und später einen Bericht schrieb, hat ihm nicht viel helfen können. Ich hoffe, dass das heute

anders ist. Die pharmakologischen Mittel, um das Sterben sanft zu machen, stehen uns ja zur Verfügung. Aber wir brauchen eine von allen metaphysischen Vorgaben befreite humane Sterbekultur, die es leider erst in Ansätzen gibt.

Denken Sie oft an den Tod?
Nein. Es ist, wie schon gesagt, ein Hintergrundwissen, das mich begleitet. Im Vordergrund stehen die Gegenwart und die nähere Zukunft, man kann auch sagen die vitale Illusion, die immer nach vorne blickt, sich immer wieder neue Ziele setzt und neue Lebensenergien aktiviert. Das wird übrigens unterstützt durch viele Menschen, die mich fragen, wie es mir geht, was ich zur Zeit mache, was ich plane, ob ich an einem neuen Buch schreibe. Vielleicht ist diese in den letzten Jahren sich häufende Erfahrung eine freundliche Konvention im Umgang mit einem alten Mann. Manchmal scheint mir aber, dass mehr dahintersteckt, der Wunsch der Menschen nämlich, ein Beispiel zu bekommen, das ihre eigene Angst vorm Alter vermindern kann. Gesellschaftlich leben wir ja in einer Umbruchzeit, in der ein neues, optimistisch getöntes Bild des Alters entsteht. Die vielen Gesundheitsbotschaften, die man in seinem Briefkasten findet, sprechen davon. Doch das sind natürlich Verheißungen, die unausdrücklich und ungewollt immer an die engen Grenzen des Machbaren oder, um es härter zu sagen, an das Unvermeidliche erinnern.

Sie haben den Tod dargestellt als Selbstmord, als das Sterben eines tödlich getroffenen Soldaten und als das einsame nächtliche Sterben eines ruinierten Geschäftsmannes in seinem Hotelzimmer, auch den Tod einer krebskranken Frau, aber noch nicht den Alterstod. Ist das so, weil Sie sich das Sterben immer als etwas Gewaltsames vorstellen?
Das könnte sein. Vielleicht will ich mir auch kein Bild machen, was mir bevorsteht, weil das sowieso unmöglich ist. Vor vielen Jahren wäre ich beinahe an einem Stück Lachsschinken erstickt. Das habe ich nachträglich nicht nur körperlich, sondern auch existenziell als eine besonders abscheuliche Art des Sterbens gesehen. Lieber möch-

te ich es vorauswissen und Zeit haben, Abschied zu nehmen. Bewusstheit ist ein großer Wert für mich. Es ist die integrative Kraft schlechthin. Es setzt natürlich Überwindung von Angst voraus.

Das erinnert an die Titelgeschichte aus Ihrem Erzählungsband »Das normale Leben«, in der ein Mann an der Schwelle des Alters eine Liebesenttäuschung erlebt, die ihm zunächst als demütigende Enttäuschung und Verlust seiner Zukunft erscheint. Doch dann begreift er, dass es nun für ihn darauf ankommt, das Loslassen zu lernen. Das ist für ihn ein neuer Gedanke, der ihn befreit.

Ja, so wie ein neues, überraschend einfaches Konzept einen plötzlich aus einer scheinbar hoffnungslos verfahrenen Situation befreien kann. Sein Blick weitet sich und er sieht sich und sein Leben in einer umfassenderen Perspektive. Er erkennt plötzlich, dass er nicht mehr mitmachen muss in dem alten Wettbewerb um Selbstbehauptung durch Glück und Erfolg und er in ein anderes, entspannteres Leben hineinfinden kann. Indem er das denkt und die nun anstehenden praktischen Veränderungen auch schon zu planen beginnt, erlebt er ein neues, starkes Gefühl von Identität.

Steht Ihnen diese Geschichte besonders nahe?

Nicht im Sinne einer Abbildung, aber in der Substanz. Es ist wie jede fiktionale Geschichte eine imaginär entfaltete Erfahrung, die viel Realität in sich aufgenommen und unter der Perspektive des Themas verwandelt und inszeniert hat. Vielleicht ist der Anteil des Unbewussten dabei größer als beim autobiographischen Schreiben. Schreiben hat viel mit Erinnern zu tun, aber mehr noch mit einer Erinnerung, die sich nicht als Erinnerung begreift, sondern, wer weiß woher, im imaginären Raum des entstehenden Textes als neuer Einfall erscheint und dort seinen Platz findet. Vergessenes, versunkenes Lebenswissen gewinnt so eine neue Gegenwärtigkeit. Das ist ein Sieg oder richtiger ein vorübergehender Teilsieg über die »Furie des Verschwindens«, wie Hegel die vergehende Zeit genannt hat.

Also auch ein Sieg über das Alter?
Man kann es so sehen. Denn die Entstehung eines Buches ist ein Integrations- und Wachstumsprozess, der dem ständigen Wenigerwerden der biologischen Zeit ein Mehrwerden und dem unaufhörlichen Zerfall eine neu geschaffene Gestalt gegenüberstellt. Nennen wir es einen Teilsieg der vitalen Illusion.

Bücher von Dieter Wellershoff:
- Der lange Weg zum Abschied, Kiepenheuer & Witsch
- Der Liebeswunsch, Kiepenheuer & Witsch, btb
- Das normale Leben, Kiepenheuer & Witsch, btb

Ich lasse alles auf mich zukommen

Maria Wellershoff, 84, Kunsthistorikerin, Frau des Dichters Dieter Wellershoff, kann gut mit ihrem Alter umgehen. Kürzlich hat sie ihre Erinnerungen aufgeschrieben. Sie stammt aus dem alten pommerschen Adelsgeschlecht von Thadden.

Sie haben gerade Ihre Biographie geschrieben. Was brachte Sie auf die Idee?
Unsere Kinder haben mich dazu gedrängt. Sie sagten, schreibe endlich dein Leben auf, damit diese Zeit nicht ganz in Vergessenheit gerät. Ich habe einfach angefangen und war am Anfang auch ziemlich unsicher. Meine ersten Versuche gab ich meinen Schwestern, die rigoros sagten: So geht das nicht. Ich fing noch einmal von vorne an und baute das Ganze etwas anders auf. Als ich das Konzept hatte, machte das Schreiben richtig Spaß. Auch dann habe ich jedes Kapitel an meine Schwestern geschickt, an einen Vetter, an Studienfreundinnen und gefragt: Habe ich etwas vergessen, habe ich etwas falsch gesehen, erinnert ihr euch anders?

Sie stammen aus dem alten Adelsgeschlecht von Thadden, sind auf den Gutshöfen Trieglaff und Vahnerow in Pommern aufgewachsen. Ist Ihre Geschichte die einer hochherrschaftlichen Familie?
Ich beschreibe das Leben von den zwanziger Jahren bis zum Ende des Krieges. Manchmal werde ich gefragt, ob es bei uns in Pommern noch war wie bei Fontane. Es war tatsächlich so: diese völlig andere Welt auf einem zwar großen, aber nicht hochherrschaftlichen Gut.

Meine Aufzeichnungen sollen nicht nur ein kleiner Beitrag zur Zeitgeschichte sein, in dem ich mich bemühe, das persönliche Schicksal mit der Zeit- und Kriegsgeschichte zu vernetzen, sondern auch eine Liebeserklärung an die verlorene pommersche Heimat, an Trieglaff und Vahnerow. Die Kindheit habe ich nicht chronologisch beschrieben, weil man sich so nicht erinnert. Ich beginne das Buch mit einer Beschreibung des Dorfes Trieglaff, das eigentlich aus zwei Dörfern bestand: dem um einen Teich angelegten typisch slawischen Runddorf mit großen Bauernhöfen und dem Straßendorf, das zum Gutshof gehörte. Dann die Kirche, die wir, die Patronatsfamilie, erst betraten, wenn sich die Gemeinde zum Gottesdienst versammelt hatte. Links vom Gang saßen die Frauen, rechts die Männer. Wir stiegen auf einer kurzen, steilen Treppe zur Empore hinauf. Das alte Gutshaus, allgemein das Schloss genannt, aus dem 17. Jahrhundert ließ mein Vater zu einem imposanten Gebäude im damals modischen historisierenden Stil erweitern. Mir kam es als Kind riesig und herrschaftlich vor. Unser Vater war ein sehr geselliger und leutseliger Mann, der gerne Gäste einlud, die in der Halle empfangen wurden. Hier versammelten sich die Jäger vor und nach den Treibjagden oder die Ehepaare aus den Nachbargütern, die zu Musik und Leseabenden eingeladen wurden. Die Damen in modisch kurzen Hängekleidern, die Herren in dunklen Anzügen. Und wir Kinder, frisch gewaschen und in Sonntagskleidern, mussten natürlich »Guten Tag« sagen. Die Mädchen begrüßten die Damen mit tiefem Knicks und Handkuss, die Jungen verbeugten sich bei ihrem Handkuss.

Sie schlagen einen Bogen über Ihre Schulzeit, die Jahre im Magdalenenstift in Altenburg, das Studium, die Kriegsjahre bis zum Ende des Dritten Reiches.

Ab 1933 fängt das Buch allmählich an, politisch zu werden. In meiner kritischen Einstellung zu den Nazis, aus der sich allmählich eine kompromisslose Ablehnung entwickelte, bin ich vor allem von unserer Mutter beeinflusst worden. Sie hatte viele jüdische Freunde in Berlin, durch die ich früh mit der Judenverfolgung bekannt wurde. Und durch die evangelische Kirche. Mein ältester Halbbruder, Reinhold von Thadden-Trieglaff, gehörte der Bekennenden Kirche seit 1934 an, sodass ich auch diese Probleme sehr früh kennen lernte.

Ihre Halbschwester Elisabeth von Thadden wurde im Sommer 1944 vom Volksgerichtshof in Berlin angeklagt und zum Tode verurteilt. Hatten Sie vor dem Tod Kontakt mit ihr?
Meine Schwester ist von einem Spitzel an die Gestapo verraten und im Januar 1944 verhaftet worden. Nach der Verurteilung wegen »Wehrkraftzersetzung« wollte ich sie in Berlin im Gefängnis besuchen. Daraus wurde aber nichts, obwohl die Gefängnisleitung Verwandtenbesuche erlaubte. Am 8. September wurde Elisabeth in Berlin-Plötzensee enthauptet. Später habe ich erfahren, dass sie gegen meinen Besuch war. Sie wollte nicht, dass ich sie in diesem demütigenden Zustand im Gefängniskleid und mit kurz geschnittenen Haaren sehe. So sollte ich sie nicht in Erinnerung behalten.

Ihr Buch endet 1945. Warum haben Sie nicht weitergeschrieben?
Die erste Nachkriegszeit war so fürchterlich, meine Mutter und eine Schwester waren noch in Pommern, und wir hatten keine Nachrichten von ihnen. Mein älterer Bruder war in polnischer Gefangenschaft. Man hatte keinen Boden unter den Füßen, war völlig abhängig von anderen Menschen. Obwohl meine Kinder es wollten, sagte ich ihnen, darüber will und kann ich nicht schreiben. Die Erinnerungen sind auch sehr verschwommen.

Sie beendeten Ihr Studium nach dem Krieg. Wie lange waren Sie berufstätig?
Bis ich 70 war. Ich habe in Kunstgeschichte promoviert und zuerst in Bonn bei der Edition eines wissenschaftlichen Lexikons mitgearbeitet. Nach unserem zweiten Kind sagte der Professor, es sei unmoralisch, dass eine Mutter von zwei Kindern noch berufstätig ist, und hat mir gekündigt. Das war in den fünfziger Jahren möglich. In den Jahren danach habe ich viel mit meinem Mann zusammengearbeitet, zum Beispiel an der ersten Gottfried-Benn-Ausgabe. Aber als die jüngste Tochter zur Schule kam, wollte ich wieder in den Beruf. Ich

arbeitete in einer Galerie für moderne Kunst bei jungen Galeristen hier in Köln, sozusagen, wie die sagten, als promovierte kaufmännische Hilfskraft. Das habe ich zwei Jahre gemacht, aber als sie ihre zweite Galerie in Essen schlossen, musste ich mir etwas Neues suchen und fand eine Stelle im Römisch-Germanischen Museum, das damals in Köln aufgebaut wurde. Ich arbeitete halbtags, gab Publikationen heraus und machte Führungen. 1980 musste ich damit aufhören wegen der strengen Restriktionen, wonach freie Mitarbeiter nicht mehr beschäftigt werden durften, weil sie sich einklagen können. Ich arbeitete danach freiberuflich als Lektorin und Korrektorin bei verschiedenen Museen und auch wieder in der Galerie. An meinem siebzigsten Geburtstag sagte ich: Jetzt ist Schluss.

War das für Sie ein Bruch?
Nein, eigentlich nicht. Es war auch ein langsames Aufhören, weil die Galeristen immer mal jemanden zur Aushilfe brauchten. Aber dann wollte ich endlich mehr Zeit für mich haben. Außerdem hatte ich lange für meinen Mann alles zunächst auf der Schreibmaschine, dann auf dem Computer geschrieben, bis ich ihm 2000 sagte: Jetzt will ich selbst ein Buch schreiben.

Wie empfinden Sie Ihr Alter?
Ich habe wenig darüber nachgedacht, weil mein Tageslauf so voll war, und eigentlich fiel mir mein Alter erst vor eineinhalb Jahren auf, als ich nach einer Meniskusoperation nicht mehr richtig gehen konnte. Besonders lästig finde ich, dass das Gedächtnis nachlässt, dass man oft etwas vergisst, wichtige Namen und Daten fallen einem nicht mehr ein, auch die Konzentrationsfähigkeit lässt nach. Obwohl man eigentlich mehr Zeit hat, schafft man weniger als früher. Außerdem fahre ich nach 21 Uhr, wenn es dunkel ist, möglichst nicht mehr mit öffentlichen Verkehrsmitteln.

Und die Vorteile des Alters?
Man kann herumtrödeln, es geht nicht mehr so genau nach der Uhr, man hat mehr Zeit für sich selbst.

Man spricht ja oft von der Altersweisheit und ...
... nein, die gibt es nicht. Man nimmt natürlich manche Dinge gelassener, regt sich nicht so darüber auf. Aber ich bin der Ansicht, dass sich die Grundstruktur eines Menschen kaum ändert. Wenn ich nach Jahrzehnten Schulfreunde oder Kommilitoninnen vom Studium wiedertreffe, dann sind sie zwar alt geworden, die Stimme hat sich verändert, aber nach einiger Zeit kommt genau durch, wie sie mit siebzehn oder achtzehn waren. Man erkennt sich wieder.

Sie haben das Glück einer lange dauernden Partnerschaft ...
... ja fünfundfünfzig Jahre jetzt ...

... und das ist sicher hilfreich im Alter?
Natürlich, obwohl man zwischendurch auch Abstand braucht. Ich bin jedes Jahr vierzehn Tage alleine weggefahren, sei es nach Südafrika zu einer Schwester oder zu einer anderen nach England, weil man das braucht, wenn man so eng zusammenlebt und so viele gemeinsame Aufgaben hat. Ich gehe auch oft alleine ins Kino, ins Konzert oder zu Veranstaltungen, die meinen Mann nicht interessieren.

Ihr Mann ist ein bekannter deutscher Schriftsteller. Sie haben oft mit ihm zusammengearbeitet. Aber immer erschien nur sein Name. Stört Sie das?
Na ja. Allerdings, als es um die Benn-Ausgabe ging, bei der ich wirklich die ganze Kärrnerarbeit gemacht habe, die Recherchen, da ist es an Frau Benn gescheitert, dass auch mein Name genannt wurde. Sie sagte: Ihr verstorbener Mann hätte es nicht gewollt, dass der Name einer Frau als Mitherausgeberin da steht. Was sollten wir machen? Sie hätte alles stoppen können.

Ihr Mann sagt, er blicke zufrieden auf sein Leben zurück und sei auch jetzt zufrieden. Und Sie?
Es geht mir genauso. Er denkt mehr über die Zukunft nach, wie es weitergeht. Ich verdränge das, ich bin ein Mensch, der alles auf sich zukommen lässt und kurzfristig Entscheidungen trifft.

Zweites Kapitel

Arbeit für die Ehre – das Ehrenamt

Es ist leichter, ein Ehrenamt zu übernehmen, als eine Arbeit zu finden, die bezahlt wird. Man gebe in eine beliebige Suchmaschine »Ehrenamt« ein, entscheide sich zufällig für www.ehrenamtlich.de, und schon tut sich ein enormes Angebot auf. Zum Beispiel in Leipzig.

Der Verein RosaLinde sucht ehrenamtliche Helfer für die Alltagsprobleme homo-, bi- und transsexueller Menschen. Die Arbeiterwohlfahrt sucht Ehrenamtliche, der Behindertenverband, die Caritas, das Deutsche Rote Kreuz, die Volkssolidarität, Unicef, das Zentrum für Integration, der Paritätische Wohlfahrtsverband – bei allen Organisationen gibt es reichlich zu tun. Wer sich für eine ehrenamtliche Tätigkeit bei der AGENDA 21 in Leipzig interessiert, findet im Angebot: Helfer bei der Einführung äthiopischen Kaffees nach Leipzig, Mitarbeiter für die Energiewende auf dem Hochschuldach, Helfer bei der Organisation des Leipziger Hörspielsommers und so weiter und so weiter. Dasselbe üppige Angebot im Süden, im Norden, im Westen des Landes. In großen und in kleinen Städten.

In Reutlingen werden Paten für Arbeitslose gesucht und Hilfspfleger im Tierheim. Altenheimbewohner brauchen Hilfe bei Spaziergängen, Kinder Nachhilfeunterricht, Suizidgefährdete Gesprächspartner, und ein Rentnerdienst sucht handwerklich geschickte Menschen, die denen helfen, die kleine Reparaturen nicht mehr selbst durchführen können. Das Asylcafé braucht Ehrenamtliche, die Aidshilfe – und der FC Reutlingen Damenfußballtrainer.

Mehr als 23 Millionen Deutsche engagieren sich freiwillig und unbezahlt. Jeder dritte Bundesbürger hat ein Ehrenamt oder leistet, zeitgemäß ausgedrückt, Freiwilligenarbeit oder hat ein bürgerschaftliches Engagement übernommen. Ehrenamtliche finden sich in nahezu allen Bereichen: in Sport- und Turnvereinen, in der Denkmalpflege, in Schulen und Kindergärten, in der Kirche, im Kulturbereich, in Krankenhäusern, Alten- und Pflegeheimen, bei der Feuerwehr, in der Politik, bei der Justiz als Schöffen und ehrenamtliche Richter. Allein vom SES, dem Bonner Senior Experten Service, lassen sich über siebentausend Fachleute in alle Welt schicken, um vor Ort Hilfe zur Selbsthilfe zu organisieren.

23 Millionen Ehrenamtliche! Damit liegen wir, anders als bei Pisa, ziemlich weit vorn in der Weltrangliste. Vor uns sind nur die USA, Kanada, Norwegen, Schweden und die Niederlande. Wenn die Flüsse steigen und die Keller volllaufen, wenn verseuchte Fische oder vergrippte Vögel eingesammelt werden müssen – nie fehlt es in Deutschland an spontanen, ehrenamtlichen Helfern.

Kein Wunder, dass das umfangreichste Kapitel in unserem Buch Berichte und Erzählungen von Menschen sind, die nach ihrem Berufsleben ein Ehrenamt übernommen haben – was aber nicht heißt, dass das Ehrenamt eine Sache der Alten ist. Auch junge Leute arbeiten unentgeltlich für Amnesty International und Greenpeace, bei der freiwilligen Feuerwehr und in Sportvereinen. Spannend sind die Motive des Engagements: Die Allermeisten (66 Prozent) haben das Bedürfnis, statt sich nur regieren zu lassen, die Gesellschaft mitzugestalten. Es folgt der Wunsch, sich vor Einsamkeit zu schützen durch das Kennenlernen neuer, sympathischer Menschen. Und alle, die in der Studie »Freiwilliges Engagement in Deutschland 1999–2004« befragt worden sind, sagten, das Ehrenamt solle unbedingt auch Spaß machen.

Neu ist, dass sich Arbeitslose für das Ehrenamt interessieren. Sie wissen, dass hier kein Geld zu verdienen ist. Sie wollen in irgendeinem der vielen Betätigungsfelder etwas dazulernen, was sich dann später – bezahlt – verwerten lässt. Das Übernehmen eines Ehrenamts als Hoffnung auf einen Weg zurück in den Ganztagsjob.

Früher, ganz früher, in der klassischen Antike und im Christentum, war die unbezahlte Leistung zum Wohle der Allgemeinheit Teil eines sinnerfüllten Lebens. Im alten Griechenland gehörte es zum guten Ton, dass sich jeder Mann für die Belange seiner Stadt interessierte. Dafür hatten sie schließlich auch genug Zeit, weil die Sklaven und die Frauen die Arbeit, die sonst noch anfiel, erledigten. Männer, die sich am politischen Palaver – das war es häufig auch nur – nicht beteiligten, wurden *idiótes* genannt, Privatmenschen. Ein *idiótes* war ein schlechter Bürger.

Später, viel später, wurde die ehrenamtliche Arbeit fast ausschließlich Frauensache. Es waren die Frauen, die den Armen die Suppen kochten, Verletzte unentgeltlich pflegten, Waisen betreuten – noch heute wird die schlechte Bezahlung der typisch weiblichen Berufe wie Krankenschwester und Erzieherin mit der langen Geschichte der aufopferungswilligen, unbezahlten Arbeit der Frauen erklärt. Jetzt herrscht im Ehrenamt Gleichberechtigung – der Anteil der Männer liegt sogar leicht über dem der Frauen.

Also alles wunderbar mit dem Engagement für das Ehrenamt in diesem Land? Nicht ganz. Menschen, die mit uns über ihre ehrenamtliche Aufgabe sprachen – vor allem die, die sich für die Altenpflege oder Sterbebegleitung entschieden hatten –, warnten vor der Versuchung, bezahlte Fachkräfte aus der Verantwortung und dem Job zu entlassen, weil ja die Ehrenamtlichen so freundlich sind, für Gotteslohn zu arbeiten. Der Geldwert der sozialen Arbeit in Deutschland beträgt 75 Milliarden Euro. In Frankreich (man hat das leider nicht für Deutschland ausgerechnet) entspricht diese Summe 750.000 Arbeitsplätzen.

Wenn private und staatliche Arbeitgeber auf dem Rücken der Ehrenamtlichen sparen wollen, werden die Ehrenamtlichen sauer. Auch wenn sie nett sind – doof sind sie nicht. Staat und Bürger arbeiten zusammen – so heißt die unausgesprochene Übereinkunft. Sie heißt nicht: Rückzug des Staates aus der sozialen Verantwortung und stattdessen unbezahlte Übernahme der Arbeit durch Ehrenamtliche. Obwohl wir teilweise schon so weit sind. »Ohne Engagement würden viele Bereiche unseres Gemeinwesens gar nicht funktionieren«, sagte Bundespräsident Horst Köhler und rief als Schirmherr der Ehrenamtsaktion 2006 zu noch mehr Engagement auf und zitierte Max Frisch: »Demokratie heißt, sich in die eigenen Angelegenheiten einzumischen.«

Das ist gut und richtig. Interessant ist zu diesem Thema das Ergebnis einer aktuellen Untersuchung: Zieht sich ein Staat aus seiner sozialen Verantwortung zurück, wie das in Deutschland und den USA beobachtet wird, sinkt die Bereitschaft der Bürger, sich ehrenamtlich zu betätigen.

Ärzte unterwegs – man muss den Mut haben hinzugehen

Als sie ihre Praxis verkauft hatten, war für das Ehepaar klar: Wir wollen unsere Erfahrungen weitergeben. Nun arbeiten beide immer wieder für den Senior Experten Service im Ausland: Dr. Bettina Peters-Wolter, 62, Allgemeinärztin, und Dr. Hermann Peters, 66, Internist und Gastroenterologe, aus Rimsting am Chiemsee. Ihre Einsätze sind hart und manchmal abenteuerlich.

Bettina Peters-Wolter: Für uns war klar, dass wir nicht bis ins hohe Alter hinein arbeiten würden. Wir haben bei der Gründung unserer Praxis gesagt: Bis sechzig, dann ist Schluss. Und das hielten wir fast durch. Wir hatten immer viele Träume, aber mein Mann hatte einen ganz speziellen Traum. Er wollte noch einmal in Norwegen praktizieren, wo er während eines Teils seiner Ausbildung war. Ich allerdings dachte: Da will ich nicht hin, das halte ich nicht aus da oben in der Pampa, in diesem weiten, kalten Land.

Hermann Peters: Wir haben uns dann auf einen Kompromiss geeinigt. Als wir unsere gemeinsame Praxis in Endorf verkauft hatten, ging ich als Oberarzt in ein Krankenhaus nach Dänemark, immerhin auch der Norden. Aber ich war nicht lange dort. Es hat einfach mit der Arbeit, mit den ganzen Umständen nicht richtig geklappt.

Bettina Peters-Wolter: Ich wollte auf jeden Fall etwas tun. Ruhestand – das kam nicht in Frage. Und da schien mir der Senior Experten Service (SES) genau das Richtige. Ich habe einen Teil meiner Ausbildung in Amerika absolviert, und da war es üblich, dass man Zeit schenkt. Ich bin immer mit einer Kinderärztin an unserem freien Nachmittag in ein Indianerreservat in Minnesota gefahren, um die Menschen dort zu behandeln. Natürlich ehrenamtlich. Mir hat das sehr imponiert, ich war erst sechsundzwanzig und kannte diese Form zu helfen nicht. In meinem Elternhaus wurden Künstler unterstützt, aber dass man Zeit schenkt, war mir neu. Als mein Mann aus Dänemark zurückkam, verbrachten wir einen herrlichen Winter, sind viel Ski gefahren, trafen Freunde und unsere Kinder. Es ging uns gut. Dann kam die Anfrage vom SES, ob wir in den Jemen gehen wollen. Das war 2004. In einem Krankenhaus in Sanaa brauchten sie einen Gastroenterologen. Ich sollte in einem kleinen, von einer Stiftung gesponserten Hospital arbeiten, ein ganzes Stück weg von der Hauptstadt. Aber wir hatten darüber nur ungenaue Informationen. Ich wollte mir das ansehen und vor Ort beschließen, ob unsere Hilfe dort angebracht ist. Es sollte ein humanitärer Einsatz werden, den der Förderverein des SES bezahlen musste. Deshalb bin ich auf eigene Kosten hingeflogen. Leider war das Projekt nicht förderungswürdig.

Hermann Peters: Mein Einsatz in Sanaa dauerte drei Monate. Ich sollte in dem Krankenhaus meine fachlichen Kenntnisse einbringen, sozusagen Hilfe zur Selbsthilfe. Am Anfang ist es immer schwer, die Menschen davon zu überzeugen, dass man über viel Erfahrung verfügt, auf dem neuesten Stand ist. Das dauert bis zu sechs Wochen. Ich habe den Kollegen dort zuerst gesagt: Unsere Methoden unterscheiden sich grundlegend von denen, die sie praktizieren. Zum Beispiel kann man sanfter vorgehen, langsamer arbeiten, dafür gründlicher. Wenn man sauber und genau arbeitet, ist das Ergebnis besser. Da muss man strikt argumentieren. Natürlich wäre es für das Krankenhaus eine gute Reklame gewesen, wenn ich selbst untersucht hätte. Aber der Effekt wäre nur kurzfristig gewesen. Ich merkte, dass sie sich sehr auf die Apparate verließen, aber gute Diagnostik ist mehr. Das hatte sich bei vielen Patienten in Sanaa herumgesprochen. Natürlich sind da die kulturellen Unterschiede. So bekommt man zum Beispiel immer nur einen Teil des Körpers zu sehen, bei Frauen sehr wenig. Aber wenn man weiß, worauf man achten, wie man fragen muss, ist das kein großes Problem.

Bettina Peters-Wolter: Ich bin damals noch eine Weile bei meinem Mann in Sanaa geblieben. Wir waren spartanisch untergebracht in einem Nebengebäude mit einem Gemeinschaftsbad und einer Küche für alle. Bei so einem Einsatz bleibt selten viel Zeit für Privates. Wir haben uns natürlich Sanaa angeschaut, eine wunderschöne Stadt mit sehr freundlichen Menschen. Vor unserer Abreise hatten wir uns mit Freunden beraten, die skeptisch fragten: Packt ihr das? Ist es nicht zu gefährlich? Nun, wir haben es gepackt, und es war sehr interessant.

Hermann Peters: Man muss den Mut haben hinzugehen, man sollte diplomatisch sein, aber unter Umständen auch streng. Wir sind ja keine Anfänger, und das gibt viel Rückhalt, wenn es einmal schwierig wird. Und dann ist es schön, wenn man merkt, dass die Kollegen fremde Methoden annehmen, einen akzeptieren. Aber es dauert eben ziemlich lange.

Bettina Peters-Wolter: Im Herbst 2005 klingelte wieder das Telefon. Der SES fragte, ob ich nach Banda Aceh gehen könnte, das Gebiet der Insel Sumatra, das vom Tsunami besonders stark betroffen war, die Region, in der vor der Katastrophe Bürgerkrieg zwischen der Regierung und aufständischen Gruppen herrschte. Aber ich konnte nicht. Ich hatte meiner Tochter, die an ihrer Promotion saß, versprochen, mich um mein Enkelkind zu kümmern. Und so sagte ich: Sicher kann mein Mann einspringen.

Hermann Peters: Ich sollte beim Aufbau einer Gesundheitsstation helfen. Auf dem Flughafen von Banda Aceh wurde ich von zwei

Leuten abgeholt, die mir gleich erklärten: Wir wissen nicht, wo wir Sie unterbringen sollen, auch in dem Hotel, das wir eigentlich vorgesehen haben, ist kein Platz. So blieb mir nur das Büro. Ich habe später in einem leeren Haus, das während des Tsunamis überflutet war, im ersten Stock auf dem Fußboden geschlafen. Dieses Haus sollte ich in eine Art Klinik verwandeln. Es war unglaublich. Die Schlösser an den Türen waren verrostet, alles war schmutzig. Ich kehrte zuerst nur Matsch aus dem Haus.

Bettina Peters-Wolter: Ich bekam eine SMS: Jetzt haben sie mir den Besen geklaut. Ich war hier in Deutschland die Schaltstelle für Nachrichten per SMS, weil das Internet nicht richtig funktionierte. Seine erste Nachricht lautete: Es ist niemand da, ich finde nichts zu essen. Ich war froh, dass ich ihm ins Gepäck Fruchtschnitten, Sahnebonbons und eine Flasche Wasser geschmuggelt hatte. Uns war zwar gesagt worden, dass es überall Garküchen gibt, aber ich hatte ein schlechtes Gefühl.

Hermann Peters: Es war auch noch Ramadan und ich deshalb fast auf Diät. Weil ich jedoch immer zu Fuß ging, was dort kein Mensch macht, lernte ich unterwegs eine Chinesin kennen, die sich als Buddhistin nicht an das Fasten halten musste. Sie zeigte mir, wo ich mich wenigstens etwas verpflegen konnte.

Bettina Peters-Wolter: Und wegen der Chinesen gab es dann auch noch Streit: Mein Mann sollte plötzlich keine Chinesen mehr behandeln. Aber sein Auftrag war, allen Tsunami-Opfern medizinisch zu helfen. Ich habe deshalb beim SES angerufen, damit sie sich kümmern, mein Mann wäre sonst zwischen alle Fronten geraten.

Hermann Peters: Es sprach sich, nachdem das Gebäude in einem halbwegs ordentlichen hygienischen Zustand war, schnell herum, dass ein Arzt da ist. Ich hatte ja alles dabei, eine Art Basisausrüstung, Instrumente, Medikamente. Ich untersuchte auf Pritschen, auf frisch von mir und ein paar Helfern geschrubbten Holztischen. Es war gut zu sehen, dass meine Hilfe gebraucht wurde. Ich gewann dort viele Freunde, und ich hatte das Gefühl, etwas zu bewegen. Ich habe etwas aufgebaut, aber was daraus geworden ist, nachdem ich weg war …

Bettina Peters-Wolter: Um ehrlich zu sein: Mein Mann war fix und fertig, als er zurückkam. Körperlich und vor allem mental, weil es so schwierig war.

Hermann Peters: Aber unsere Hilfe geht weiter, die Nachhaltigkeit ist wichtig. Jetzt erreichen uns immer wieder SMS von Menschen in Sumatra, die um Rat fragen. Ebenso aus dem Jemen. Wir werden auch privat wieder hinfahren – nach Sumatra und in den Jemen. Wir wollen sehen, wie es den Menschen geht, Freunde besuchen.

Bettina Peters-Wolter: Ich wollte damals nachkommen. Aber dann passierte die Sache mit den Mohammed-Karikaturen, und da hat der SES meinem Mann gesagt, er solle heimfahren. Es könnte zu gefährlich werden. Das ist das Gute: Als Senior-Experte weiß man, dass für einen gesorgt wird. Man fühlt sich sicher, weil man unterstützt wird, man hat Kontakt zur Zentrale. Natürlich kann man jederzeit zurück ohne Nachteile.

Hermann Peters: Man muss bei diesen Einsätzen versuchen, das Beste zu geben, und das in einer würdigen Weise, indem man die Menschen im Land respektiert. Man muss sich einfügen, offen sein. Für Menschen, die denken, es soll alles so funktionieren wie zuhause, ist das schwierig. Es ist eine Chance, seine Erfahrungen weiterzugeben. Ich werde ja auch dafür belohnt und lerne Menschen kennen, denen ich sonst nie begegnet wäre.

Bettina Peters-Wolter: Klar, diese Einsätze sind harte Arbeit. Man muss sich mit dem Alltag dort arrangieren, und das ist eine Herausforderung, die mein Mann und ich gern annehmen. Im Januar/Februar 2007 waren wir gemeinsam in einem Krankenhaus im englischen Teil Kameruns. Ich habe dort Krankenschwestern und medizinisch-technische Assistenten in Ultraschall-Untersuchungen, Anatomie und Physiologie auf Englisch unterrichtet.

Hermann Peters: Ich sollte ein Röntgengerät aufbauen und das Personal anleiten, aber es gab kein Röntgengerät. Dies hatte uns der dortige Auftraggeber verschwiegen. Also unterrichtete ich Elektrokardiogramme, Röntgenuntersuchung in Theorie und ebenfalls Ultraschall. Meine Frau lehrte die gesamte Theorie, ich vorwiegend die Praxis.

Bettina Peters-Wolter: Das vorhandene Material war sehr schlecht, so mussten wir neue Folien entwickeln. Erschwerend kam hinzu, dass unsere Studenten fast keine räumliche Vorstellung von einem Körper hatten, was ja bei der Ultraschall-Diagnostik erforderlich ist.

Hermann Peters: Vereint schafften wir es und konnten sogar Prüfungen abnehmen und anschließend Zeugnisse verteilen.

Bettina Peters-Wolter: Es war wohl das erste Mal, dass die Studenten dort kostenlosen Unterricht erhielten mit abschließender Qualifikationsurkunde.

Hermann Peters: Unser intensiver Unterricht wurde sehr gut angenommen. Zum Dank kleidete man uns bei der Abschlussfeier in traditionelle Gewänder – eine besondere Ehrung.

Bettina Peters-Wolter: Das war schon ergreifend, und der Abschied von der einfachen und wirklich liebenswerten Bevölkerung fiel uns sehr schwer. Schlimm ist nur, dass die gehobene Schicht des Landes in ihre eigene Tasche wirtschaftet. Straßen werden nicht repariert, die Luft ist völlig verschmutzt, von Strom- und Wassermangel ganz zu schweigen. Nach unserem Einsatz sind uns die Probleme Afrikas als vergessener Kontinent verständlich geworden. Es wird Jahre dauern, bis sich eine soziale Verantwortung für die Mitmenschen etabliert hat.

Ich nehm es, wie es kommt, und mach was draus

Albert Dyballa ist ein umtriebiger Mensch. Er arbeitete als Koch in den besten Hotels im In- und Ausland, und als Schiffskoch sah er die ganze Welt: Marokko, Spanien, Portugal, Westafrika, zehn Reisen führten ihn nach Ostasien. In Tahiti lernte er seine Frau kennen, die Hochzeit war ein turbulentes Fest. Albert Dyballa lebte sieben Jahre auf Tahiti und war dort als Koch tätig. Mit 34 Jahren hat er sich bei der Lufthansa in Frankfurt beworben und dort in den nächsten Jahren eine steile Karriere gemacht. Als er mit 60 Jahren in Frührente ging, war er Produktionsleiter und Küchenchef der gesamten Kantine. Es war seine Frau, die ihn schon vor seinem Ausscheiden bei der Lufthansa auf den SES aufmerksam gemacht hatte. Das erste Angebot, Paraguay, konnte er nicht annehmen, weil er noch nicht frei war – inzwischen ist er mit dem SES fast verheiratet: 21 Einsätze in knapp zehn Jahren, und ans Aufhören denkt er nicht. Er hat drei Kinder und pendelt mit seiner Frau zwischen Neu-Isenburg und der Bretagne. Albert Dyballa ist 69 Jahre alt.

Nach dem ersten Angebot des SES ruhte der Kontakt erst einmal, und ich war ein Jahr lang arbeitslos. Ich musste mich immerzu auf dem Arbeitsamt melden, das war sehr deprimierend. Ich war sechzig Jahre alt und noch nie arbeitslos gewesen. Das war wie ein Schock, die Leute deprimiert auf den Fluren sitzen zu sehen. Dann kam 1998 wieder ein Anruf von dem SES: Wir haben etwas für Sie. Tansania, für vier Monate. Sag ich: Passt – wann soll es losgehen? Meine Frau habe ich gefragt: Was hältst du davon? Vier Monate sind eine lange Zeit. Sie sagte: Okay, mach das. Natürlich habe ich auch mit den

Kindern gesprochen, und auch die haben gesagt: Papa, das ist ja interessant, toll, mach das. Wir haben dann auf der Landkarte nachgeguckt, wo der Ort überhaupt liegt, in den ich fahren sollte. Moshi. Da musste ich mir schon eine Detailkarte besorgen. Moshi ist zwar eine größere Stadt, 200.000 Einwohner, aber auf der Karte nur ein kleiner Punkt. Moshi liegt unterhalb des Kilimandscharo, direkt in Ostafrika. Ich kannte zwar weltweit viele Häfen, aber das Innere des Landes war mir fremd.

Dann habe ich mich vorbereitet. Die ganzen Impfungen. Ich musste aufs Arbeitsamt, weil ich die Genehmigung brauchte, im Ausland ehrenamtlich zu arbeiten. Ich fand das bescheuert. Ich verdiene dort kein Geld, aber das musste genehmigt werden. Die Klamottenfrage – was zieht man dort an? Und was sprechen sie dort für eine Sprache? Englisch. Mit Englisch habe ich kein Problem, kaufte mir aber trotzdem ein Wörterbuch Deutsch-Suaheli, Suaheli-Englisch – man weiß ja vorher nie, wie es dort mit der Verständigung klappt.

Bevor ich losfuhr, wurde ich vom SES nach Bonn eingeladen. Die wollten mich natürlich vorher persönlich kennen lernen, ganz klar – und ich sie auch. Und dann hatten sie, so wie es aussah, Vertrauen zu mir, und ich bekam einen detaillierten Vertrag. Und dann es hieß: Okay, fliegen Sie los. Meine Aufgabe bestand darin, ein Restaurant, das zwei Sterne hatte, in ein Restaurant mit drei Sternen zu verwandeln, auch für europäische Touristen.

Ich kam mitten in der Nacht auf dem Airport Kilimandscharo an. Als die Flugzeugtür geöffnet wurde, schlug mir die Hitze wie ein Hammer entgegen. Die Besatzung hat die Tür vom Flieger gleich wieder zugemacht, weil die Luft voller Heuschrecken war. Auf dem ganzen Flughafen wurde das Licht ausgemacht, im Flieger auch, und dann wurden wir mit der Taschenlampe die Gangway hinuntergeführt, und es machte unter unseren Füßen: knack, knack, knack … das waren die Heuschrecken.

Ich wurde von dem Besitzer des Restaurants, einem Afrikaner, einem deutschen Lehrer und seiner Frau vom Flughafen abgeholt. Wir fuhren gleich durch bis Moshi. Man hat mir mein Zimmer gegeben, das war in Ordnung, ich hatte nichts Tolles erwartet. Ich war ja schließlich freiwillig hier. Wir haben ein bisschen über meine Arbeit geredet, und dann habe ich gesagt: Ich würde gerne die Küche sehen. Unbeschreiblich!

Das war keine Küche – das war ein schwarzes Loch. Dreckig, vergammelt, verrottet und jede Menge Ungeziefer. Die Kühltruhen haben nicht gekühlt. Mal fiel der Strom aus, mal das Wasser. Da habe ich zu mir gesagt: Okay, du bist jetzt hier. Du hast einen Vertrag unterschrieben. Du packst das. Mir wurden drei afrikanische Köchinnen vorgestellt, mit denen ich arbeiten sollte. Das Restaurant war ganz hübsch eingerichtet.

Am nächsten Tag habe ich darauf gewartet, dass der Besitzer kommt. Der kam heute nicht, der kam morgen nicht, der kam wochenlang nicht – und so habe ich peu à peu versucht, mich zurechtzufinden. Zuerst habe ich die Küche sauber machen lassen. Es wurde mir gesagt, die Verständigung ginge auf Englisch, aber die Leute hatten ein ziemliches Problem mit Englisch, die sprachen Suaheli. Ich hatte mein Lexikon dabei, und so haben wir ganz langsam angefangen, uns zu verständigen. Suaheli ließ sich relativ einfach erlernen, so schlimm ist die Sprache gar nicht. Wir sind jeden Morgen auf den Markt gegangen. Der Markt war sehr bunt, rustikal, sehr schön. Am Anfang hatten wir im Lokal pro Tag nicht mehr als vier bis fünf Gäste, keine Ausländer, keine Touristen. Die Leute haben ganz einfach gekocht, meistens gebratene Bananen. Wenn es frische Fische zu kaufen gab, haben sie die zwar geputzt, aber dann in die Tiefkühltruhe geschmissen, die nicht kühlte.

Wenn die Fische da eine Weile drinlagen, haben sie sie wieder rausgenommen und in einem eklig-fettigen Zeug gebacken. Das sieht ja aus wie Teer, habe ich gesagt, da kriegt man ja das Würgen! Nein, hieß es, die Leute mögen das. Ich habe widersprochen: Das kann doch nicht wahr sein! Die Kunden sind zwar Afrikaner, aber denen gehört auch was Anständiges zum Essen gekocht. Und zwar serviert auf einem sauberen Teller. Die haben die Teller mit kaltem Wasser abgewaschen. Ich sagte: Wir müssen heißes Wasser haben, sonst werden die Teller nicht sauber. Woda hotti, sagten sie, das Wasser ist zu heiß. Nein, sagte ich, wir holen jetzt einen Elektriker, der den Boiler repariert. Oh, haben sie gerufen, no money. War mir egal. Und es kam auch gleich einer mit Zange und Schraubenzieher. Ich musste lachen: Der hat zwei nackte Kabel zusammengeknotet, und schon lief der Boiler wieder.

Es kamen immer nur ein paar einheimische Gäste, meistens die Markthändler. Der Besitzer des Restaurants war Jurist. Der hatte zwei Kanzleien, eine in Moshi und eine in Arusha, deshalb hatte er nie Zeit. Und seine Frau, das habe ich aber erst hinterher erfahren, sollte das Restaurant eigentlich leiten. Es war ihre Idee gewesen, das Restaurant auf Vordermann zu bringen, aber in der Zwischenzeit hatte sie sich auf und davon gemacht. Na, gut. Ich hatte im Ausland improvisieren gelernt und bei der Seefahrt sowieso. Also fing ich erst einmal mit den wichtigen Kleinigkeiten an: Wir bringen die Tiefkühltruhe in Ordnung. Die Köchinnen riefen: barafu, barafu, kalt, kalt. Klar ist das barafu, sagte ich, in der Tiefkühltruhe muss es kalt sein.

Dann haben wir uns für die Fische Plastiktüten besorgt. Die Fische wurden gesäubert, mariniert, und jeder Fisch wurde einzeln in eine Plastiktüte eingewickelt. Und wenn wir einen Fisch brauchten, haben wir ihn rausgenommen, neues Öl genommen und gebraten. Wir haben ein paar Kartoffeln dazugegeben und ein Stück Zitrone und Petersilie, und der Tisch wurde sauber gedeckt, die Salz- und Pfeffersteuer mussten immer sauber sein. Es gab dort ein wunderschönes Waschbecken aus Kupfer. Ich habe dafür gesorgt, dass es gründlich geschrubbt wurde. Oh, sagten meine Köchinnen, das ist zu viel Arbeit! Nein, habe ich gesagt, das ist nicht zu viel Arbeit – das lohnt sich, auch wenn wir zwei Tage schrubben. Und nun wird ein sauberes Handtuch hingehängt und ein sauberes Stück Seife dazugelegt. Und die Blumen werden gegossen, und die vertrockneten Blätter werden rausgenommen. So ging das peu à peu weiter.

Das Fleisch wird direkt auf dem Markt zubereitet, d.h. es wird warm geschlachtet auf dem Schlachthof. Ich habe den Schlachthof nie gesehen, nur davon gehört – da muss es zugegangen sein wie bei Hempels unterm Sofa. Den Rindern aus der Pampa wird gleich der Hals durchgeschnitten, und das Fleisch ging dann »warm« auf den

Markt und musste bis mittags verkauft werden. Das Fleisch hatte einen sehr guten Geschmack, aber es war zäh. Und auf das Fleisch haben sie »Steak« geschrieben – das konnte man als Schuhsohlen benutzen. Dann sind wir hergegangen, haben das Fleisch ganz klein geschnitten, haben es mariniert mit Ingwer, Knoblauch, Soja und Öl und haben so eine Art Geschnetzeltes draus gemacht, mit Gemüse. Dazu gab es immer Ugali, das ist ein Maisbrei, der zu einem Knödel geformt wird. Ja, und irgendwann hat das Anklang gefunden, und auch unsere gebratenen Fische gingen gut. Ich habe immer mal wieder versucht, ein europäisches Gericht einzubauen – mit null Erfolg.

Wir haben viel mit Hähnchen gemacht. Die kamen frisch lebend zu uns. Am Anfang haben meine Köchinnen denen gleich in der Küche den Hals umgedreht. Ich habe dann gesagt: Nein, das machen wir nicht so, die Viecher werden draußen im Hof im Betonbecken geschlachtet und zerlegt. Ich habe gefragt: Wie viele Portionen kriegen wir aus so einem Hähnchen raus? Vier Portionen, sagten sie. Falsch, wir kriegen viereinhalb Portionen. Ja, wieso das denn? Das Tier hat doch nur zweimal Brust und zweimal Keulen. Ja, wie machste das? Ich habe es erklärt: Ich schneide die Flügel weg, das ist eine halbe Portion. Und wenn ich zweimal zwei Flügel habe, also vier, ist das wieder eine ganze Portion. Und die Portionen werden nicht irgendwie auf einen Teller geklatscht, das servieren wir richtig schön. Da kommt Schnittlauch oben drauf oder ein paar Paprikaschoten, und schon sieht das richtig appetitlich aus.

Langsam erschienen immer mehr Gäste. Zehn, fünfzehn – manchmal hatten wir zwanzig Gäste am Tag –, aber keine Touristen. Eines Tages tauchte dann doch einmal der Besitzer auf und fragte: Wie sieht's aus, kommen Touristen? Nee, keine Touristen. Dann hat er ein paar europäische Freunde eingeladen, und denen habe ich natürlich ein europäisches Gericht zubereitet – Sauerbraten, glaube ich. Fast jeden Mittag kamen dann seine Kollegen vom Gericht, und bald hatte es sich rumgesprochen, dass man hier gut essen konnte – aber die Gäste waren nach wie vor nur Einheimische.

Was sie dort sehr gerne zum Frühstück gegessen haben, das waren Rinderfüße. Die kamen direkt aus dem Schlachthof, so dreckig, wie sie waren. Abgeschnitten über dem Knöchel. Die wurden dann sauber geputzt, über dem Holzkohleofen gekocht, bis sie gar waren – die müssen endlos lange gekocht werden. Die Brühe gehört dazu, die wird mitgetrunken. Für den europäischen Geschmack vielleicht nicht ganz so ideal, aber die Einheimischen essen das sehr gerne, weil da viel Kraft drin ist durch die Gelatine. Sonst ist da nicht viel dran. Die Haut vom Fuß wird abgenagt, und ein bisschen Mark kann man noch raussaugen. Gut, habe ich gesagt, es ist ein beliebtes Gericht – aber auch das können wir doch verbessern. Wir haben den Fuß portionsgerecht zerteilt, mit Lorbeerblättern, Petersilienwurzeln und Karotten gekocht zu einer richtig schmackhaften Brühe. Und auf einmal hatten wir schon zum Frühstück jede Menge Gäste. Und abends waren manchmal vierzig, fünfzig Leute im Lokal.

Als alles gut lief, habe ich mir in der Woche einen Tag frei genommen. Eines Tages sah ich einen Anschlag: Kilimandscharo-Marathon. Das ist ja ganz toll, dachte ich, ich bin nämlich schon in Deutschland Marathon gelaufen. Ich bin dann zum Treffpunkt gegangen, bin erst mal nur so ein zehn Kilometer langes Teilstück mitgelaufen. Die Einheimischen haben die Europäer natürlich sofort abgehängt – aber von den Europäern war ich immerhin der Erste. Später habe ich die gut trainierten Burschen gefragt, wo sie trainieren. Ich bin zwar schon ein paar Jahre alt, aber sie haben mich dann jeden Sonntagmorgen um sieben Uhr mittrainieren lassen.

In vier Monaten eine Hotelküche auf Vordermann zu bringen, das ist eine Sache. Viel Arbeit, keine Frage. Aber was ich dort noch erleben durfte, das war gigantisch. Einmal hat mich einer unserer Angestellten mit in den Arusha-Nationalpark genommen. Wir haben dort übernachtet. Ich wache morgens um sechs Uhr auf, hol mein Fernglas raus, die ganze Landschaft war noch ein bisschen neblig. Vor mir lag eine freie Fläche, dahinter war Dickicht. Und auf einmal sehe ich Elefanten! Einer nach dem anderen kommt aus dem Dickicht heraus wie auf einer Perlenschnur. Dann blieben sie stehen, haben sich an den Bäumen gerieben und geschubbert – da ist es mir kalt den Rücken runtergelaufen. Die sind nicht im Zoo, das ist mitten in der Natur – das war der helle Wahnsinn! Für mich war das das größte Erlebnis von all meinen Reisen! Und als meine Zeit in dem Hotel zu Ende war, organisierten meine Mitarbeiter für mich ein großes Fest, das sie von ihrem eigenen Geld bezahlt haben. Ich war ganz gerührt, weil sie ja wirklich nur Pfennige verdienen. Wir haben Fotos ausgetauscht, und sie haben immerzu gefragt: Mensch, Albert, wann kommste wieder?

Ich weiß nicht, was aus dem Hotel geworden ist. Auch nicht, ob es einen dritten Stern bekommen hat für seine gute Küche. Mein nächster Einsatz war schon zwei Monate später. Es gibt Leute, die sagen: Albert, du bist richtig mutig. Das stimmt nicht. Ich brauche dazu keinen Mut.

In den letzten zehn Jahren war ich einmal in Tansania, zweimal in Kenia, einmal in Bulgarien, zweimal in Lettland, einmal in Mazedonien, einmal in der Mongolei, zweimal in Namibia, zweimal in Madagaskar, fünfmal in Usbekistan, einmal in Kasachstan und einmal in Vietnam.

Ich nehm es, wie es kommt, und mach was draus.

Der Senior Experten Service

Seit über zwanzig Jahren schickt der Senior Experten Service (SES) qualifizierte Fachkräfte im Ruhestand als ehrenamtliche Entwicklungshelfer ins Ausland. Die Ruheständler, Männer und Frauen, kommen aus über fünfzig Branchen, vom Handwerk bis zum Maschinenbau, von der Elektronik bis zum Gesundheitswesen, aus dem Marketing, der Kunst, den Medien, um nur einige zu nennen. Mit ihrer Erfahrung und ihrem Fachwissen helfen sie bei Projekten rund um den Erdball, wobei es vorwiegend um Hilfe zur Selbsthilfe geht, schnell und pragmatisch. Die Einsätze dauern selten länger als sechs Monate. Gearbeitet wird unentgeltlich, nur die Kosten für Reise, Unterkunft, Verpflegung und Taschengeld werden von den Auftraggebern bezahlt. Der SES ist eine Stiftung der deutschen Wirtschaft. Wer mitmachen möchte, wird in einem der zahlreichen Büros oder in der Bonner Geschäftsstelle ausführlich beraten. Seit einiger Zeit sucht der SES auch Senior-Fachkräfte für Aufgaben in Deutschland, eine Aufgabe für Ruheständler, die eher in ihrer eigenen Umgebung als in fernen Landen helfen möchten.

Der Nachtwächter von Altlandsberg

Horst Hildenbrand, 66, war Salesmanager bei einer großen Computerfirma. Im Ruhestand, der keiner ist, zieht er mit Hellebarde und Laterne durch die Gassen seiner Stadt, die er so weit über ihre Grenzen hinaus bekannt macht.

Unser Bürgermeister fragte mich im Dezember 2005, ob ich Nachtwächter von Altlandsberg werden möchte. Ich habe sofort zugesagt, weil ich wusste, dass es mir Spaß machen würde und weil ich für die Stadt, in der ich lebe, etwas tun will. Ich bekomme Rente, aber ich kann kein Ruheständler sein. Bei meiner Verabschiedung stand in der Firmenzeitung: Er ist zu jung, um am Weiher zu sitzen und die Schwäne zu füttern. Das stimmt genau. Jetzt kann ich die Dinge tun, zu denen ich in meinem Berufsleben nicht gekommen bin.

Und so wurde ich Nachtwächter von Altlandsberg, ein Ehrenamt, das viel mehr beinhaltet, als einfach mit einer Laterne durch die Straßen zu laufen. Ein Nachtwächter ist heute nicht mehr das, was er früher war, als er in der Stadt für Recht und Ordnung sorgte, sie vor Dieben schützen musste, vor allem aber vor Feuer, weil überall mit Holz und Kohle geheizt wurde und die offenen Feuerstellen sehr gefährlich waren. Ich mache Stadtführungen und repräsentiere Altlandsberg. Mein Kostüm ist ein großer schwarzer Mantel mit dem Stadtwappen auf der linken Seite, und ich trage einen schwarzen Schlapphut. Der Aufzug wurde nach historischen Vorbildern geschneidert. Dazu gehört das Handwerkszeug: die Hellebarde und eine Laterne.

Altlandsberg ist eine von 31 Städten in Brandenburg mit einem historischen Stadtkern. Die Ursprünge gehen auf das Jahr 1200 zurück, als Slawen hier siedelten. Um 1230 wurde die Stadt gegründet, die später allerdings mehrmals niederbrannte. 1654 kaufte Otto I. von Schwerin den Ort und das Land ringsum. Er baute ein Schloss und legte Parks an. König Friedrich I. lebte als junger Mann in Altlandsberg, ging hier zur Schule und erwarb später das Schloss, das er zu einem Sommersitz ausbaute. Auch dieses Schloss brannte ab, aber mit einem Teil der Steine wurde unsere heutige Schlosskirche erbaut. Eine Sehenswürdigkeit sind der Marktplatz und seine Häuser, 200 bis 300 Jahre alt. Alle haben Innenhöfe, was ihnen fast ein italienisches Flair gibt.

Bei meinen Führungen, natürlich im Kostüm des Nachtwächters, erzähle ich die Geschichte der Stadt, führe die Besucher zur 1,6 Kilometer langen Stadtmauer, zum Storchenturm und Berliner Torturm und zeige ihnen die letzten Ruinen des Schlosses. Meistens trage ich Gedichte vor, die ich selbst verfasse. Eines heißt »Altlandsberg im Wandel der Zeit«. Es endet so: »Es lohnt sich, durch deine Gassen zu gehen, die Welt mit anderen Augen zu sehen. Du hast viel zu bieten, du alte Stadt, in der sich so manches verändert hat. Man kommt, dich zu sehn, aus dem ganzen Land, du bist weit über die Grenzen hin bekannt. Drum hört ihr Leut' und lasst euch sagen: Altlandsberg gibt's noch in tausend Jahren.«

Man hat mir bestätigt, dass durch mein Auftreten als Nachtwächter ein Marketingeffekt für die Stadt entstanden ist wie nie zuvor. Seit 2006/2007 bin ich auf der ITB in Berlin am Stand des Landes Brandenburg in meinem Kostüm aufgetreten und habe Broschüren verteilt, in denen auch steht, was wir alles veranstalten. In Australien war ich beim Deutsch-Australischen Club. Das habe ich mit Freunden für meine Nichte, die dort lebt, zum 40. Geburtstag als Überraschung arrangiert.

Zu unserem Vogelscheuchenfest im September kommen bis zu 8000 Besucher. Da treten Altlandsbergerinnen als Vogelscheuchen verkleidet auf, andere basteln solche Figuren, die wir überall aufstellen. An diesem Tag werden auch die Innenhöfe der Häuser am

Marktplatz für Besucher geöffnet. Zu dem Fest lade ich Nachtwächter aus anderen Städten ein. Wir gehen durch die Straßen in der Nacht und singen unsere Lieder.

Es gibt in Deutschland viele Nachtwächter, zum Beispiel in Rothenburg, in Dinkelsbühl, in Bad Nauheim. Mit ihnen mache ich in ihren Städten Nachtrundgänge und erzähle dabei von Altlandsberg. So wird unsere schöne Stadt bekannt. Es ist geplant, dass wir auch in die europäische Nachtwächter-Zunft aufgenommen werden.

Im letzten Jahr habe ich 135 Stunden in meinem Gewand verbracht. Bekannt ist inzwischen unser Lichterfest. Weil ich ja nicht als Nikolaus auftreten kann, veranstalten wir das vor dem 1. Advent. Auf dem Marktplatz wird ein großer Weihnachtsbaum aufgebaut, es wird gesungen und auch ein Theaterstück aufgeführt. Bei uns gibt es eine Organisation, einen sozialen runden Tisch, der sich der armen Kinder annimmt. Dazu gehören aber auch die Kinder, deren Eltern den ganzen Tag zur Arbeit außer Haus sind. Diese Mädchen und Jungen bekommen zu wenig Zuwendung, und die wollen wir ihnen geben. Sie werden beim Lichterfest mit kleinen Geschenken beschert, und ich mache abends als Nachtwächter mit ihnen einen Lampionrundgang. Jedes Jahr zum Advent gibt der Rundfunk Berlin-Brandenburg einen Adventskalender heraus, mit historischen Gebäuden, und 2004–2006 waren unsere Schlosskirche, der Storchenturm und ein altes historisches renoviertes Gehöft zu sehen.

Meine Rolle als Nachtwächter hilft mir, mich für Kinder und Jugendliche zu engagieren, etwas für den Nachwuchs zu tun. Ich bin oft mit Schulklassen unterwegs und zeige ihnen in Form von Heimatunterricht die Stadt, damit sie die Geschichte spielerisch lernen. Sie sind richtig interessiert, und das ist auf jeden Fall besser als das ewige Computerspielen. In letzter Zeit habe ich Kontakt zu Schulen außerhalb unserer Stadt aufgenommen und ihnen vorgeschlagen, statt eines Ausflugs in den Zoo einen Wandertag nach Altlandsberg zu unternehmen. Wir bemühen uns hier sehr um die Jugend, sei es in Vereinen und Organisationen oder mit Veranstaltungen, und ich bin sicher, dass deswegen die Jugendkriminalität in Altlandsberg eine der niedrigsten in Brandenburg ist. Das hat uns die Justizministerin bestätigt. Ich bin Schöffe am Jugendgericht und erlebe dort Sachen, bei denen ich jedes Mal froh bin, dass wir so etwas nicht in unserer Stadt haben.

Mich hat es über viele Stationen nach Altlandsberg verschlagen. Geboren wurde ich in Hessen. Ich habe Koch gelernt, arbeitete nach der Lehre in einem Hotel in Schweden, ging zurück nach Frankfurt und übernahm bei einer Airline das Catering. Als ich 23 Jahre alt war, machte ich mich mit einem Speiselokal selbstständig. Aber nach einem schweren Autounfall musste ich mein Restaurant verkaufen, und ich begann eine typisch amerikanische Karriere bei einer großen Computerfirma. Ich fing dort als Kantinenleiter an, wechselte danach in die Kfz-Abteilung und dann in den Vertrieb. Schließlich war ich Salesmanager für halb Europa. Während eines Urlaubs auf der Krim lernte ich meine Frau kennen. Sie lebte in Ostberlin, und bis zur Wende hatten wir kaum Kontakt. Wir trafen uns nach dem Mauerfall wieder, und ich bekam gleichzeitig den Auftrag, für meine Firma den Markt im Osten aufzubauen. 1998 zogen wir nach Altlandsberg, weil unsere Kinder und der heranwachsende Enkel hier in der Nähe leben und – weil es eine so schöne Stadt ist. Zwischendurch war ich auch noch Marketingleiter beim Eishockeyclub »Eisbären« in Berlin und betreute weitere Sportvereine in Sachsen und Mecklenburg-Vorpommern.

Ich glaube, die Menschen hier in Altlandsberg schätzen mein Engagement. Sie wissen, dass sie mich immer fragen können, ob ich zum Beispiel bei einer Veranstaltung auftrete. Dann ziehe ich mein Nachtwächtergewand an und trage für diese Veranstaltung eigene Gedichte vor. Ich bin auch in einem Männerchor und in einem Seniorenkabarett. Außerdem bin ich Mitglied bei SES Senior Experten Service, für die ich manchmal ins Ausland reise – wenn ich dazu Zeit habe.

Live Music Now – Die Idee von Yehudi Menuhin

Sabine Karaisl, 59, Garten- und Landschaftsplanerin, München, engagiert sich in einer Organisation, die junge Musiker fördert und Konzerte für Menschen veranstaltet, die sonst nicht daran teilhaben könnten.

Anfang der neunziger Jahre haben wir Live Music Now in München gegründet. Dass es überhaupt dazu gekommen ist, hat mit einer Kusine von mir zu tun, die ausgebildete Musikerin ist. Sie hatte die Idee, mit anderen in Krankenhäusern Musik zu machen, und fragte mich, ob ich ihr bei der Organisation helfen könnte. Angefangen hatte sie damit im Raum Rosenheim, wo sie lebt, und sie wollte das kleine Unternehmen in München auf größere Beine stellen. Wir haben damals im Familienkreis einen Wettbewerb für den schönsten Namen und das attraktivste Logo veranstaltet und herauskam: Kunst, Unterhaltung, Lichtblick. Wir schrieben mehrere Kliniken an und boten ihnen unsere musikalischen Auftritte an, natürlich kostenlos. Das war in ganz kleinem Rahmen, wir konnten gerade ein oder zwei Ensembles auf die Beine stellen. Von diesen Kliniken hörten wir nie etwas, selbst als wir anriefen, war da keine große Begeisterung. Da war uns klar: Rasant geht das nicht. Wir waren ziemlich frustriert, und dann passierte dieser Zufall, wie es im Leben manchmal so ist.

Eine Freundin von mir lernte Yehudi Menuhin kennen, der 1977 in London die europäische Organisation ›Live Music Now‹ gegründet hatte und sie nach Deutschland tragen wollte. Ich war sofort Feuer und Flamme, weil das ähnlich unserer Idee war, und wir würden vor allem einen wunderbaren Mentor haben. Ich rief meine Kusine Marie Steinbeis an, wir nahmen Kontakt zu Menuhin auf, der interessiert war. Wir warteten lange, und eines Tages erhielten wir tatsächlich von seinem Büro in London die Botschaft, wir könnten ihn übermorgen in Lille zum Mittagessen treffen. Wir machten uns auf den Weg, und es war ein sehr eindrucksvolles, warmherziges und offenes Gespräch. Menuhin nahm uns jede Scheu, war liebenswert und interessierte sich für uns. Nachdrücklich erklärte er uns seine Leitlinien, die wir für Live Music Now erfüllen müssten. Eine Jury professioneller Musiker wählt die Musiker aus, sie müssen eine Gage bekommen, und die Musik soll vor allem Menschen zugutekommen, die wegen ihrer Lebensumstände nicht in Konzerte gehen können.

Wir stürzten uns sofort in die Arbeit. Für mich war es der richtige Zeitpunkt, weil ich eine Betätigung suchte, die mich so anregte, dass – um ehrlich zu sein – meine Aufmerksamkeit von meinen pubertierenden Töchtern abgelenkt wurde. Das Spannende an Live Music Now sind ganz unterschiedliche Komponenten. Ich habe mit einer hervorragenden Idee zu tun, ich treffe junge Leute, ich muss mich mit vielen professionellen Menschen auseinandersetzen, organisieren, Neues lernen. Zuerst wurden Mitglieder geworben, und ich mobilisierte den ganzen Freundeskreis. Zurzeit sind wir über dreißig, selbstverständlich arbeiten alle ehrenamtlich, und wir nehmen nur Leute auf, die aktiv mitarbeiten wollen. Es gibt keinen Mitgliedsbeitrag, wir finanzieren uns über Spenden. Einmal im Jahr laden wir zu einem großen Benefizkonzert ein, zwischendurch zu ein paar kleineren.

Wir setzen streng die Idee von Yehudi Menuhin um, junge Musiker, die nicht älter als dreißig sein dürfen, zu fördern. Wir verschaffen ihnen in einer Zeit, in der sie noch studieren oder wenig Engagements haben, die Möglichkeit, öffentlich aufzutreten vor Menschen, die vom Kulturbetrieb ausgeschlossen sind: Alte in Heimen, Kranke in Kliniken, auch in Intensivstationen, Kinder und Jugendliche. Wir gehen in Gefängnisse, oft in die Frauenstrafanstalt Aichach, wo wir klein anfingen, in einem Raum, in den vielleicht vierzig Frauen passten. Ganz schnell wollten uns mehr zuhören, und jetzt sind wir in der Kirche mit über hundert Plätzen. Wir wissen, dass nicht alle wegen des Konzertes kommen. Es sind auch immer welche da, die einfach miteinander reden, oder solche, die das Konzert kippen wollen. Das ist dann ein Kräftespiel, aber meistens siegt die Begeisterung. Wir haben keinen therapeutischen Anspruch, das können wir nicht leisten. Was wir erreichen möchten, ist, den Menschen Abwechslung zu bringen, Freude, Ablenkung, auch Erinnerung.

Wir schreiben jedes Jahr eine Audition an der Musikhochschule und im Internet aus und können über Mangel an Bewerbungen nicht klagen. Es sind Musiker, die die verschiedensten Instrumente spielen, aber auch viele Sänger und Sängerinnen – von der Oper bis zur Operette oder dem Volkslied. Wir schreiben gezielt aus, und die Musiker bewerben sich als Ensemble oder als Solisten. Oft finden sich auch die Ensembles erst zusammen. Unsere Musiker müssen sich sehr auf ihr Publikum einstellen, das doch sehr unterschiedlich ist. Sie sollen moderieren, nicht nur die Stücke ansagen, sondern auch etwas Persönliches erzählen, vielleicht ihr Instrument vorstellen, und sie müssen natürlich auch ein für das jeweilige Publikum geeignetes Programm vorstellen. In vielen Altenheimen, wo sehr betagte Menschen sind, werden kurze Stücke gespielt mit bekannten, eingängigen Melodien, Volkslieder, Walzer oder Stücke aus einer Operette. Natürlich haben wir auch Publikum, das ein anspruchsvolles Konzert hören will.

Interessant ist, wie unsere Musiker diese Auftritte genießen, die direkten Rückmeldungen vom Publikum. Jeder Musiker bekommt pro Konzert 160 Euro. Wir bieten ihnen auch das, was für Musiker am Anfang ihrer Karriere wichtig ist: auftreten, auftreten und auftreten.

Und sie machen eine menschliche Erfahrung, die sie bei einem normalen Konzert nie machen würden. Sie müssen sich auf Situationen einstellen, die sie nicht kennen. Sie haben unaufmerksame Kinder vor sich, schwierige Jugendliche, in sich gekehrte, ältere Menschen und solche, die im Saal sitzen und keine Lust auf irgendetwas haben – das ist eine Herausforderung.

Die Benefizkonzerte sind etwas anderes. Ganz am Anfang hat Menuhin eines in München dirigiert. Auch jetzt haben wir immer namhafte Dirigenten, die mit unseren Künstlern arbeiten. Bei diesen Benefizkonzerten wird oft zusätzlich gespendet. Am Anfang hatten wir glücklicherweise eine so hohe Spende, dass wir die Gründungsveranstaltung und drei Konzerte organisieren konnten. Mittlerweile geben wir über vierhundert Konzerte im Jahr.

Die aktiven Mitglieder treffen sich monatlich zu einer Teamsitzung bei mir im großen Wohnzimmer. Dabei wird jedes einzelne Konzert besprochen. Die Häuser und die Musiker kriegen Beurteilungsbögen, die sie an uns zurückschicken. Für uns und auch für die Musiker ist das wichtig, weil wir so wissen, wie es gelaufen ist, was vielleicht in Zukunft anders gemacht werden muss.

Ich als Vorsitzende muss Spender und Sponsoren betreuen. Wenn wir Benefizkonzerte machen, habe ich eine lange Liste mit Einladungen, denen ich einen persönlichen Brief beilege. Ich halte Kontakte, stelle Anfragen, muss den Überblick haben. Ich bin diejenige, die schauen muss, dass alles in Bewegung bleibt, wo die Probleme sind und wie man sie löst. Letztlich bin ich verantwortlich. Es ist mindestens ein Halbtagsjob, manchmal mehr. Ich bin viel am Telefon, und meine privaten Sachen kommen dabei schon mal zu kurz. Das Allerschönste an dieser Aufgabe ist die Zusammenarbeit mit so vielen verschiedenen Menschen, die alle an einer Idee arbeiten. Ich bin der Meinung, Freundschaften pflegen sich am besten, wenn man gemeinsam etwas zu tun hat. Wir werden oft gefragt, ob man noch mitmachen kann, und dann ist das entscheidende Kriterium: Interessiert sich jemand um der Sache willen, weil er Live Music Now gut findet. Wir im Verein sind eine große Solidargemeinschaft, jeder würde für jeden einstehen.

Mich macht die Fremden-feindlichkeit besorgt

Ada Brandes, 67, will dem Rechtsradikalismus nicht untätig zusehen. Sie engagiert sich im Verein »GesichtZeigen« in Berlin. Die politische Journalistin hat viele Jahre aus Bonn berichtet. Zuletzt arbeitete sie bei der Berliner Zeitung.

Mir war es zu wenig, im »Ruhestand« nur noch für die Familie da zu sein und meinen Neigungen zu folgen, ohne konkrete Aufgaben und Pflichten. Ich bin gesund und leide keine materielle Not, ich hatte das Gefühl – das klingt jetzt etwas pathetisch –, ich sollte etwas für andere Menschen, für die Gemeinschaft tun. In den Verein »GesichtZeigen« bin ich mehr oder weniger zufällig hineingerutscht, eigentlich wollte ich mich für die Förderung von Ausländerkindern engagieren. Ich kannte Bundespräsident Johannes Rau gut – seine Berliner Rede zur Ausländerproblematik, in der er unter anderem betont hatte, das Grundgesetz verpflichte dazu, die Würde des Menschen zu achten, nicht nur die Würde des deutschen Menschen, hat mich damals sehr beeindruckt. Wer als Kind nicht frühzeitig richtig Deutsch sprechen lernen kann, wer deshalb geringere Bildungs- und Ausbildungschancen und wenig Aussicht auf eine zufriedenstellende Berufstätigkeit hat, der wird in seiner Würde angetastet.

Ein zweites wichtiges Thema ist seit Jahren für mich die Frage: Wie sehr wird unsere Gesellschaft durch den Rechtsradikalismus bedroht? Als ich noch als politische Korrespondentin in Bonn arbeitete, habe ich diese Gefahr nie so richtig wahrhaben wollen. Das hatte sicher auch damit zu tun, dass man in Bonn doch in einem

Elfenbeinturm lebte. In Berlin wurde ich mit dem Rechtsradikalismus stärker konfrontiert, nicht nur durch die Regionalnachrichten, sondern auch durch Erlebnisse von Freunden und Bekannten. Dass die dunkelhäutige, halbwüchsige Tochter einer Kollegin nicht wagen konnte, zum Baden an brandenburgische Seen zu fahren, dass sie in Berlin auf dem Schulweg und im Bus angepöbelt wurde, dass mein Neffe und seine evangelische Pfadfindergruppe bei ihren Wanderungen in Ostdeutschland stets auf der Hut vor Übergriffen von Rechtsradikalen sein müssen, dass die Medien fast jeden Tag Gewalttaten mit rechtsradikalem Hintergrund vermelden – seit 1989 gab es mehr als 130 Todesopfer –, unfassbar! Unglaublich viele Menschen sind offen fremdenfeindlich – fremdenfeindlich ohne Fremde. Bürger in Brandenburg haben geschätzt, es gebe 20 Prozent Ausländer im Land, Schüler vermuteten sogar 50 Prozent, in Wahrheit sind es 2,6 Prozent.

Mich macht das zunehmend besorgt, es irritiert mich ungeheuer, dass ich die Ursachen nicht erkennen kann – und was man nicht kennt, kann man auch nicht wirksam bekämpfen. Wir wissen, dass die Lebensplanung vieler Ostdeutscher kaputtgegangen ist, dass die Jugendlichen geringere Bildungschancen haben, dass die Arbeitslosenzahlen höher und die Zukunftsperspektiven schlechter sind als im Westen. Aber das allein kann es doch nicht sein. Die jungen Leute haben das Naziregime nicht erlebt. Wie können sie sagen: Da war vieles besser, und Heß oder Speer waren gar nicht so üble Menschen? Von der älteren Bevölkerung, die näher daran war oder es von den Eltern wissen könnte – von diesen Menschen kann ich mir überhaupt nicht vorstellen, dass sie dem Nazi-Gedankengut nahestehen. Ich frage mich: Warum nimmt ein Teil der Bevölkerung – und wie wir aus Untersuchungen wissen: nicht nur ein Teil der ostdeutschen Bevölkerung – eine so abstruse Entwicklung? Da werden Menschen angegriffen, beschimpft und verletzt – und die anderen schauen weg. Ja, die Neonazis, die Rassisten, Antisemiten und Wegseher beschädigen den Ruf unseres Staates, der seinen Platz in der Welt eingenommen hat und mittlerweile wieder geachtet wird. Dass das Ansehen Deutschlands durch so eine Ansammlung an Dummheit,

Ignoranz und feiger Gewalt leidet, ist aber nicht das Schlimmste. Am schlimmsten ist, dass die körperliche und seelische Unversehrtheit von Menschen gefährdet und dass die menschliche Würde, dass die Humanität mit Füßen getreten werden.

Bei einem zufälligen Treffen habe ich zu Uwe-Karsten Heye, dem Vorsitzenden von »GesichtZeigen! Aktion weltoffenes Deutschland«, gesagt: Ich finde es sehr gut, was ihr da aufgezogen habt! Er hat gesagt: Mach doch mit. So bin ich bei dem Verein gelandet. Heye, Chefredakteur der SPD-Zeitschrift *Vorwärts*, hat den Verein 2000 zusammen mit Paul Spiegel und Michel Friedman gegründet mit dem Anspruch – ich zitiere aus einem Infoblatt: »... wir wollen die Menschen ermutigen, aktiv zu werden gegen Fremdenfeindlichkeit, Rassismus, Antisemitismus und jede Form rechter Gewalt. Ziel ist die Stärkung zivilgesellschaftlichen Engagements.« Der Verein arbeitet bundesweit und finanziert sich aus Mitgliedsbeiträgen und Spenden. Ex-Bundeskanzler Gerhard Schröder hat 2006 die Schirmherrschaft – als Nachfolger des verstorbenen Bundespräsidenten Johannes Rau – übernommen, und die steht nicht nur auf dem Papier. Schröder schreibt Briefe, spricht Leute an – er setzt seine Prominenz und seine Kontakte für »GesichtZeigen« ein.

In Berlin haben wir Räume in einem Hinterhaus am Kurfürstendamm, ein ungenutztes Büro, das die Dresdner Bank dem Verein zur Verfügung gestellt hat. Dort treffen wir uns einmal in der Woche – der Vorstand, die angestellten Mitarbeiterinnen und wer sonst noch von den Berliner Mit-Machern Zeit hat. Die Mitarbeiterinnen, das sind drei junge, sehr kompetente und hochmotivierte Frauen mit Halbtags-Anstellung – eine von ihnen ist die Geschäftsführerin des Vereins –, die den ganzen Laden am Laufen halten.

Bei unseren Treffen werden Aktionen und Veranstaltungen geplant, Projekte konzipiert, und im Mittelpunkt steht immer: Wie können wir noch mehr Menschen erreichen und gegen »Rechts« sensibilisieren.

Wir diskutieren viel, und das ist wichtig. Mich hat beispielsweise eine Zeitlang die Frage beschäftigt: Kann man Neonazis nicht einfach ins Leere laufen lassen? Was wäre, wenn keiner hinginge, keiner zuhörte, kein Journalist über sie schriebe? Aber vermutlich ist es wirksamer, präsent zu sein, persönlich einzustehen, Gesicht zu zeigen.

Wir müssen vor allem versuchen, die Jugendlichen zu erreichen, und da sehe ich durchaus Erfolge. Es gibt mittlerweile bundesweit 314 Schulen, die sich stolz »Schule ohne Rassismus« nennen dürfen, die von unserem Verein entwickelten Materialien – Bücher, Spiele, Kalender, Informations-Broschüren und, und, und – erfreuen sich großer Beliebtheit. Zu den unzähligen Veranstaltungen und Podiumsdiskussionen kommen auch junge Leute. Vielleicht am eindrucksvollsten: Zu dem Pop-Konzert »Laut gegen Rechts«, das vor der letzten Landtagswahl in Mecklenburg-Vorpommern von »GesichtZeigen« und drei anderen Gruppen mit gleicher Zielsetzung veranstaltet worden war, kamen 11.000 vorwiegend jugendliche Menschen.

Ja, wir bemühen uns ständig, Prominente dafür zu gewinnen, sich öffentlich mit unserer Arbeit zu solidarisieren – Jugendliche brauchen Identifikations-Figuren, es beeindruckt sie durchaus, wenn Rock-Sänger, bekannte Schauspieler oder Sportler mit ihrem Porträt und mit persönlichen Stellungnahmen für die Arbeit des Vereins werben.

Die Jugendlichen sind das eine. Aber das andere ist, den großen dumpfen unpolitischen Teil der Bevölkerung davon zu überzeugen, dass der Rechtsradikalismus jeden angeht, dass niemand wegsehen darf. Deshalb die großformatigen Plakate, deshalb die vielen Broschüren und Bücher, deshalb Lesungen mit Nazi-Opfern, deshalb solche Aktionen wie »rent an immigrant« und die »Woche gegen Rassismus« jeweils im März.

Dass die Arbeit von »GesichtZeigen« erfolgreich ist, dass sie ankommt und gewürdigt wird, ist dem Verein mit einer wichtigen Auszeichnung bescheinigt worden: 2006 wurde ihm die Buber-Rosenzweig-Medaille für Verdienste um Verständigung und deutsch-jüdische Zusammenarbeit verliehen. Das hat alle Mitglieder und Freunde mit Stolz und Freude erfüllt. Wir überlegen oft, was wir mit unserer Arbeit bisher erreicht haben und noch erreichen können. Ich glaube, der Verein kann mit Recht darauf stolz sein, dass er in großem Maße dazu beigetragen hat, die breite Öffentlichkeit zu sensibilisieren. Rechtsradikalismus und Fremdenfeindlichkeit werden nicht mehr als Randerscheinungen, sondern durchaus als gesamtgesellschaftliches Problem wahrgenommen. Besonders bemerkenswert finde ich auch, dass es unter den unzähligen Gruppen und Organisationen mit gleichen Zielen kein Konkurrenzdenken gibt, dass ganz viele Aktionen und Projekte gemeinsam geplant und durchgeführt werden, sodass sie eine optimale Breitenwirkung entfalten können.

Ich habe manchmal das Gefühl, ich mache zu wenig. Ich sauge Informationen auf, empöre und engagiere mich ... aber ich bekämpfe Symptome und vermag nichts an den Ursachen zu ändern. Man müsste mehr mit den Menschen direkt sprechen, mit den Neonazis, mit den Opfern, vor allem aber mit den Gleichgültigen und Wegsehern ... außerhalb von organisierten Veranstaltungen ist das für den Einzelnen oder die Einzelne kaum durchführbar. Hier leisten die vielen mobilen Beratungsteams großartige Arbeit.

Ich glaube, ich werde mir noch zusätzlich eine Aufgabe suchen, die mich näher an Menschen heranführt. Ich denke da etwa an Vorlese- und Lesestunden mit Ausländerkindern.

Ich stifte Zeit. Für Fussball auf der Strasse und für heissen Schrott

Karsten Plog studierte Philosophie, Geschichte und Politik. An seinem 65. Geburtstag hat er seine Arbeit als Journalist eingestellt und den Schreibtisch aufgeräumt, von dem aus er dreißig Jahre lang Reportagen, Berichte und Kommentare schrieb – 26 Jahre als Korrespondent der Frankfurter Rundschau. Er hat sich auf den Ruhestand gefreut, der Abgang ist ihm gut gelungen. Vor zehn Jahren hat er angefangen zu malen. Erst laienhaft, dann immer professioneller, und langsam ist er mit seinem Können zufrieden. 1999 war er Mitbegründer der Bürgerstiftung Hamburg, heute ist er Mitglied im Vorstand. Die Bürgerstiftung Hamburg ist eine der erfolgreichsten Deutschlands. Karsten Plog ist 68 Jahre alt und lebt in Hamburg.

Nach dem Ende meiner Berufstätigkeit habe ich nicht sofort und nicht so genau gewusst, was ich konkret machen wollte. Aber nach der Deadline »65« habe ich schlagartig alles hingelegt, was mit meinem Beruf zu tun hatte. Ich habe sofort aufgehört zu schreiben.

Die Stiftung haben wir 1999 gegründet, also schon, bevor ich aufgehört habe, als Journalist zu arbeiten. Zu den Gründern gehörten Freunde, die es, wie ich, satt hatten, ständig nur über den Staat und die Parteien und deren Tatenlosigkeit zu meckern. Wir haben gesagt: Jeder von uns hat etwas gelernt, und nun machen wir etwas daraus. Für mich gab es dafür noch einen ganz entscheidenden Grund: Als Journalist lässt man furchtbar viele Themen, die man mal bearbeitet hat, liegen. Man nimmt sich vor, sie später wieder aufzugreifen, aber dann sind schon wieder neue Themen da. Bei mir war das schon Mitte der 1970er Jahre die sich abzeichnende Ausbildungsnot von Hauptschülern und Migrantenkindern. Und genau dieses Thema steht jetzt im Zentrum vieler unserer Projekte.

Der Sinn solcher Stiftungen ist ja, dass nicht einer alleine Geld ausgibt für irgendeinen guten Zweck, den er sich ausdenkt, sondern dass sich eine bestimmte Anzahl von Leuten zusammensetzt und vereinbart, Geld zu organisieren, um es gemeinsam in Bereichen auszugeben, auf die man sich geeinigt hat. Bei uns war das die Gewaltprävention bei Jugendlichen.

Die Ausgangsbedingungen sind einfach: Wer Geld hat, gibt Geld rein. Es können natürlich auch Leute mitmachen, die kein Geld einbringen, sondern sagen: Ich stifte Zeit, ich arbeite ehrenamtlich für diese Stiftung und ihre Ziele. Wir waren am Anfang vierzehn Leute, jetzt sind wir hundert. Wir haben mit 50.000 Mark angefangen und uns dann sehr schnell entwickelt. Wir sind heute bei fast vier Millionen Stiftungskapital. Das haben wir durch Fundraising und durch gut gezielte Werbung geschafft. Hamburg ist dafür aber auch ein relativ gutes Pflaster. In Hamburg ist viel Geld, und die Stadt hat eine Tradition mit Stiftungen. Hier haben Bürger schon immer Geld gestiftet für öffentliche Belange, und auch bei den sogenannten »Pfeffersäcken« (Spitzname für reiche Kaufleute) gehörte es zum guten Ton, sich mit Geld sozial zu engagieren. Die Spender geben aber nicht nur das Geld. Sie lassen sich die Projekte erklären und sind auch bei der Entwicklung von Projekten dabei. Wir haben ungefähr dreißig Projekte und werden wohl in diesem Jahr dafür 400.000 Euro ausgeben. Wir haben damit angefangen, zunächst einmal ein ganz breites Spektrum an Ideen zu entwickeln, um uns nicht von vornherein einzuschränken. Wenn man sich schon in der Satzung einschränkt, wird einen das für ewig einengen. Also haben wir auch Seniorenprojekte und Kunstförderung, das Übliche – aber wir haben gesagt, was am dringendsten angepackt werden muss in Hamburg, das sind die Jugendprobleme. Jugendarbeitslosigkeit und Jugendgewalt in den sozialen Brennpunkten.

Wir initiieren Projekte, und wir unterstützen Initiativen, die wir wichtig finden. Ursprünglich hatten wir mal den Plan, selbst in die Stadtteile zu gehen, um da mit anzupacken, merkten dann aber sehr schnell, dass wir davon zu wenig Ahnung hatten. Deshalb suchten wir Leute, die das können. Richtig gute Leute, Profis, die ihr Handwerk gelernt haben. Solche Leute gibt es reichlich, und wenn sie für uns arbeiten, kriegen sie dafür auch Honorar. Fast unser ganzes Geld geben wir für Honorare aus.

Unser Hauptprojekt ist ein Kinderchor aus dem Schanzenviertel. Das nennt sich Lukulule (Lust an Kunst und Lust am Leben). Die haben als Gospelchor angefangen und betreuen rund siebzig Kinder zwischen drei und 21 Jahren, von denen die meisten aus Migrantenfamilien kommen. Es sind viele afrikanische und deutschafrikanische Familien dabei. Die machen wahnsinnig erfolgreiche Musikprojekte. Die schreiben Musicals, die machen Rap und Performance, schreiben Texte. Der Höhepunkt war bisher, dass sie ein Musical entwickelten mit Leuten aus der Hamburger Schule für Show-Business. Die Lehrer haben mit den Kindern und Jugendlichen unentgeltlich gearbeitet. Dieses Musical ist zwei Tage lang in der Kampnagelfabrik aufgeführt worden und war beide Male völlig ausverkauft. Das war ein Riesenjubel und für die Kinder ein unglaubliches Erlebnis, als Sänger und Solisten aufzutreten.

Ein anderer Höhepunkt in diesem Jahr ging von einer Schule in Allermöhe aus. Allermöhe ist ein sozialer Brennpunkt, in dem Familien leben, die aus dem Osten kommen. Russlanddeutsche, auch polnische Familien. In Allermöhe hat sich eine Schule gleich mit zwei Klassen an einem Tanzprojekt beteiligt. Das Stück hieß »Romeo und Julia« und wurde von John Neumeier inszeniert. Das muss man sich mal vorstellen: Da standen nachher zwei Schulklassen zusammen mit Profitänzern auf der Bühne der Staatsoper. Das war phantastisch. Das ist ein Riesenerfolg gewesen!

Dann haben wir noch ein Projekt mit »Schulflüchtigen« – also Jugendlichen, die nicht zur Schule gehen. Schulschwänzer wollten wir sie nicht nennen, das klingt so hässlich. In deren Umfeld gibt es heftige Probleme, da muss man richtig an die Wurzeln gehen. Es geht dabei auch um Kinder, die noch nie regelmäßig in der Schule waren. Die kommen zum Teil aus völlig kaputten Elternhäusern, in denen sich keiner um die Kinder kümmert. Es gibt auch Kinder, die weitgehend auf der Straße leben, und keiner weiß genau, was sie machen. Natürlich fallen die auch schon mal durch Gewalttätigkeit auf. Da müssen Fachleute ran. Wir unterstützen das Projekt »Schulflüchtlinge« finanziell.

Mit vielen unserer Projekte erzielen wir eine richtig große Wirkung, größer als das die normale Schule überhaupt schaffen kann. Wir haben zum Beispiel eine Tanztherapeutin, die mit Schulkindern arbeitet – die Kinder sind mit großer Lust dabei. Wenn sie nämlich merken: Ich kann mich bewegen, ich kann reden, ich kann mich ausdrücken ... und wenn sie dann plötzlich im Unterricht den Mund aufmachen, dann sieht man erst, welch enormes Potential in diesen Kindern steckt.

Vor drei Jahren haben wir zum ersten Mal mit Straßenfußball begonnen. In Hamburg-Mitte fing das an, und nun tragen die jedes Jahr die Hamburger Meisterschaft im Straßenfußball aus. Da spielen vier gegen vier auf einem Kleinfeld, dann gibt's irgendwann ein Endturnier in einem großen Stadion, und dort wird die Meisterschaft ausgetragen. Der Witz ist, dass es dabei keinen Schiedsrichter gibt. Das bedeutet, dass die Konflikte von den Beteiligten ausgetragen werden müssen, wenn es zum Beispiel darum geht, wer gefoult oder wer Hand gespielt hat. Wir haben im Rahmen dieses Projekts Streitschlichter ausgebildet, die im Notfall eingreifen können, wenn sich die Spieler in die Wolle kriegen. An der letzten Meisterschaft nahmen über 700 Kinder und Jugendliche der unterschiedlichsten Nationen teil. Und in diesem Jahr haben wir hier auch eine kleine Weltmeisterschaft ausgetragen. Syrien ist Weltmeister geworden. Mit Hymne und allem, was dazugehört. Das mehrfach preisgekrönte Projekt ist inzwischen auf gutem Weg in die Selbstständigkeit.

Und dann muss ich noch von dem Verein erzählen, der »Hot Schrott« hieß, also heißer Schrott. Das war ein Projekt mit Jugendlichen im Stadtteil Ohlsdorf. Das ist ein Hamburger Hochhausviertel, auch ein sozialer Brennpunkt. Das waren Jugendliche, die alle eigentlich keine Lust auf Schule hatten. Die haben wir mit einem Jazzmusiker geködert, der ihnen Trommeln beigebracht hat – und zwar auf Schrott. Die haben sich einen Autoschrotthändler dazugeholt, der hat ihnen das Material besorgt, dann haben sie noch Ölfässer dazugekriegt. Das ist ein richtiges Erfolgsmodell, »Hot Schrott« war eine ganze Zeit unser Markenzeichen. Mittlerweile sind die deutschlandweit bekannt. Als die Band kein soziales Projekt mehr sein wollte, haben wir uns in Freundschaft getrennt. Jetzt trommeln sie selbstständig weiter und machen eigene Produktionen. Fünf Prozent ihrer Einnahmen zahlen sie an uns als Stiftung zurück.

Ich mache diese Arbeit vollkommen ehrenamtlich. In heftigen Zeiten komme ich so auf dreißig Stunden pro Woche – aber so viel ist es nicht immer. Ich habe übrigens nicht das dringende Bedürfnis, Gutes tun zu müssen – es macht mir einfach viel Spaß. Ich bin so eine Art Außendienstler. Ich betreue Projekte vor Ort, ich fahre in die Stadtteile, guck mir an, was da läuft, frage, was gebraucht wird. Diese Art von Arbeit ist mir die liebste. Drinnen arbeiten – das habe ich lange genug gehabt. So lerne ich meine Stadt auf eine ganz andere Weise kennen. Und vor allem habe ich dabei gelernt, dass viele Klischees einfach nicht stimmen. Es gibt nicht nur frustrierte Lehrer – es gibt enorm viele Lehrer, die unglaublich engagiert sind. Die sich weit über ihre Arbeitszeit hinaus um Kinder kümmern.

Ich bin nie naiv gewesen – ich weiß, dass es auch in einer Stadt wie Hamburg Armut gibt –, aber wie viel Armut es wirklich gibt und wie viele Kinder tatsächlich benachteiligt sind und kaum Chancen haben, das habe selbst ich nicht gewusst. Es gibt Kinder, die haben keinen Menschen, der dafür sorgt, dass sie zur Schule gehen. Die nicht von ihren Eltern unterstützt werden können, weil die den ganzen Tag arbeiten gehen. Kinder, die kein geregeltes Essen kriegen. Das sind Erfahrungen, die ich unseren Politikern gönne. Die Leute, die um ihre Existenz kämpfen, gehen auch nicht mehr zur Wahl – warum sollten sie auch? Die leben in einer Welt, in der es keine Hoffnung mehr gibt. Und oft ist es ja schon die zweite Generation, die so durchhängt. Und was können wir tun? Als Bürgerstiftung Anregungen geben, Projekte unterstützen. Was wir nicht können: die Verantwortung des Staates übernehmen – obwohl man das manchmal möchte.

Diese ganze Arbeit, dieses Sich-Beschäftigen mit den Problemen in der Stadt, in diesem Land, hält einen natürlich in einem hohen Maße lebendig. Ich weiß nicht, wie lange man das so durchhalten kann – aber ein paar Jährchen gebe ich mir noch. Wenn ich merke, dass ich anfange, Blödsinn zu erzählen, werde ich sagen: Es reicht. Was einen manchmal nachdenklich macht, ist, wenn irgendjemand von der Bürgerstiftung sagt: Wir starten ein Projekt, das auf dreißig Jahre angelegt ist. Und dann fängt man automatisch an nachzurechnen, wie viele Jahre man selber noch dabei sein kann, wenn man schon siebzig ist oder wie ich 68. Unsterblichkeit und Sterblichkeit werden dann schon mal zur Frage.

Du merkst ja auch deine Schwächen. Bei mir sind es die Namen. Ich begrüße Leute und habe dann innerhalb einer Woche deren Namen vergessen – das ist doch peinlich! Da behilft man sich: Guten Tag und irgendwas nuschelt man dann, und nach zehn Minuten kriegt man vielleicht raus, wie der heißt, mit dem man da redet.

Man muss das akzeptieren. Das Alter ist einfach eine andere Lebensphase. Als Jugendlicher habe ich Einschränkungen gehabt, und als Familienvater hat man Einschränkungen – aber dafür habe ich als alter Mann auch bestimmte Freiheiten. Ich gehe mit Sachlichkeit und Freundlichkeit an die Aufgaben heran. Ich muss mich nicht mehr an jeder Ecke beweisen. Ich muss nicht immerzu hinter irgendwelchen Damen hergucken. Ich muss nicht mehr neidisch sein auf den Erfolg anderer, weil ich meinen eigenen Erfolg ja gehabt habe.

Ein richtiges Problem mit dem Alter hätte ich erst, wenn ich nicht mehr sehen könnte. Oder taub würde. Wenn ich keine Musik mehr hören könnte und wenn ich nicht mehr lesen könnte – das wäre wirklich schlimm. Weil für mich die intellektuelle Beschäftigung bei allem sozialen Engagement einen hohen Rang hat. Ich habe einfach Spaß an beiden Dingen.

Da ist niemand, der sagt: Lass es!

Interview mit der SPD-Politikerin Inge Wettig-Danielmeier

Als sie 2006 ihren siebzigsten Geburtstag feierte, stand sie im Rampenlicht wie selten zuvor: Inge Wettig-Danielmeier, Schatzmeisterin der SPD, Mitglied des Parteivorstands und des Präsidiums. Ein Managerjob mit wenig Freizeit. Jahrelang war für IWD, so ihr Kürzel, der Vierzehn-Stunden-Tag selbstverständlich. Vor allem, als sie noch für ihren Wahlkreis Göttingen im Bundestag saß. Eine Karriere, die mit dem Rentenalter nicht endete. Erst demnächst wird die Politikerin etwas kürzer treten und ihre wichtigsten Ämter niederlegen. Aber ihr Engagement, zum Beispiel für Frauenrechte, wird sie auch im Ruhestand nicht an den Nagel hängen.

Ist Schatzmeisterin der SPD ein Ehrenamt?
Nein, es ist ein bezahltes Amt, und ich bekomme ein Gehalt. Die SPD hat zwei bezahlte Wahlämter, das sind der Generalsekretär und die Schatzmeisterin.

Wie wird man Schatzmeisterin?
Man wird gewählt. Ich bin die erste Frau in der SPD in diesem Amt, die erste Linke und nach Alfred Nau diejenige, die diesen Posten am längsten innehat.

Was macht eine Schatzmeisterin?
Ich verwalte die Finanzen der Partei und bin zuständig für den ge-

samten Unternehmensbereich und so einige Randbereiche. Ich muss zum Beispiel auf Parteitagen auf die Wahlen aufpassen.

Das heißt, Sie haben im Alter von siebzig einen Fulltimejob?
Das kann man so sagen. Bevor ich 2005 mein Mandat als Bundestagsabgeordnete aufgab, hatte ich eigentlich zwei Jobs, und um ehrlich zu sein, das ging manchmal an meine Grenzen.

Es gibt wenig Menschen, die in Ihrem Alter noch einen gut bezahlten Job haben. Ein Privileg?
Ja. Ich hatte auch nie daran gedacht aufzuhören. Auf jeden Fall nicht wegen meines Alters. Es hat mir immer Spaß gemacht zu arbeiten. Ganz früher schwebte mir immer mal wieder vor, die Politik für ein Jahr zu lassen, irgendwo Stipendiatin zu werden, in der Bibliothek zu sitzen, aufzutanken. Es gab aber immer Dinge, von denen ich meinte, ich muss sie dringend erledigen, zu einem guten Ende bringen. So um 2003 war ich ernsthaft krank und habe seitdem ein paar Probleme. Ich bin früher gern gewandert, aber die Wanderungen sind jetzt eher ausgedehnte Spaziergänge. Ich entschloss mich 2005, nicht wieder für den Bundestag zu kandidieren, um mich etwas zu entlasten. Schatzmeisterin wollte ich bleiben. Im Moment habe ich einen Acht-Stunden-Tag, sechs Tage in der Woche. Natürlich kommen Wochenendtermine dazu, eine 50-Stunden-Woche allemal.

Wie schaffen Sie das?
Ohne Probleme. Von wohlmeinenden Menschen wird mir ein Mittagsschlaf empfohlen, und deswegen ziehe ich mich wenigstens eine Weile zurück, lege mich lang oder lese in Ruhe Zeitung. Ich fahre manchmal sogar nachhause, ich wohne hier in der Nähe in Berlin-Mitte. Und jeden Morgen mache ich zehn Minuten Gymnastik wegen meiner verkrümmten Wirbelsäule.

Sagte nie jemand, Sie seien jetzt zu alt für diesen Job?
Nein, nicht wirklich. Vielleicht gibt es Leute, die das dachten, aber da ich nie den Eindruck von großer Müdigkeit gemacht habe und

mir Altersabgeklärtheit vollkommen fehlt, ist es den meisten gar nicht aufgefallen, wie alt ich bin. Erst seitdem ich 70 wurde und es auch in den Zeitungen stand, sagen einige: Was, die ist schon 70. Hätten wir nicht gedacht. Die einen redeten mir zu: Mach auf jeden Fall weiter, und die anderen meinten: Wir verstehen, wenn du aufhörst. Aber da ist eigentlich niemand, der sagte: Lass es.

Sie sind seit fünfzehn Jahren Schatzmeisterin. Sie waren Mitte fünfzig, als Sie das Amt antraten. Normalerweise wird man heute in diesem Alter in Rente geschickt.
Wenn man das Management anschaut, dann gibt es viele leitende Geschäftsführer, die erst in diesem Alter so eine Position erreichen, erst recht, wenn man über Deutschland hinausschaut. Im Alter zwischen fünfzig und siebzig gehen oft die Spitzenkarrieren noch einmal richtig hoch. Allerdings nur diese.

Hält Politik jung?
Die Arbeit eines Politikers, einer Politikerin, ist ja sehr abwechslungsreich. Man muss sich immer wieder in Neues hineinarbeiten, hat immer wieder neue Situationen vor sich. Ich habe festgestellt, dass man mit jedem neuen Job und jeder neuen Herausforderung viel Kreativität entwickelt. Auch deshalb hat mir dieser Job als Schatzmeisterin immer sehr, sehr viel Spaß gemacht. Ich bin für die Finanzen der Partei zuständig, musste zum Beispiel das Spendenwesen neu ordnen, ein Controlling einführen, für eine ordentliche Sanierung unserer Häuser im Osten sorgen. Und vor allem den Bau des Willy-Brandt-Hauses planen und über die Bühne ziehen. Also, da war schon viel Kreativität gefordert.

Sie haben sich immer für Frauenpolitik engagiert. Sie waren die Emanze, von vielen bewundert, von genauso vielen deswegen geschmäht. Werden Sie sich jetzt für Frauen im Alter engagieren?
Ich engagiere mich natürlich nach wie vor für Frauen. Das schließt immer auch Frauen im Alter ein. Unsere Probleme sind ja zum großen Teil die Probleme, die eben schon von Anfang an aufgebaut

werden. Ein kleines, aber typisches Beispiel: Wenn man älter ist und ein Ehrenamt übernehmen möchte, dann sind natürlich die Männer mit der meistens höheren Rente privilegiert. Denn ein Ehrenamt kostet Geld: Telefonate, Briefmarken, kleine Reisen und was sonst noch alles anfällt. Nur selten bekommt man eine kleine Aufwandsentschädigung. Wenn man die Ehrenämter anschaut, die mit ein bisschen Glanz versehen sind, werden sie meist von Männern wahrgenommen. Und wenn Hand anzulegen ist, wie das Verteilen von Suppen in der Armenküche, dann stehen da die Frauen. Aber man kann es auch anders sehen. Vielleicht bin ich da ungerecht. Ich denke oft, die ganzen Wehwehchen, die Frauen manchmal haben, um die Geburt der Kinder, um die Wechseljahre, die entstehen, weil die Gesellschaft uns wehleidig und schwach redet. Man müsste das von sich abwerfen, sich nicht kümmern. Das gilt selbstverständlich nicht, wenn eine Frau krank ist. Wenn allerdings das Alter diskriminiert wird, betone ich, dass wir nicht dem Jugendwahn hinterherlaufen dürfen. Wir brauchen die Erfahrung der Älteren, dann passieren weniger Pannen. Und die Jungen sind auch produktiver.

Wie schwer es Frauen haben können, wissen Sie selbst?

Wenn ich meine ganz persönlichen Erfahrungen zu Grunde lege, immer mitten im Kampf für Frauenrechte zu stehen, dann weiß ich, wovon ich rede. Das war mit viel Aggressivität gegen mich verbunden. Ohne meinen Mann und meine Töchter hätte ich das schwer durchgestanden. Ich bin als Schatzmeisterin mindestens noch fünf Jahre lang begleitet worden mit dem großen Fragezeichen: Kann die das? Nun zeigte sich allerdings bald, dass keine Defizite auftauchten. Trotzdem sind wüste Versuche gemacht worden, mich nicht nur aufs Glatteis zu führen, sondern mich zu diskreditieren. Aber, wenn man das Glück hat, keine großen Fehler zu machen oder große Pannen zu produzieren, wenn man das Glück hat, die Geschäfte gut abzuwickeln, die politischen Anliegen durchzutragen, dann kommen irgendwann im Alter auch eine gewisse Anerkennung und eine Hemmung, so jemanden anzugreifen. Es ist nicht mehr so feindlich, wie ich es vor 15 Jahren noch erlebt habe. Aber machen wir uns nichts vor: Wenn eine Frau einen Fehler macht, heißt es, sie ist unfähig, bei einem Mann, er hat Pech gehabt. Die grundsätzliche Qualifikation wird einem Mann erst in dritter Linie abgesprochen und einer Frau sofort.

Aber nun, da Sie 70 sind, könnten die Menschen doch wissen: Sie kann es?
Ich habe sehr viel mehr Freunde und Unterstützer. Nicht umsonst habe ich die letzten Wahlen auf den Parteitagen gut bestanden. Das lag daran, dass viele Leute mit meiner Arbeit als Schatzmeisterin sehr zufrieden sind. Ich werde in diesem Bereich anerkannt. Inzwischen ist die Frauenfrage auch in der SPD akzeptiert, wenn auch die Gleichstellung noch nicht umgesetzt ist. Jeder weiß, ohne die Lösung der Frauenfrage können wir uns jeden Wahlsieg abschminken.

Politik ist eine Sucht, heißt es. Würden Sie das unterschreiben?
Eine Leidenschaft, aber keine Sucht. Ich kann ohne Politik leben. Ich habe nie zu denen gehört, die während ihres Urlaubs ständig Faxe kriegen und Zeitungen haben müssen. Ich konnte immer vier Wochen wegfahren und nur Romane lesen und was mir sonst Spaß macht. Meine Freunde sagen zwar: Was tust du, wenn du aufhörst, du musst doch arbeiten. Meine Töchter sorgen sich, dass ich da Probleme kriege. Sie haben wohl eine Wahrnehmung von mir, dass ich immer arbeiten muss. Ich empfinde mich eher als faulen Menschen, ich freue mich, wenn ich einen freien Abend habe, denke, jetzt machst du dieses, machst du jenes, obwohl ich eigentlich ein Papier verfassen müsste. Deswegen habe ich mich in all den Jahren oft als zu faul empfunden. Es stimmt nicht, dass ich nicht ohne Arbeit sein kann.

Wann hören Sie auf?
Beim nächsten Parteitag Ende Oktober 2007 werde ich nicht mehr für das Amt der Schatzmeisterin kandidieren, auch nicht mehr für den Vorstand, das Präsidium.

Was bleibt dann?
Ich bin immer noch Vorsitzende des Freundeskreises Willy-Brandt-Haus, Mitglied des Kuratoriums des Marie-Schlei-Vereins. Ich habe den Jusos versprochen, dass ich endlich die Schulungen mache, die wir immer schon geplant hatten. Ich habe ein gutes Verhältnis zu meinen Jusos in Göttingen und auch zu den Jusofrauen in Berlin. Wenn die mich einladen, komme ich gern. Ich werde vermutlich weiter den Aufsichtsrat des Unternehmensbereichs der SPD leiten. Das ist sozusagen das Beratungsgremium für den Schatzmeister. Übrigens alles Ehrenämter, und die nehmen nicht so viel Zeit weg.

Also doch weiter Politik?
Ja, aber das wird weniger. Man wird auch in gewisser Weise vergessen.

Geht es Ihnen gut mit dem Alter?
Ich glaube schon. Ich habe als Kind gesagt: Ich möchte mal Langeweile haben. Und ich habe in meinem Leben noch keine Langeweile gehabt. Jetzt im Alter kann man sich die Aufgaben nehmen, aber man kann sie auch lassen. Wie man Lust hat.

Sind Sie heute weniger radikal als früher?
Natürlich, aber ich bin in manchen Fragen, einschließlich der Frauenfrage, immer noch radikaler als meine Nachfolgerinnen. Das ist wenigstens mein Eindruck.

Und gehen Ihnen Beleidigungen weniger unter die Haut?
Das kommt darauf an. Ich bin natürlich gelassener. Aber ich glaube, dass meine Kreislaufprobleme durchaus daher kommen, dass mich immer noch vieles aufregt. Per saldo habe ich heute die Sachen besser im Griff als früher und damit nicht so viel Konfliktpotential. Aber wenn es darauf ankommt, kämpfe ich. Mein Engagement habe ich nie aufgegeben.

Haben Sie eine Vorstellung von Ihrem Tagesablauf, wenn Sie im Ruhestand sind?
Das läuft ja langsam aus. Ich muss einen neuen Schatzmeister einarbeiten. Ganz genau weiß ich nicht, wie es wird, aber ich habe auch keine Angst davor, weil ich immer noch etwas gefunden habe, was ich machen möchte oder kann. Ich gehe gern ins Theater, was ich jetzt ganz selten tue, höchstens zweimal im Jahr in die Oper, dreimal ins Theater und, wenn's gut geht, viermal in einen Film. Ich bin überhaupt nicht auf dem Laufenden. Ich habe zu manchen Seiten unserer Gesellschaft keinen richtigen Kontakt mehr. Dazu habe ich große Lust. Klar, der Zugang zu manchem ist nicht mehr selbstverständlich. Man kriegt weniger Einladungen, heute werde ich zu der Eröffnung einer Ausstellung im Museum eingeladen. Das muss ich mir dann selbst besorgen. Ich möchte in die USA reisen, wo eine Pflegetochter lebt, die Sohn und Tochter hat, die ich viel zu wenig sehe. Ich hätte genug zu tun.

Wo werden Sie vorwiegend leben?
In Göttingen, aber mindestens drei Tage in der Woche in Berlin. Hier wohnt auch eine meiner Töchter mit dem jüngsten Enkelkind, und es macht mir Spaß, mit ihm zu spielen, dies und das zu machen.

Haben Sie ein neues Projekt?
Ich überlege, ob ich einiges aufschreibe, nicht richtige Memoiren, sondern Aufsätze zu manchen Themen. Es wäre vielleicht nicht schlecht, wenn man ein paar Erfahrungen weitergeben könnte. Dabei könnte ich auch manches wieder aus der Erinnerung hervorholen, denn es gibt Punkte in meinem Leben, die habe ich fast vergessen.

Macht Alter freier im Denken?
Ich hatte das Glück, in meinem Leben immer Dinge zu machen, die mich befriedigten, bei allen Schwierigkeiten und Auseinandersetzungen. Fast alles, was ich angefasst habe, hat ein Resultat gebracht. Ich gebe nicht so schnell auf, und deshalb war ich selten ohne Erfolg. Und das macht gelassen und frei.

Und dann passierte die Geschichte mit der Orgel

Dorothea Walter, 66, war viele Jahre Redakteurin. Jetzt ist sie im Kirchenvorstand von St. Ursula in Köln. Und hat sich einen Herzenswunsch erfüllt: Sie singt Sopran im Kirchenchor.

Ich bin in einem katholischen Elternhaus aufgewachsen und der Kirche von Kindheit an verbunden. Da war es logisch, dass ich später innerhalb der Kirche ehrenamtlich tätig sein würde. Mein aktives Berufsleben ging langsam zu Ende, weil ich jahrelang meinen kranken Vater pflegte. Ich arbeitete freiberuflich, aber irgendwann konnte ich keine Aufträge mehr annehmen. Als dann mein Vater starb und ich plötzlich mehr Zeit hatte, beschloss ich, mir einen Herzenswunsch zu erfüllen: Ich wollte bei unserem Kirchenchor mitmachen. Ich singe Sopran und wurde trotz meines höheren Alters aufgenommen. Eines der ersten Stücke, die damals gerade einstudiert wurden, war eine Mozartmesse. Ich war natürlich aufgeregt, aber es ging gut.

Wir proben einmal in der Woche und singen oft in den Kirchen St. Ursula und St. Andreas. Und wir geben Konzerte.

Unser Chor, etwa dreißig Sängerinnen und Sänger, ist für mich etwas ganz Wunderbares und Entspannendes. Nicht nur, weil ich gern singe und mir das gut tut, mir gefällt auch, dass wir richtig gesellig sind. Wir machen Ausflüge, dieses Jahr nach Berlin, und einmal im Jahr fahren wir ins Bergische zu einem Probentag. Wir mögen uns, und alles ist ganz locker. Wir sprechen uns auch ab, was wir bei einem Auftritt anziehen. Wenn wir auf der Empore singen, ist es egal, was man trägt, weil man uns nicht sieht. Wenn wir aber am Altar singen, dann wird die Kleiderfrage vorher besprochen, und wir kommen entweder in Schwarz oder in Grau.

Über den Chor bekam ich wieder einen engeren Kontakt zur Pfarrgemeinde St. Ursula, zu der ich gehöre. St. Ursula ist eine alte romanische Kirche, eine der ältesten in Köln und Patronatskirche der Stadt. Es gibt da eine schöne Legende: Danach war Ursula die fromme Tochter eines bretonischen Königs, die auf eine Pilgerfahrt nach Rom ging, weil sie nicht mit dem heidnischen König Aetherius verheiratet werden wollte. Ihre Begleiterinnen waren auserwählte Jungfrauen, wie es heißt, elftausend. In Rom beeindruckten die Prinzessin und ihr Gefolge den Papst mit ihrer großen Frömmigkeit und auf dem Rückweg nach England schlossen sich immer mehr Pilger den Frauen an. Weil heidnische römische Heeresführer einen Siegeszug des Christentums befürchteten, beauftragten sie die Hunnen, Ursula und ihre Gefährtinnen in Köln abzufangen und zu töten. Und so geschah es. Die Kölner begruben die Frauen in allen Ehren. Im 12. Jahrhundert fand man in der Nähe der heutigen Kirche St. Ursula eine Grabstätte, von der man annahm, es sei die der Frauen. Heute weiß man, dass es sich um ein römisches Gräberfeld handelt. Aber die Legende der Heiligen St. Ursula besteht weiter.

Irgendwann bin ich gefragt worden, ob ich für den Kirchenvorstand der Pfarrgemeinde St. Ursula kandidieren möchte. Ich wollte zuerst nicht, es war doch ein völlig fremdes Gebiet für mich. Aber dann habe ich mich doch zur Wahl gestellt und wurde auch gewählt. Ich war inzwischen in der Gemeinde bekannter, meine Tochter war dort in den Kindergarten gegangen, und ich habe bei Pfarrfesten und Weihnachtsbasaren geholfen. Ich ging mit großem Bammel in diese Aufgabe hinein, weil ich überhaupt keine Ahnung hatte, was mich da erwartet. Mir wurde ein kleines rotes Buch in die Hand gedrückt über »Rechte und Pflichten des Kirchenvorstandes«. Da ist alles genau festgelegt, zum Beispiel das Sitzungsgeheimnis, die Zuständigkeiten für den Kindergarten und des Pfarrheims, der Umgang mit dem Kirchenvermögen.

Trotz meiner Bedenken fühlte ich mich gleich wohl, und die Aufgabe interessierte mich. Ich hatte mich kaum eingearbeitet, da stellte sich heraus, dass uns große Dinge erwarteten. Die Restaurierung der Kirche St. Ursula. Sie wurde im Krieg, wie viele andere Kölner Kirchen, ziemlich zerstört und wurde danach wieder hergerichtet, mit dem Material, das man eben hatte. Die Schäden ließen sich inzwischen nicht mehr ignorieren. Weil es mich interessierte und ich in der Nähe der Kirche wohne, meldete ich mich für den Bauausschuss. Wir waren zwei Abgeordnete vom Kirchenvorstand, die mit dem Architekten zusammenarbeiteten. Das zog sich über viele Jahre hin, 2004 war die große Wiedereröffnung.

Ich hatte ja von Tuten und Blasen keine Ahnung und musste mich in alles einarbeiten. Wir haben viele Gespräche mit dem Architekten geführt, er hat uns ständig informiert, was anlag. Er deckte uns ein mit Plänen und Kostenvoranschlägen. Ich musste häufig vor Ort sein, es war ein learning by doing, hochinteressant und faszinierend. Natürlich musste auch der Kirchenturm restauriert werden, da war so ein Bauaufzug, ziemlich abenteuerlich, der hatte nur so ein Gitter und wackelte ziemlich.

Nichts für Leute, die nicht schwindelfrei sind. Mir macht das nichts. Ich habe das genossen, da hochzufahren, über schmale Steige zu klettern. Ich musste ja sehen, was da gemacht wurde, ob alles in Ordnung ist. Der Blick über die Stadt war dabei immer wieder faszinierend. Ich nahm ein paar alte Turmsteine mit und ein Stück von einem schweren metallenen Gewinde zum Stabilisieren der Turmwand. Sie erinnern mich an diese interessante Zeit.

Und dann passierte die Geschichte mit der Orgel. Unsere war eine aus den Nachkriegsjahren und hatte einige Mängel. Kein Organist war damit zufrieden. Zur Wiedereröffnung sollte eine neue Orgel her, und unser Organist fand in Leipzig eine, die relativ preisgünstig und von einer renommierten Firma war, genau passend für uns. Ich bin mitgefahren, als wir sie mit Fachleuten vor Ort prüften, wir waren zufrieden. Zurück, haben wir das im Generalvikariat vorgetragen und, weil es eilig war wegen des Datums der Wiedereröffnung, die Finanzierung mündlich zugesichert bekommen. Wir waren ganz euphorisch, die Orgel wurde aufgebaut, und sie klang, passend zur Atmosphäre in unserer Kirche, leicht und heiter.

Das war im November. Zwei Monate später kam die Nachricht: Die Orgel wird vom Finanzausschuss des Generalvikariats nicht genehmigt. Wir hatten ja nur eine mündliche Vereinbarung und keine Wahl. Also wurde beschlossen, die Orgel wieder nach Leipzig zu schaffen. Aber dann stand der Weltjugendtag vor der Türe. St. Ursula ohne Orgel, das ging doch nicht. Bei uns waren viele Veranstaltungen. Also blieb sie stehen. Ich wurde richtig sauer. Bei mir hatte sich so eine Wut aufgestaut, dass ich nicht mehr schlafen konnte. Während des Weltjugendtages konnte die Orgel da sein, aber dann sollte sie weg. Ich dachte: Das kann doch nicht wahr sein! Im Alleingang schrieb ich über Nacht einen Flyer mit der Überschrift »Eine neue Legende«, in dem ich die ganze Geschichte darlegte. Diesen Flyer verteilte ich am Sonntagmorgen nach der Messe. Meine Aktion wurde zwiespältig aufgenommen. Es gab Unruhe in der Gemeinde, aber auch Zustimmung. Ich war völlig fertig, hatte nicht an die Folgen gedacht. Ich habe sofort in dem roten Buch geblättert, und natürlich hätte ich das alles nicht gedurft. Es meldeten sich die Presse, das Fernsehen, alle wollten ein Statement von mir haben. Es wurde groß gebracht, was ich so gar nicht im Sinn hatte. Genützt hat es zunächst nichts. Die Orgel ist weg. Wir haben nun eine einfache Truhenorgel. Da, wo die neue Orgel stand, ist große Leere.

Trotzdem ist inzwischen viel passiert. Es gibt nämlich immer mehr Spender für eine neue Orgel. Durch die Medien wurden auch außerhalb unserer Pfarrgemeinde Menschen aufmerksam. Wir gründen nun einen Orgelbauverein, um die Spenden richtig anzulegen. Es sieht erfreulich aus. So hat sich doch alles gefügt.

Mein Ehrenamt macht mir Freude. Ich habe so viel Positives dadurch erfahren. Natürlich sind die Termine manchmal stressig, und meine Familie meint, ich solle lieber ausspannen. Aber ich bleibe dabei. Mit meinem Glauben hat das zunächst nichts zu tun. Im Kirchenvorstand wird verwaltet, das ist nicht die seelsorgerische Seite der Kirche. Aber natürlich würde ich nicht im Kirchenvorstand arbeiten, wenn ich nicht eine gläubige Katholikin wäre.

Er gibt toten Soldaten ihren Namen

Der Volksbund Deutsche Kriegsgräberfürsorge (VDK) kümmert sich seit dem Ende des Ersten Weltkrieges um die Bergung, Identifizierung und Bestattung von Soldaten. Der Zweite Weltkrieg hat über sieben Millionen Menschen in Deutschland das Leben gekostet, und noch heute werden 20.000 unentdeckte Kriegstote auf deutschem Boden vermutet. Es gibt Menschen, deren Beruf es ist, ihnen eine letzte Ruhestätte zu verschaffen. Zur Identifizierung der Kriegstoten arbeitet der VDK eng mit der deutschen Dienststelle der ehemaligen Wehrmachtsauskunftsstelle in Berlin und dem Deutschen Roten Kreuz zusammen. In deren Archiven lagern über 18 Millionen Unterlagen über deutsche Soldaten und Offiziere. Der VDK hat 28 Umbetter im Dienst. Sie arbeiten in Stalingrad, Sankt Petersburg, im Baltikum, Polen, in Westeuropa und auf dem Balkan. Einer von ihnen ist Erwin Kowalke. Er wohnt im märkischen Buckow, östlich von Berlin, und hätte längst aufhören können, nach Toten zu suchen.

Wie ich zum Umbetter wurde, das ist eine wirklich sehr alte Geschichte. Mein Schwiegervater war schon vor dem Krieg Friedhofsverwalter und danach auch. Und er war ja Fachmann: Sanitätsunteroffizier während des Krieges, und hier in Brandenburg ging ja der Zweite Weltkrieg quasi zu Ende. Als er 1970 starb, hat seine Tochter Gisela, also meine Frau, das Amt übernommen. Die Arbeit wurde immer schwieriger, weil den Kommunisten in der DDR die deutschen Soldatenfriedhöfe egal waren. Für die waren das alles Faschisten.

Ich bin in die Arbeit für die Deutsche Kriegsgräberfürsorge 1980 eingestiegen. Ich konnte und wollte nicht mit ansehen, wie die Soldatengräber immer mehr verwahrlosten. Ich wollte sie vor der Einebnung und dem Vergessen bewahren und habe mich mit sehr viel Engagement in die Arbeit gestürzt. Mein gelernter Beruf ist Baumaschinist, ich war Kolonnenführer in der DDR – aber das zählt für mich nicht mehr. Wichtig für mich ist das, was ich seit 1980 tue.

Der Tod macht alle Menschen gleich – ob nun mein Vater gefallen ist oder ein Kamerad von ihm, der an der Ostfront gekämpft hat. Und die Ostfront war ja nicht weit von hier im Oderbruch. Für einen christlichen Menschen, für den ich mich halte, ist es egal, ob da ein Rotarmist, ein polnischer oder kroatischer Soldat liegt. Ich habe keine Schwierigkeiten, einem Rotarmisten ein würdiges Grab zu geben – wie es sich gehört. Ich kenne ja keinen der Toten, die wir finden und ausgraben. Nicht ihre Eltern, nicht ihre Großeltern, nicht ihre Gesinnung. Warum soll ich nicht für einen unbekannten Soldaten etwas Gutes tun. Ein Gebet hat noch niemandem geschadet.

Ich habe in den 27 Jahren meiner Arbeit ca. 20.000 Kriegstote gefunden. Wie wir sie finden, das ist oft auch Zufall. Eine neue Straße wird gebaut, eine Autobahn oder irgendwelche Erdarbeiten werden angefangen.

Oft wissen auch die Zeitzeugen noch, wo damals Kämpfe stattgefunden haben. Kann durchaus sein, dass ein Mütterchen zu mir kommt und sagt: Ich glaube, da liegen noch Tote im Wald, ich will Ihnen die Stelle mal zeigen. Und dann muss ich feststellen, wer da unter der Erde liegt. Manchmal muss ich einen Bagger bestellen, oder ich grabe mit der Hand. Manchmal mache ich die Arbeit alleine, manchmal brauche ich zusätzlich Hilfskräfte.

Was ich da finde? Das ist sehr unterschiedlich. Ich finde zum Beispiel 222 Knochen, wenn sie noch alle da sind. Manchmal ist der Kopf eines Toten weggeflogen, und manchmal fehlt ein Bein. Ich habe auch schon fünf Beine bei zwei Toten gefunden, so was gibt es auch. Aber dafür bin ich ja geschult, um genau anatomisch festzustellen: Wer ist das? Wie viele liegen dort? Männlein, Weiblein, wie alt, wie groß, das muss ich alles herausfinden.

Ich habe auch den Schauspieler Heinrich George identifiziert, ohne dass ich eine DNA-Analyse gemacht habe. Ich wusste, dass er das war. In Lehnitz habe ich ihn gefunden, ist schon ein paar Jahre her, 1994 war das. Heinrich George war nach dem Krieg in einem sowjetischen Speziallager interniert und starb 1946 im Alter von 52 Jahren. Der lag mit 42 Toten mitten im Wald. George ist quasi verhungert. Er ist an einem Hungerödem gestorben.

Die Toten erzählen viel über sich, mehr als man denkt. Manche haben noch Stiefel an, ich finde Uniformteile, und wenn da noch ein Koppelschloss ist, dann weiß man wenigstens, dass es ein Deutscher ist, einer von der Luftwaffe oder vom Reichsarbeitsdienst. Und wenn ich die Erkennungsmarke finde, ist das natürlich der Idealfall. Haben Sie schon mal eine gesehen? Sie haben noch nie eine richtige Erkennungsmarke gesehen? Na, sehn Sie mal ... hier ... ich habe das alles in dieser großen Tüte gesammelt, damit ich es bei Vorträgen zeigen kann. (Er schüttelt den Inhalt auf den Tisch.) Sehen Sie: Das ist ein Koppelschloss der Hitlerjugend. Und gucken Sie sich mal das an: die Perfektion der deutschen Bürokratie, die Marke von einem SS-Heeresdiensthund, sogar mit Nummer. Wahnsinn!

Alles, was ich finde, führt mich auf die Spur der Toten. Hier sind zum Beispiel Verwundetenabzeichen. Da steht alles drauf: viermal verwundet oder einmal schwer verwundet. Das hier ist ein schwarzes Verwundetenabzeichen, das kriegte man, wenn man zehn Tage nicht Front-verwendungsfähig war. Wenn einem aber ein Ohr abgerissen wurde, ein Arm oder ein Bein, bei schweren Verletzungen also, bekam man so ein Abzeichen in Silber oder Gold. Dass wir diese Dinge finden, ist für uns natürlich unwahrscheinlich wichtig.

Die Panzerfahrer hatten schwarze Uniformen mit so einem Kragenspiegel mit einem kleinen Totenkopf darauf. Gucken Sie mal das hier an, das ist ein Panzersturmabzeichen. Ein Strich steht für die Teilnahme an zehn Panzerschlachten. Ich habe im Oderbruch Abzeichen gefunden, da war eine Fünfzig drauf. Können Sie sich vorstellen, was die Männer im Krieg durchgemacht haben?

Verbrechen der Wehrmacht – einverstanden. Aber niemand soll behaupten, dass jeder Soldat der Wehrmacht ein Verbrecher war.

Mein Vater ist gefallen – glauben Sie, mein Vater wollte ein Verbrecher werden? Bestimmt nicht.

Dass die Wehrmacht ein Machtinstrument Adolf Hitlers war und dass eine Armee nicht Länder überfällt, um dort Blumen zu verteilen, das weiß ich selber. Mein Vater wollte kein Soldat werden und liegt heut in Frankreich unter der Erde. Der Tod im Krieg ist eine grausame Sache. Ich wollte meinen Vater nicht herholen, weil die Kriegstoten, wenn sie auf einem Soldatenfriedhof liegen, dauerndes Ruherecht haben und weil ein Soldatenfriedhof eine Mahn- und Gedenkstätte ist. Albert Schweitzer hat mal gesagt: Kriegsgräber sind Anwälte des Friedens. Besser kann man das nicht sagen. Mein Vater liegt dort mit 33.000 gefallenen Kameraden – nur auf solchen großen Friedhöfen lässt sich das sinnlose und wahnsinnige Gemetzel eindrucksvoll dokumentieren –, und deswegen soll er in Gottes Namen bei seinen Kameraden liegen bleiben.

Wir werden noch lange Kriegstote unter der Erde finden. Beim Oderdammbruch 1997 haben wir 450 Tote gefunden. Alle vermisst, alle unbekannt. Wenn man so will, ist das eine späte Wiedergeburt dieser Menschen. Für das Land war der Dammbruch eine Katastrophe, für uns, die wir für diese Toten verantwortlich sind, war er ein Segen. Weil der ganze Oderdamm erneuert werden musste, habe ich da 450 Leute rausholen können. Man darf nicht alles bloß negativ sehen. Die Leute sind beerdigt worden, die haben Blumen bekommen – so gesehen war das eine feine Sache.

Ich bin jetzt 65 Jahre alt und seit zwei Jahren in Pension. Na, was soll ich zuhause? Zurzeit ist noch kein Nachfolger in Aussicht, und es stecken noch immer mindestens 20.000 Tote im Boden – die warten.

Die Arbeit muss gemacht werden. Seit vier Jahren arbeite ich absolut ehrenamtlich für den Volksbund. Ich sage immer: Gute Dinge muss man weiter tun. Ich bin sehr gut ausgebildet worden, Anatomie, Knochenkunde und so weiter, das hat einen Haufen Geld und Zeit gekostet. Ich habe selbst auch noch spezielle Kenntnisse erworben wie die Flugzeugbergung – mein Wissen kann ich doch noch eine Weile anwenden.

Neulich habe ich einen Mann gefunden. Keine Erkennungsmarke, die Knochen sehr kaputt. Der Mann war in seinem Flugzeug verbrannt. Ich habe alles akribisch, Millimeter für Millimeter, durchgeklaubt. Und dann habe ich in den Resten seiner Lederjacke ein Taschentuch gefunden, in das zwei Buchstaben eingestickt waren. H.K. Vielleicht von seiner Freundin, Mutter oder der Oma, und damit hatte ich den Beweis, dass es sich um einen vermissten Mann mit Namen Heino Krause handelte. Ich hatte vorher schon den Verdacht gehabt, dass die Maschine, die da runtergekommen war, die Maschine dieses Mannes gewesen sein könnte. Aber es war ja alles geschmolzen, auch die Erkennungsmarke schmilzt ja, wenn sie aus Aluminium ist. Also hatten wir erst einmal einen unbekannten toten Piloten. Aber durch diese Initialen, H. K., haben wir festgestellt, dass es tatsächlich Heino Krause war. Es müsste ja ein doller Zufall sein, wenn es noch einen Piloten mit diesen Initialen gibt, der an diesem Datum hier abgestürzt war. Im Taschentuch suchen! Man findet viel. Man muss nur wissen, wonach man sucht.

Es gibt ein wunderbares Sprichwort, das habe ich auf einem anonymen Gräberfeld gelesen: Die gestorben sind, die sind nicht tot, sie sind nur fern, tot sind sie, wenn sie vergessen sind. Also müssen wir etwas gegen das Vergessen tun. Darum geht es. Das ist der Hintergrund meines Tuns. Den Toten ihren Namen zurückzugeben und den Angehörigen ihre Toten. Trauer braucht einen Ort. Ja, es ist ein langer Schatten, den der Krieg hinter sich herzieht.

Viele haben mir schon gesagt: Erwin, jetzt machst du das lange genug, jetzt hast du dich bestimmt daran gewöhnt. Das kann ich nicht bestätigen. Gewöhnung ist ja ein Zeichen von Schädigung. Aber es stimmt: Man kriegt so viel Schreckliches zu sehen, das können Sie sich gar nicht vorstellen. Ich kann darüber auch nicht reden, das geht nicht. Aber oft geht es einem dann nachts im Kopf herum. Zum Beispiel gab es da einen Fundort an der Autobahn, da habe ich drei Leute gefunden. Zwei mit Erkennungsmarke und einen ohne. Und nachts will mir die Frage nicht aus dem Kopf gehen: Menschenskind, hast du was übersehen? Warum haben zwei eine Erkennungsmarke und der Dritte nicht? Und vielleicht lebt gerade dessen Frau noch. Mir haben sie dann so einen Detektor gesponsert, Flachsucher nennen wir den, der reagiert auf Buntmetall – ich wollte mich damit einfach noch einmal selbst kontrollieren, ob ich nicht vielleicht doch etwas übersehen habe. Dann fängt man an nachzudenken: Wie alt war der Junge? 19 Jahre? Vielleicht hat er eine Freundin gehabt? Das Grübeln, das ist, was einen so kaputt macht.

Irgendwann habe ich einmal geträumt, ich hätte in der Fachzeitschrift *Stimme und Weg* gelesen, ein Umbetter solle sich nur auf seine Arbeit konzentrieren, in das Schicksal der Leute kann er sowieso nicht eingreifen, und was er übersieht, das ist dann eben nicht da zur Identifizierung. Ich habe im Traum sogar gewusst, wer den Artikel geschrieben hatte, der Mann hieß Strohmeier. Und dann habe ich ihn irgendwann einmal in Kassel getroffen und zu ihm gesagt: Sie haben doch einen Artikel geschrieben über die Arbeit eines Umbetters. Nein, sagte er, das habe ich nicht. Ich sagte: Doch, Herr Strohmeier, Sie schrieben, ein Umbetter solle sich nur auf seine Arbeit konzentrieren, weil er in das Schicksal der Leute sowieso nicht eingreifen könne. Er hatte das wirklich nicht geschrieben, das hat mir mein Traum gesagt. Von da an hatte ich nachts Ruhe.

Auf der Suche nach arisierten Büchern

Almut Hielscher, 63, Journalistin, München, war viele Jahre Korrespondentin des Spiegel, davon mehrere Jahre in Afrika. Jetzt schenkt sie Zeit, wie sie sagt, und verbringt einen Tag in der Woche in der Staatsbibliothek, wo sie nach jüdischem Kulturgut fahndet.

Das Projekt, bei dem ich mitarbeite, trägt den etwas seltsamen Namen Arisierungsforschung. Gelandet bin ich dort durch einen Zufall, wie das ja oft so ist. Mein Mann suchte ein Arbeitszimmer, und sein Vermieter, ein Referatsleiter der Bayerischen Staatsbibliothek (Stabi), fragte, ob er nicht jemanden wisse, der ehrenamtlich bei einer besonderen Aufgabe mitmachen möchte. Und da habe ich spontan gesagt: Dafür spende ich Zeit, einen Tag in der Woche. Und so arbeite ich in einer kleinen Gruppe von Ehrenamtlichen einen Tag in der Woche sechs bis sieben Stunden in der Speicherbibliothek der Bayerischen Staatsbibliothek, einem großen modernen Gebäude in Garching, einem Münchner Vorort. Dort sind alle Bücher gelagert, für die in der Zentrale kein Platz ist.

Was machen wir da? Wir suchen arisierte Bücher. In allen großen Bibliotheken in Deutschland gibt es Bücher, die während der NS-Zeit geraubt wurden. Als Kriegsbeute und vor allem von jüdischen Familien, die in Konzentrationslager abtransportiert wurden oder noch emigrieren konnten. 1953 hat zum Beispiel die Münchner Stabi eine ganze Bibliothek an eine jüdische Familie zurückgegeben, aber man wusste immer: Da liegen noch Schätze, die auf ihre rechtmäßigen Besitzer warten.

Weil überall gespart wird, es an Personal fehlt, kam die Münchner Stabi auf die Idee, mit ehrenamtlichen Helfern zu arbeiten. So entstand 2003 eine kleine Arbeitsgruppe (drei Stabi-Mitarbeiter, mehrere Ehrenamtliche), die über 80.000 Bücher durchsehen muss, eine Riesenarbeit, die ein paar Jahre dauern wird. Wir wissen abends, was wir getan haben.

Man kennt die spektakulären Fälle von jüdischem Kulturgut, das die Nazis konfisziert hatten. Gemälde, Tondokumente und natürlich Häuser und Grundstücke, die in den letzten Jahren zurückgegeben wurden. Bei Büchern passierte weniger. Und deshalb nehmen wir an einem Tag 300 bis 400 Bücher in die Hand, blättern sie durch und suchen akribisch nach bestimmten Zeichen. Wir arbeiten immer zu zweit, weil einer allein viel zu leicht etwas übersieht. Selbstverständlich haben wir Kriterien, wonach wir erkennen können, was wir vor uns haben. Wir müssen alle Bücher des kritischen Zeitraums 1933 bis 1945 anschauen. Leider sind sie nicht eingeordnet nach Sachgebieten wie Physik, Psychologie oder Literatur, geschweige denn »arisiert« oder »Kriegsbeute«. Sie wurden nach laufenden Nummern – Numerus-Currens im Fachjargon – in die Regale eingeordnet. Also 40 steht für das Jahr 1940 und dazu die Nummer des jeweiligen Bandes. Jetzt schauen wir auf die Titelseite im Buch und hoffen, eine sogenannte Schenkernummer zu finden, die bei etwa einem Drittel der Bücher notiert ist. Es gibt ja auch Bücher, die von der Stabi käuflich erworben oder ersteigert wurden. Und wir haben vier Oktavbändchen, die Schenkerbücher, in die einst ein Bibliothekar mit spitzer Feder eingetragen hat, wer sich hinter den sogenannten Schenkernummern verbirgt.

Manche dieser Nummern können wir auswendig. So die 14428. Das ist die Schenkernummer der Gestapo München. Wenn wir nun ein Buch finden, sagen wir mal eine Erstausgabe Voltaire aus dem 18. Jahrhundert, das die Gestapo der Stabi übergeben hat, dann ist zu neunundneunzig Prozent klar: Dies ist ein »arisiertes« Buch. Im Jahr 2006 sind zwei Bücher an einen Neffen von Gabriele Rosenthal zurückgegeben worden. Diese Gabriele Rosenthal lebte in München in der Leopoldstraße 24, eine großbürgerliche jüdische Familie, die deportiert und im Konzentrationslager Piaski bei Lublin ermordet wurde. Sie besaß eine Bibliothek von 5000 Bänden, darunter etwa 130 kostbare Erstausgaben der Weltliteratur. Die meisten wurden nach einer Restitutionsforderung von Familienangehörigen schon in den fünfziger Jahren ausfindig gemacht und zurückgegeben. Und dann fand die Münchner Gruppe noch eine Erstausgabe von Wilhelm Tell und ein Buch von Maupassant mit einer Widmung des Verfassers. Wirkliche Schätze, die selbstverständlich der Familie Rosenthal gehören.

Eine weitere sehr interessante Schenkernummer ist die 17006, die für »Komm. General, Befehlsh. i. Serbien, Belgrad« steht. 1942 wurde in Belgrad das Eigentum des später unter ungeklärten Umständen umgekommenen jüdischen Verlegers Geca Kon zur Kriegsbeute. Für den Abtransport der 1500 Werke an deutsche und österreichische Bibliotheken war der damals nach Belgrad abgeordnete Bibliothekar der Bayerischen Staatsbibliothek, Hermann Gerstner, zuständig, der den Rang eines Leiters der Hauptheeresbücherei Belgrad erhielt. In Dutzenden von Kisten wurde das NS-Raubgut nach Wien und München gebracht. Jetzt muss juristisch geklärt werden, wem die über 200 Bände zurückgegeben werden. Den Nachkommen oder dem Staat Serbien?

Es ist hilfreich, dass ich kyrillische Schrift lesen kann, weil viel aus Serbien und der damaligen Sowjetunion abtransportiert wurde. Auch wissenschaftliche Werke, die dann großzügig der deutschen Wissenschaft übergeben wurden. Eine bisher undurchsichtige Rolle spielte dabei die »Notgemeinschaft deutscher Wissenschaften« mit der Schenkernummer 5176. Diese Organisation ist der Vorläufer der Deutschen Forschungsgemeinschaft, die angefangen hat, ihre Verstrickung in das Naziregime aufzuarbeiten.

Aber diese Nummern sind nicht unser einziges Kriterium. Wenn wir ein Buch in die Hand nehmen, suchen wir akribisch. Zum Beispiel nach fremden Signaturen, nach handschriftlichen Widmungen wie solche Einträge: meiner geliebten Tochter … oder eingeklebten Exlibris mit Namen oder fremden Nummern. Bücher aus der Lenin-Bibliothek in Moskau, die auf verschlungenen Wegen in München landeten.

Verdächtig sind auch Bücher, die überhaupt keinen Stempel tragen. Woher stammen die? Warum ist da kein Stempel? Es ist ziemlich frustrierend, wenn wir ein Buch überhaupt nicht zuordnen können. Wir notieren alles in Listen, die wir dann später durcharbeiten werden.

Die bibliophilen Kleinode sind natürlich eine Seltenheit. Oft haben wir absolut ekliges Zeug in der Hand, alle die Bücher, die während der NS-Diktatur verlegt wurden. »Wie erkenne ich, dass mein Verlobter Arier ist?« oder »Wie halte ich die Rasse rein?«, jede Menge Festschriften zu Ehren Hitlers und der anderen Nazi-Größen, Frontberichte des Eroberungskrieges und alle diese Kolonialromane, die in Deutsch-Südwest-Afrika oder Kamerun spielen. Richtiger Nazi-Schund. Daneben aber auch Koch- und Kinderbücher, Reiseführer und Kataloge. Die Bayerische Staatsbibliothek hat eine Hochrechnung erstellt. Von den Büchern, die bisher durchgesehen wurden, sind neun Prozent höchst verdächtige, möglicherweise arisierte Bücher. Wenn wir diese neun Prozent auf die ungefähr 80.000 hochrechnen, die wir in die Hand nehmen, könnten wir im Bestand der Stabi etwa 7500 arisierte Bände aufspüren.

Dann geht die Recherche-Arbeit aber erst richtig los. Wer sind die Besitzer, wo sind die Nachkommen? Das ist nun wieder eine ganz andere Aufgabe, die mir als Journalistin besonders liegt. In München, wie in anderen Städten auch, existiert ein Verzeichnis aller deportierten Juden. Dort könnte man Namen nachsehen. Manchmal hilft ein Blick ins Telefonbuch oder die Recherche im Institut für Zeitgeschichte. Wenn wir nicht weiter wissen, könnten wir unsere Daten nach Magdeburg an die »Lost Art«-Datenbank schicken. Dort kann jeder nachfragen, ob vielleicht ein wertvolles Buch aus seinem Besitz gefunden wurde.

Ich finde, wir machen hier eine wichtige Arbeit. Mir bereitet sie Freude. Ich mag Bücher, ich interessiere mich für die Geschichte der Stadt München, gerade auch die verdrängte Geschichte. Als ich jetzt hierher zog, fing ich an, mich mit dem Faschismus in München zu beschäftigen. Ich lese Bücher darüber, habe endlich Zeit, das zu tun, was mich interessiert, wozu ich selten kam, als ich beruflich noch ganz und gar eingespannt war.

Bei ihm spielt die Musik

Gregor Kugelmeier, 69, hat sich im Ruhestand viele Träume erfüllt, und das Schöne daran ist: Sie haben alle mit seiner Begeisterung für Musik zu tun. Der Gründungsrektor der Kölner Domsingschule war in den letzten Berufsjahren Lehrer für Musik, Deutsch und Katholische Religion. Er lebt in Opladen.

Als ich in Pension ging, musste ich zuerst damit fertig werden, dass ich jetzt nichts mehr mit Kindern zu tun haben würde. Ich war Lehrer aus Leidenschaft. Immer wenn meine Frau und ich einkaufen gingen und wir an einer Schule vorbeikamen und da war Kindergeschrei, hatte ich ein schlechtes Gewissen. Aber das ging vorbei. Ich hatte viel zu tun, war und bin sehr aktiv, weil mir das bürgerschaftliche Engagement am Herzen liegt. Ich habe mich über die Rede dazu von Bundespräsident Köhler gefreut, als er hervorhob: Engagement macht stark – den Einzelnen und die Gemeinschaft. Das ist gerade jetzt wichtig angesichts unserer Bevölkerungsentwicklung. Viele der alten Menschen, die plötzlich vor dem berüchtigten Loch stehen, ahnen vielleicht nicht, welche ungeheure Befriedigung es bringt, anderen zu helfen, ihnen eine Freude zu machen.

Für mich sind meine Ehrenämter eine »Quelle von Glück und Zufriedenheit«, wie Köhler es ausdrückte. Natürlich auch, weil ich mich auf Gebieten engagiere, für die ich mich schon immer begeistert habe, vor allem für die Musik. Das Interesse daran hatte unsere Mutter sehr gefördert, die sich meinen Geigenunterricht buchstäblich vom Mund absparen musste. Ich habe in der Oberprima mehr Geige geübt, als für andere Fächer zu lernen. Dieses Jahr feierten wir ein Jubiläum, das mit meiner Freude an der Musik, aber auch mit einer meiner ehrenamtlichen Aufgaben zusammenhängt: das 50-jährige Bestehen eines Chors, der sich immer auf der Bettmeralb trifft, ein wunderschönes Skigebiet in der Schweiz. Ich leite ihn seit 25 Jahren. Mein Freund und Mentor Bernhard Michalski, dem wir das Jubiläumskonzert widmeten, hatte im Frühling 1956 damit begonnen, Musik für die Karwoche und das Osterfest in der kleinen Kapelle »Maria zum Schnee« zu machen. Er hat den Chor gegründet und musikbegeisterte junge Skifahrer mitgenommen. Ich war als junger Student 1960 zum ersten Mal dabei. Nach und nach haben die ersten Musiker-Skifahrer ihre Freunde und Familien mitgebracht, und viele kommen heute noch, wie wir auch. So bildete sich im Lauf der Jahre ein fester Stamm, zu dem immer wieder neue Leute dazukommen. Neben der Gestaltung des Gottesdienstes führten wir Konzerte auf, die beträchtliche Einnahmen brachten. So konnten wir oft ein Heim für behinderte Kinder in Afrika unterstützen. Dabei haben wir natürlich auch weltliche Musik gesungen. Ein Programm hieß »Von Klassik bis Pop«.

Man muss sich das mal vorstellen: Da existiert auf 2000 Metern Höhe ein Chor, der sich nur dort trifft, nie sonst. Ein weiterer Anlass zum Jubiläum war der erste Konzertauftritt des Chores vor 30 Jahren. Da habe ich schon eine Chorprobe geleitet, mich aber dann dem Orchester gewidmet, das inzwischen auch entstanden war. Ich habe zwar das Chorleiterexamen, aber ich bin ja Instrumentalmusiker, sprich Bratschist. Es gab ein Jahr, da hatte ich 32 Leute im Orchester. Die schleppten ihre Ski auf die Alp, den Kontrabass, das Cello, die Flöte, die Klarinette. Das war einmalig. Aus dem Chor ist auch eine Band hervorgegangen: Die ›Alpenblick-Revival-Band‹.

Das sind wunderschöne musikalische Erlebnisse. Der Nachteil: Meine Frau und ich fahren nicht mehr Ski, und zwar aus Verantwortung dem Chor gegenüber. Wenn ich einen Fuß brechen würde, stünde er allein da, das wäre nicht gut.

Doch das spielt sich nur einmal im Jahr ab. Mein Traum war immer, in einem festen Streichquartett zu spielen, das Schönste, was man sich musikalisch vorstellen kann. Die größten Komponisten haben ihre besten Werke in Form von Streichquartetten geschrieben. Ich spielte zwar früher schon in kleinen Ensembles, aber dann brach, das war wie ein kleines Wunder, in Bonn ein Streichquartett auseinander, und ich wurde gefragt, ob ich mitspielen möchte. Wir sind vier: zwei Geigen, eine Bratsche und ein Cello: das Rheinisch-Bergische-Streichquartett, weil zwei von uns in Bonn sitzen und zwei aus dem Bergischen Land kommen, und wir treffen uns jede Woche einmal zum Proben. Wir werden zu Auftritten eingeladen und spielen prinzipiell ohne Honorar, wir nehmen höchstens Eintrittsgeld für Unkosten wie für die Saalmiete. Es ist toll, dass wir öffentlich spielen können. Nur vor sich hin zu musizieren, in den eigenen vier Wänden, bringt nichts. Man muss ein Ziel haben und sich präsentieren. Wir haben ein breites Repertoire, auch sehr schwierige Sachen, so zum Beispiel zum Abschluss des Mozartjahres das Dissonanzenquartett von Mozart. Und wir sind inzwischen so weit, dass wir sagen können, wir bringen das gut über die Bühne.

Mir bringt das eine ungeheure Befriedigung. Es war immer meine Sehnsucht gewesen, in so einem intimen Rahmen zu spielen, und die Herausforderung ist für mich viel größer, als zu dirigieren. In so einem Ensemble ist jeder gefordert, jeder hört auf den anderen, es gibt keinen Dirigenten, jeder geht auf den anderen ein, und das Ganze muss atmen. Das funktioniert nur, wenn man sich persönlich sehr nahe ist. Wir kritisieren uns gegenseitig, aber wir gehen sehr harmonisch miteinander um. Ich habe viel gelernt und lerne jedes Mal neu dazu. Ich nehme auch regelmäßig im Sommer an einer Akademie für Streichquartette teil, da sind dann immer Profis dabei, die einen coachen.

Seit einiger Zeit engagiere ich mich zudem für die »Straße der Bergischen Komponisten«. Ich bin in Waldbröl im oberbergischen Land aufgewachsen und aufs Gymnasium gegangen. Zwar ging ich nach dem Abitur weg zum Studium und hatte keine innere Beziehung mehr zu dem Städtchen. Dann wurde ich jedoch aufgefordert, dem dort geborenen Volksliedsammler Zuccalmaglio in einem Festvortrag die Ehre zu geben, weil ich meine erste Examensarbeit über ihn und Brahms geschrieben hatte. Als vor zwei Jahren in Waldbröl die »Straße der Bergischen Komponisten« feierlich eröffnet wurde, hielt ich dort die Festrede und lernte den Initiator Josef Klösgen kennen.

Es gibt im Oberbergischen einige Komponisten, die vergessen sind. Zum Beispiel Ewald Sträßer, der in Burscheid geboren wurde. Er hat mehrere Symphonien und andere schöne Werke geschrieben, oder Johann Wilhelm Wilms, der die bis 1889 gültige niederländische Nationalhymne komponierte. Auch Engelbert Humperdinck zählen wir zu den bergischen Komponisten, da er sich häufig hier aufhielt. Und natürlich Anton Wilhelm von Zuccalmaglio, von dem das Lied »Kein schöner Land in dieser Zeit« stammt. In seinem Geburtshaus richten wir jetzt eine kleine Gedenkstätte ein.

Die Ewald-Sträßer-Gesellschaft, aus der die Initiative für die bergischen Komponisten hervorging, arrangiert im Jahr acht bis zehn Konzerte im Bergischen Raum. Ich bin im Vorstand, was eine Menge an organisatorischer Arbeit mit sich bringt. Wenn wir ein Konzert planen, hänge ich ständig am Telefon, schreibe Briefe, gestalte das Programm mit. Auch unser Streichquartett tritt im Rahmen der bergischen Komponisten auf. Ich finde es toll, dass man versucht, diese Komponisten wieder ins Bewusstsein der Öffentlichkeit zu heben, die es wirklich verdient haben, die völlig zu Unrecht vergessen waren. Wir werden sie nicht berühmt machen können, aber in einem gewissen Rahmen holen wir sie tatsächlich wieder hervor.

Aus dieser Initiative wurde eine neue Idee von Josef Klösgen geboren. Sie entstand aus den vielen Klagen über die mangelhafte Ausbildung der Opernsänger und -sängerinnen. Nicht nur, was die Stimmbildung angeht, sondern das ganze Drum und Dran, was Opernsänger brauchen, vom Auftritt bis zur Kleidung und den psychischen Problemen, mit denen sie kämpfen, wenn sie merken, das schaffe ich noch nicht.

Für ihre Betreuung müssen neue Wege her. Und das soll in der Musikakademie Ehreshoven e.V. stattfinden, die 2006 auf Schloss Ehreshoven gegründet wurde. Mit dem Wintersemester 2007/08 beginnt ein zehnsemestriger Studiengang für Gesang. Ich habe das Projekt von Anfang an begleitet, bin Mitglied, sammle Spenden und werbe Mitglieder.

Ich mache das, weil ich es wichtig finde und weil es mich interessiert. Diese Akademie ist ja eine elitäre Sache, aber sie ist auch eine Unterstützung der Jugend, der jungen Sängerinnen und Sänger. Es ist meine feste Überzeugung, dass man Eliten fördern muss, sonst wird es nichts mit der Kultur. Und deswegen bin ich da engagiert.

Bei mir schließt sich ein Kreis. Ich fühle mich meiner alten Heimatstadt Waldbröl wieder verbunden. Das hätte ich vor meiner Pensionierung nicht gedacht. Heute freue ich mich darüber. Wenn es jetzt so klingt, als wäre ich überaktiv, dann stimmt das nicht. Mir ist auch die Muße wichtig, aber ich habe noch einen Traum: eine Darstellung über die Ironie in der Musik. Meine Sammlung zu diesem Thema wächst langsam und stetig. Es gibt bisher nichts Umfassendes dazu, dabei findet man unglaublich interessante Sachen über Musiker, die unter der Maske der Ironie komponierten. Diese Maske zu lüften, das wäre toll.

Brauchen Fussgänger ein Navigationsgerät?

Dietrich Gohlke, 66, Dipl.-Ingenieur für Elektrotechnik, hat für sich das ideale Ehrenamt gefunden. Er untersucht, welche Ansprüche ältere Menschen an technische Produkte stellen.

Ich war Projektleiter bei einem Elektrokonzern, die letzten Jahre in Altersteilzeit, dann war ich schließlich richtig Rentner. Zuerst war es richtig schön, endlich ausschlafen können nach all dem Stress auf den Baustellen. Endlich Zeit für all die Dinge, die immer liegen bleiben. Der Computer musste überholt, die Stapel auf dem Schreibtisch geordnet, der Garten in Schuss gebracht werden, eigentlich Krimskrams, aber der beschäftigt einen. Irgendwann schaut man dann auf und denkt: Und nun?

Da las ich in der Zeitung, das war 2002, von dem Forschungsprojekt Sentha der Technischen Universität Berlin. Sentha heißt: Seniorengerechte Technik im häuslichen Alltag. Dabei wurde untersucht, welche Ansprüche ältere Menschen vor allem an technische Produkte stellen. Professor Wolfgang Friesdorf hat das einmal anschaulich am Beispiel einer Öffnungszange dargestellt. Er fragte: Wie viel Kraft braucht man, um ein Gurkenglas zu öffnen? Erstens muss man das Glas halten, zweitens die Zange und damit den Deckel bewegen. Es wirken also zwei Kräfte zusammen. Für junge Menschen kein Problem, für ältere kann es schwierig werden. Deshalb muss für sie eine Zange konstruiert werden, die auf »Restkräfte« Rücksicht nimmt. Das sind wichtige Themen, auch wenn einem das mit der Gurkenzange zunächst läppisch erscheinen mag. Mich interessierte das, und ich habe mich bei der TU gemeldet. Da saß eine Gruppe, etwa zwanzig Männer und Frauen, alles Rentner, in einem großen Saal im Lehrstuhl für Arbeitswissenschaft und Produktergonomie. Ich stellte mich vor und merkte gleich, dass ich dazu passe. Die Männer kamen eher aus technischen Berufen, bei den Frauen war die Bandbreite größer, eine Bibliothekarin war dabei, eine Übersetzerin, eine Sachbearbeiterin. Einige machten schon seit Jahren mit. Das Projekt Sentha ist zwar abgeschlossen, aber die Gruppe, SRG genannt, auf gut Englisch Senior Research Group, arbeitet unter wissenschaftlicher Leitung weiter. Wir treffen uns einmal im Monat, wobei auch Aufgaben verteilt werden.

Als ich dazukam, wurde gerade untersucht, wie Senioren mit einer Internetseite umgehen. Die Mitglieder der Gruppe erhielten Rechner und sollten eine Aufgabe lösen und feststellen, wo es hakt. Einige waren wirklich nicht versiert im Umgang mit einem Computer oder saßen sogar zum ersten Mal davor. Da wurde dann zum Beispiel geprüft: Ich möchte von meinem Haus zum Flughafen fahren, S-Bahn, Bus, Taxi oder eigenes Auto? Wie finde ich das heraus? Wo steht, wann das Flugzeug abfliegt? Wo ist der Knopf, den ich für eine bestimmte Information drücken muss? Sind die Links sinnvoll dargestellt? Das Fazit: Viele Internetseiten sind ziemlich unübersichtlich, schwer zu bedienen, und darüber ärgern sich, wie wir alle wissen, nicht nur die Senioren.

Wir beschäftigen uns mit den unterschiedlichsten Produkten. Einmal testeten wir fünf verschiedene Blutdruck-Messgeräte auf ihre Handhabung. Es gibt doch viele Menschen, die so ein Gerät noch nie selbst angelegt haben. Die Gruppe hat Videorekorder geprüft und auch einige Haushaltsgeräte. Meistens kommt heraus, dass die technische Vielfalt weniger wichtig ist, unübersichtliche Anzeigen, viel zu viele Schalter, das brauchen und wollen ältere Menschen nicht.

Sehr intensiv nahmen wir uns 2003 das Handy vor, weil doch immer mehr ältere Menschen so ein Ding haben und auch brauchen. Zuerst stellten wir uns in einem Brainstorming die Frage: Was soll denn das Handy können? Vor allem: Brauchen Senioren etwas

Spezielles? Beispielsweise viele Tasten, um Nummern zu speichern? Wie wichtig ist eine Notruftaste, wenn es mir schlecht geht? Soll das Handy darauf hinweisen, dass jetzt die Tabletten einzunehmen sind? Brauchen Senioren GPS, also eine Navigation, um sich als Fußgänger zu orientieren? Es wurde auch gefordert, dass ein Handy laute Töne machen kann, wenn man belästigt wird. Und natürlich ging es um die Größe der Knöpfe und des Bildschirms, denn die neuen Geräte werden ja immer kleiner, und man braucht scharfe Augen, um darauf etwas zu erkennen. Das wurde zunächst alles notiert, und wir gelangten dabei schnell an den Punkt, wie viele Funktionen ein Handy überhaupt haben soll. Übrigens wollte niemand aus der Gruppe mit dem Mobiltelefon fotografieren, das wurde total abgelehnt. Dafür hat man einen Fotoapparat.

Wir haben lebhaft diskutiert, auch kontrovers. Zum Beispiel über den Notrufknopf. Ich selbst war am Anfang sehr dafür, wurde dann aber immer skeptischer. Mit dem Knopf kann man viele Probleme kriegen. Zunächst einmal muss er natürlich eingeschaltet sein, auch wenn das Handy aus ist. Vor allem aber: Wo soll der Notruf hingehen? Es muss auf jeden Fall eine Organisation geben, die hinter dem Knopf steht, wie die Caritas oder der Arbeiter-Samariter-Bund, und dafür muss man bezahlen. Das kann eine Schranke sein. Wir beschlossen jedoch, das könnte man empfehlen als besonderes Handy.

Interessant war, dass viele großen Wert auf ein GPS-Programm legen. Also: Wie komme ich von da nach dort. Dabei kam eine Frage auf, über die wir heute noch diskutieren: Wer ist der Senior? Ist er ein hinfälliger Mensch, einer, der völlig neben sich steht? Unterscheidet er sich überhaupt von einem Vierzigjährigen? Senioren sind doch völlig unterschiedlich, aber eines verbindet sie: Viele sind gesundheitlich belastet, und darauf muss bei der Entwicklung von Produkten für den Alltag Rücksicht genommen werden. Die Beweglichkeit lässt nach, man hört und sieht nicht mehr so gut. Eines muss man jedoch wissen, der Senior von heute ist ein ganz anderer als der von gestern oder der von morgen. Für Letzteren wird der Computer eine Selbstverständlichkeit sein, der kann seine Geräte zuhause bedienen, weiß wie es geht. Während alte Menschen heute in einer Zeit aufgewachsen sind, in der Technik, wie wir sie kennen, praktisch abwesend war.

Wenn so eine Aufgabe durchdiskutiert ist, fassen wir sie zu einem Bericht zusammen. Wir hoffen natürlich immer, dass sich die Industrie dafür interessiert, was teilweise auch der Fall ist. Vor ein paar Jahren war doch der Begriff »Senior« eher negativ besetzt, besonders bei der Werbung. Da gibt es zwar inzwischen ein Umdenken, aber nicht genug, was unvernünftig ist. Die Senioren sind doch die kaufkräftigste Gruppe. Ich will wirklich nicht dafür plädieren, dass Werbung nur noch für alte Leute gemacht wird, aber eine gesunde Mischung sollte sein. Ich verstehe nicht, wie die Industrie an einem wichtigen Markt so vorbeiproduzieren kann. Das ist doch verblüffend. Manchmal frage ich mich auch, was da für eine Marktforschung gemacht wird.

Unsere Gruppe hat sich mit DVD-Rekordern beschäftigt, und wir kamen zu ganz anderen Ergebnissen als die Leute in den Betrieben, die diese Geräte »professionell« beurteilen. Da sitzen junge Techniker, die anscheinend das Handling dieser Maschinen nicht sonderlich interessiert, sondern vielmehr technische Parameter wie die Reaktionszeit der Festplatte bei bestimmten Startvorgängen. Es gibt durchaus Rekorder, die sehr logisch bedient werden können, aber man muss dieser Logik schon intuitiv folgen können. Zumal man ja die Gebrauchsanweisungen sehr oft vergessen kann. Da blättere ich in einem dicken Buch mit ich weiß nicht wie vielen Sprachen, und auf Seite dreißig finde ich das Deutsche, häufig so klein gedruckt, dass man eine Lupe braucht, und dann bleibt man noch irgendwo »hängen«, weil etwas vorausgesetzt oder ein notwendiger Hinweis vergessen wurde. Wir von der SRG würden da gerne mitreden. Es ist eigentlich unser erklärtes Ziel, Gebrauchsanweisungen zu schreiben. Es ist doch seltsam, dass darauf so wenig Wert gelegt wird, weil eine ordentliche Anleitung den Absatz verbessern würde. Davon bin ich überzeugt.

Ich bin der Meinung, die Industrie sollte sich mehr für die Ergebnisse unserer Gruppe interessieren. Manchmal kommt jemand an und stellt ein Gerät vor. Aber wenn es dann schon fertig ist, können wir nur noch Vorschläge machen, für die es zu spät ist. Ich wünschte mir, dass ein Hersteller kommt und zu uns sagt: So, jetzt testet mal, begutachtet, und das fließt dann in den Entwicklungsprozess mit ein.

Hin und wieder helfen wir, bestimmte Produkte wissenschaftlich zu bewerten. Eine Studentin hat uns ihre Diplomarbeit über Fahrkartenautomaten vorgestellt, und wir haben die Automaten nach ihrem Schema getestet. Die Ergebnisse fassten wir zusammen, auch Ideen zur Verbesserung des Ablaufs. Die Diplomandin hat das verwertet und Vorschläge gemacht.

Mir gefällt an dicser Tätigkcit, dass wir etwas richtig Sinnvolles machen, und ich wünsche mir, dass unsere Überlegungen von der Industrie ernst genommen werden.

Hier wird hochkarätig geholfen

Die Aktivsenioren in Bayern nennen sich Helfer in Wirtschaft und Technik. Sie beraten junge Start-up-Unternehmen, Arbeitslose, die sich selbstständig machen wollen, retten manchmal sogar Betriebe vor dem Bankrott. Ihre Mitglieder waren früher Manager und wissen, wo es langgeht. Lothar Langer, 66, ist einer von ihnen. Der Maschinenbau- und Wirtschaftsingenieur lebt in München.

Ich habe nach dem Studium viele Firmen durchlaufen und bin sehr früh ins Management eingestiegen. Der Konzern, bei dem ich zuletzt beschäftigt war, stellte Magnetbänder her. Ich war Leiter des Werkes München und technisch verantwortlich für unsere Werke in Brasilien, in Indonesien, in Frankreich, und wir haben parallel dazu sogenannte Anlagengeschäfte gemacht, komplette Fabriken verkauft, Projekte, die mich bis nach Sibirien und in die Ukraine führten.

Vor knapp fünf Jahren, also mit 61, hörte ich auf. Wir wurden damals von einer Investorengruppe übernommen, und ich kam mit der neuen Firmenstruktur nicht zurecht. Vielleicht bin ich etwas altmodisch, aber für mich zählt nicht nur der Gewinn eines Unternehmens, man muss auch an die Mitarbeiter denken. Das ist für mich gleichrangig mit dem Profit. Die neuen Inhaber dachten anders. Bei einem Gespräch sagte der Aufsichtsrats-Vorsitzende zu mir: Ihr Deutschen seid komisch. Wenn ich könnte, würde ich jetzt erst einmal die Hälfte des Personals entlassen. Ich bin nicht von heute auf morgen gegangen. Sie brauchten mich noch, aber es war eine Erleichterung, als ich schließlich meinen Schreibtisch räumen konnte.

Für mich stand immer fest, dass ich mein Wissen weitergeben werde. Einfach nichts tun, das passt nicht zu mir. Ich glaube fest an den alten Spruch: Wer rastet, der rostet. Und ich will nicht rosten. Ins Theater und ins Konzert gehen ist sehr schön, meine Frau und ich machen das mehrmals im Monat, ich spiele auch Golf, aber das ist nicht alles. Wenn mich jemand fragt, was ich tue, sage ich: Ich bin Rentner. Ich prahle manchmal sogar damit, sage: Ich kann in der Früh bis um halb neun schlafen. Aber mir war bewusst, was passieren kann, und das lässt sich am besten mit dem alten Lied beschreiben: »Kein Schwein ruft mich an ...«, ein Thema, unter dem alle Senioren am Anfang leiden. Auch ich hatte zunächst Probleme. Man ist aus der Clique draußen, alle Geschäftsbeziehungen werden ganz schnell auf Null heruntergefahren, und damit muss man erst einmal klarkommen. Man wird nicht mehr eingeladen zu Veranstaltungen, weil man für die anderen nicht mehr von Nutzen ist. Bei mir war das nicht das große Problem, weil ich einen großen Bekanntenkreis habe, und diesen Kreis hat meine Frau, während ich beruflich unterwegs war, sehr gepflegt.

Als ich den Aktivsenioren Bayern schrieb und meinen Lebenslauf schickte, wurde ich sofort zu einem Gespräch eingeladen. Ich wollte etwas machen, was bodenständig ist, und das sind die Aktivsenioren. Wir nennen uns Helfer in Wirtschaft und Technik, kümmern uns um Unternehmen und Betriebe, denen es schlecht geht. Aber an erster Stelle helfen wir Existenzgründern, die etwas aufbauen wollen. Das kann eine Einzelperson sein oder ein Start-up-Unternehmen mit mehreren Personen. Diese Menschen können sich eine professionelle Beratung nicht leisten. Und natürlich wenden sich seit einiger Zeit auch Leute aus der Arbeitslosigkeit an uns.

Die Aktivsenioren Bayern gibt es, wie der Name schon sagt, nur hier in Bayern. Ähnliche Organisationen findet man auch in anderen Bundesländern. Wir in Bayern sind die größte mit etwa 350 Mitgliedern und in allen Regierungsbezirken Bayerns vertreten. Unsere Mitglieder waren alle früher im Management tätig oder selbstständig, und wir decken damit etwa 50 Fachbereiche ab. Bei uns findet jemand, der Hilfe braucht, Juristen, Steuerberater, Ingenieure,

Kaufleute, Betriebswirte, Soziologen, Beamte aus dem gehobenen Dienst, um einige zu nennen. Wobei wir keine Beratung im Sinne der Rechtsberatung und Steuerberatungsordnung machen.

Wer zu uns kommt, stellt zuerst einen Beratungsantrag, in dem er formulieren muss, was er möchte. Danach wird der entsprechende Berater ausgesucht, der ein erstes Interview mit dem Bewerber führt. Ein Beispiel: Jemand will sich selbstständig machen. Da wird dann analysiert: Ist das Konzept tragfähig, kann diese Person oder die Gruppe davon leben, sind sie überhaupt geeignet, Unternehmer zu sein. Das ist ein ganz wesentlicher Punkt. Wenn wir dann gemeinsam beschließen: Ja, das wird, helfen wir bei der Gründung, bei der Vorbereitung, bei der Geldbeschaffung. Wir gehen mit zur Bank, wenn es nötig ist, weil die Leute dort in der Regel viel zu schnell abgeschmettert werden. Da die Aktivsenioren bei den Geldinstituten einen guten Ruf haben, werden die Türen schneller geöffnet.

Wir helfen grundsätzlich keinem Unternehmen, das sich einen professionellen Berater leisten kann. Wir passen sehr auf, dass wir nicht in den Arbeitsmarkt eingreifen, zum Beispiel Arbeitsplätze vernichten.

Mein erster Fall war eine 35-jährige arbeitslose Frau, die sich mit einem Secondhand-Laden selbstständig machen wollte. Sie brachte alle Unterlagen mit, wir sind sie durchgegangen, die Idee sah tragfähig aus. Ich sagte zu ihr: Lassen Sie alles hier, das manage ich, wir sehen uns in zwei Wochen wieder. Ich hatte zwar von Secondhand keine Ahnung, aber ich konnte den Markt analysieren. Außerdem haben wir hier einen Senior aus der Bekleidungsbranche, der mir half.

Dabei habe ich übrigens gemerkt: Hier ist ja niemand, der für mich kopiert. Das muss ich jetzt selbst machen, keiner arbeitet mir zu, wie beispielsweise früher die Rechtsabteilung der Firma. Das war für mich ein wichtiger Lernprozess.

Wir haben dann mit der Bank gesprochen, die Frau hat einen Laden gesucht, ich schaute mir die Gegend an, telefonierte mit dem Vermieter, und schließlich schafften wir es auch noch, dass eine örtliche Tageszeitung einen Artikel über den Secondhand-Laden brachte. Das ist etwas, was die Aktivsenioren gern machen. Wenn wir einen interessanten Fall haben, versuchen wir in der entsprechenden Presse einen Bericht zu lancieren. Das ist PR für den Unternehmer und für uns. Wir sind zwar bekannt, aber wir brauchen trotzdem Aufmerksamkeit. Den Secondhand-Laden gibt es noch. Ich telefoniere mit meinen Bewerbern so im Schnitt nach zwei Jahren, ob alles klappt. Dann ist ein Fall für mich abgeschlossen.

Die Beratung dauert bis zu einem halben Jahr und kostet 85 Euro, das sind die Unkosten für unser Büro. Dauert es länger, kann die Person einen Coachingvertrag abschließen.

Ganz besonders befriedigend ist es, wenn wir kleine oder mittelständische Unternehmen retten und damit Arbeitsplätze erhalten können. Oft stecken familiäre Tragödien dahinter, wenn eine Firma zumachen muss. Da war zum Beispiel dieser Familienbetrieb, eine Schreinerei, die nicht mehr liquide war, die Bank hatte den Hahn zugedreht, und die Leute wussten nicht mehr, wovon sie leben sollten. Als sie sich an uns wandten, haben wir im Team – ich nahm noch einen Banker hinzu – überlegt: Wie kann der Mann überhaupt existieren. Dem Schreinerhandwerk geht es nicht gut, die Nachfrage lässt nach, die Leute kaufen bei Ikea. In einem Brainstorming kamen wir zusammen auf eine vielversprechende Idee: zusätzliche Schreinerkurse für Interessenten. Vielleicht gibt es in der Gegend Menschen, die mit Holz arbeiten wollen, sich ein Regal bauen oder einfach die eigenen Möbel reparieren möchten. Unser Schreiner hatte zehn Werkbänke, die seine Kunden unter seiner Anleitung nutzen konnten. Das Konzept ging auf. Wir ließen auch unsere Beziehungen spielen, sagten Freunden: Lass doch dein Barockschränkchen dort restaurieren, und wir fragten bei Baufirmen nach Aufträgen für Fenster und Türen. Als wir schließlich ein Konsolidierungskonzept aufgestellt hatten, machte auch die Bank wieder mit.

Jetzt kommen zu uns immer häufiger Menschen – und das ist eine traurige Angelegenheit –, die arbeitslos sind. Wir arbeiten mit den Agenturen für Arbeit zusammen. Sie schicken Leute zu uns, die sich aus der Arbeitslosigkeit selbstständig machen wollen, und wir reden mit ihnen. Wer allerdings überhaupt nicht weiß, was er will, ist bei uns fehl am Platze. Wir erstellen auch keine Gefälligkeitsgutachten. Ist jedoch ein Konzept gut und tragfähig, machen wir den Businessplan, der bei der Agentur für Arbeit eingereicht wird. Da wird dann entweder eine Ich-AG daraus, oder es gibt Überbrückungsgeld für Selbstständige. Wir haben in ganz Bayern Hunderte begutachtet, mussten viele ablehnen, aber wenn wir positiv waren, hat die Arbeitsagentur das Projekt angenommen. Wir haben 2005 und 2006 in Oberbayern alle angeschrieben, ob sie noch existieren. Die Erfolgsquote war über 60 Prozent. Darauf sind wir stolz.

Da war zum Beispiel ein Architekt, Ende 30, der während der Flaute in der Baubranche freigestellt wurde, das Büro hatte zu wenige Aufträge. Mit ihm, der sich auch mit Innenarchitektur beschäftigt hat, erarbeiteten wir ein Konzept, das Architektur und Beleuchtung kombiniert. Wir entwarfen einen Marketingplan, und heute hat er ein Büro, das sich vorwiegend mit der Lichtgestaltung von Büroräumen beschäftigt.

Die Aktivsenioren sind gefragt. Mit dem Ministerium für Soziales starteten wir vor drei Jahren eine Lehrstelleninitiative im Raum Nürnberg. Wir besuchten damals über 3000 Firmen und schufen über 1000 Lehrstellen. Für das Umweltministerium und den Hotel- und Gaststättenverband prüfen wir Hotels auf Umweltfreundlichkeit, wenn sie sich um ein Zertifikat bewerben.

Ich weiß von ehemaligen Managern, dass sie darunter leiden, nicht mehr aktiv im Beruf zu stehen, und ich bin froh, dass ich mit dem Ehrenamt etwas gefunden habe, was ich wichtig finde und was mir Freude macht, viel Freude. Wir Aktivsenioren in München treffen uns regelmäßig einmal in der Woche, unser Jour fixe, bei dem die Fälle besprochen werden. Ich bearbeite im Durchschnitt fünf Fälle parallel und investiere viel Zeit. Es lohnt sich – für die anderen und für mich.

Eine Kostbarkeit – die Liebesbriefe der Eltern

Eines Tages erfuhr sie von ihrer Mutter, dass zuhause Bündel von Briefen liegen. Mutter und Vater hatten sich während ihrer Verlobungszeit in den zwanziger Jahren fast täglich geschrieben. Eine spannende Lektüre und ein seltenes Zeitzeugnis, das die Münchner Sozialwissenschaftlerin Dr. Gerlinde Seidenspinner nun aufarbeitet. Vielleicht wird ein Buch daraus. Gerlinde Seidenspinner, 69, war jahrelang stellvertretende Direktorin des Deutschen Jugendinstituts, dann fünf Jahre Professorin an der FU Berlin.

Meine Vorstellung war immer: Wenn ich das aktive Berufsleben hinter mir habe, nehme ich meinen Computer von der Uni und stelle ihn zuhause auf meinen Schreibtisch. Dann lese ich die ganzen ererbten Briefe meiner Eltern, die nicht mehr leben, und mache daraus ein Buch. Nichtstun kam nicht in Frage. Ich bin oft Menschen begegnet, die mir mit leuchtenden Augen sagten: Nun kannst du dein Leben genießen. Das ist für mich ein echtes Reizwort. Ich dachte immer: Genießen, was ist denn das? Von neun bis elf genießen. Dann hörte ich auch: Jetzt hast du endlich viel Zeit für dein Enkelkind. Das ist mir richtig in den Magen gefahren, und ich dachte mir: Das kann es nicht sein. Reisen machen, Marmelade einkochen, schöne Essen zubereiten und Gäste einladen. Das ist nicht meins, das lastet mich nicht aus. Ich habe immer noch relativ hohe Erwartungen ans Leben. Um ehrlich zu sein: Das hat auch etwas mit einem gewissen Bedeutungsverlust zu tun. Vorher hörten alle auf dich. Jetzt hört nicht mal mehr der Hund, weil du keinen Hund hast. Und dieser Bedeutungsverlust machte mir mehr zu schaffen, als ich gedacht hatte. Vorher war ich in Strukturen eingebunden. Jemand führte meinen Terminkalender, ich musste nicht darüber nachdenken, was ich von acht bis zehn mache. Ich konnte nicht einmal richtig auf dem Computer schreiben. Freundinnen sagten mir: Das ist doch toll, dass du nun so frei bist, alles allein bestimmen kannst. Ja, darauf pfeife ich, das ist überhaupt nicht toll.

Aber da waren diese Briefe, die sich meine Eltern während ihrer Verlobungszeit fast täglich schrieben, drei Jahre lang. Sie sahen sich selten. Meine Mutter lebte bei ihrer Mutter in einem kleinen Ort in Thüringen, mein Vater war Lehrer in einem Gebirgsdorf an der Schweizer Grenze. Um sich zu treffen, waren sie im Zug zwölf Stunden unterwegs, und das kostete damals ein kleines Vermögen. Beide haben diese Briefe aufgehoben, völlig ungeordnet in großen Kisten. Als mein Vater starb, hat meine Mama angefangen, diese Briefe zu lesen. Eines Tages erzählte sie mir am Telefon, sie habe nun gerade ganz viele weggeworfen. Nach einem lauten Schrei schaffte ich es, meiner Mutter ganz ruhig zu erklären, dass sie da eine Kostbarkeit habe, Zeitzeugnisse, die ich, die Tochter, brauchen könnte. Sie hat dann tatsächlich die Papierschnitzel wieder zusammengeklebt und alle Briefe chronologisch geordnet: September 1923 bis August 1926. Und kurz bevor sie ins Pflegeheim kam, hat sie sie mir gegeben.

Ich hatte mich schon früher mit Frauen in den zwanziger Jahren beschäftigt und dabei festgestellt, es geht in den Schriften vorwiegend um Frauen in Großstädten, nicht aber in der Provinz. Mit den Briefen meiner Eltern hatte ich nun Zeugnisse vom Leben auf dem Land und in der Kleinstadt. Ich fing an, alles systematisch aufzuarbeiten, das heißt: Ich schrieb und schreibe noch etwa zweihundert Briefe ab. Dazwischen packten mich große Zweifel und Lustlosigkeit, ob das überhaupt interessant ist. Und ich lasse mich auch schnell ablenken durch schönes Wetter, Radfahren, Bergwandern und nette Leute Treffen. Aber ich habe doch immer weitergemacht.

Spannend waren meine Recherchen vor Ort. Meine Eltern sind in Villingen im Schwarzwald aufgewachsen, und ich wollte das alles kennen lernen. Im Archiv der dortigen Zeitung fand ich ihre Verlobungsanzeige, außerdem las ich nach, was sich damals so alles abgespielt hatte. Es war Inflation, und mein Vater sollte sich einen Anzug schneidern lassen. Man musste dann ganz schnell rechnen: Geld, das man zum Beispiel am 15. erhielt, war am 25. schon ein Drittel weniger wert. Ich las nach, was die Dinge des täglichen Bedarfs kosteten, welche gesellschaftlichen Aktivitäten sich in Villingen so abspielten. Meine Eltern feierten nämlich engagiert Fastnacht. Und ich suchte das Elternhaus meines Vaters, das leider inzwischen abgerissen ist. Das meiner Mutter steht noch, das ehemalige Möbelgeschäft ihrer Eltern, von dem in den Briefen häufig die Rede ist. Ich wollte mir irgendwie die Atmosphäre von damals herholen. So stand ich auch vor der Schule meiner Mutter, über die sie später auch ihrem Verlobten noch viele Geschichten schrieb. Ich bin viel herumgereist, aber mir fehlt noch der Ort, wo mein Vater damals Lehrer an einer Zwergschule war. Das will ich unbedingt nachholen, weil sie sich dort vermutlich zum ersten Mal geküsst haben, als sie ihn ohne Aufsicht von Schwestern oder anderen Anstandspersonen besuchte.

Ich vergesse übrigens beim Lesen der Briefe ganz schnell, dass es meine Eltern sind. Sie sind für mich zwei junge Menschen, die versuchen, einen Weg zueinander zu finden. Sie schreiben beide in einem sehr geschliffenen Deutsch, was mich bei meiner Mutter erstaunt, denn sie war erst 19, als sie sich verlobte. Ich glaube, solche Briefe werden von jungen Leuten heute nicht mehr geschrieben. Ich lerne meine Eltern von einer für mich neuen Seite kennen. Es ist faszinierend, worüber sie sich ausgetauscht haben. Über Jugendbewegungen, über Bücher. Lange Auseinandersetzungen finde ich über die Frage: Ist Religion ein sinnvoller Zugang zu einem guten Leben? Ausführlich und intensiv ging es auch um Themen zur Sexualität. Meine Mutter fing zunächst mit einer Diskussion über die Stellung der Frau an, ließ sich darüber aus, dass es Frauen gäbe, die sich nur um des Turtelns willen einem Kerl an den Hals werfen. So ganz unter dem Motto: Ich bin doch die Reine. Und mein Vater holte sie davon etwas herunter, schrieb: So pauschal kann man das nicht sehen. Er benützt zwar nicht das Wort »Gleichberechtigung«, sagte aber, dass die Frau auch ihre Rechte hat und dass man sie achten muss. Und es komme für ihn nicht in Frage, dass er irgendetwas tue, was die Frau nicht will. Das bezieht sich für ihn – lese ich da heraus – auf alle Lebensbereiche. Und dann kamen sie irgendwann auf Sexualität, und meine Mutter meinte, Sex ohne Kinderwunsch, das geht überhaupt nicht. Mein Vater antwortete darauf geradezu philosophisch, holte weit aus und erklärte ihr, dass er sich durchaus vorstellen könne, nicht sofort ein Kind zu zeugen. Schließlich erklärte er ihr ganz ausführlich den Coitus interruptus, ohne das Wort zu bemühen, als eine Möglichkeit der Empfängnisverhütung, was sie allerdings total ablehnte.

Diese Beschäftigung mit den Briefen und den Recherchen dazu hält mich auf Trab und macht mir Spaß. Ich habe da ja ein richtiges Schatzkästchen. Natürlich ist es ein Stück Freiheit, dass ich keine Deadline habe, aber ich hoffe sehr, dass ich ein Buch zustande bringe.

Seit ein paar Monaten macht mir noch eine Aktivität Freude. Ich gehöre zum Expertinnen-Beratungsnetz der Frauenakademie in München, FAM. Ich entdeckte, dass nur am Schreibtisch sitzen für mich zu wenig ist. Ich wollte meine Erfahrungen weitergeben, und als ich hörte, dass dort dringend Frauen wie ich gesucht werden, die coachen können, war ich sofort begeistert. Die Koordinatorin hat mich zuerst ausgefragt, was ich so mache, was ich kann. Das Beratungsnetz erhält viele Anfragen von jungen Frauen, oft Akademikerinnen oder Studentinnen, dazu Berufsanfängerinnen und -umsteigerinnen.

Bei mir lief das so peu à peu an, inzwischen kommen die unterschiedlichsten Frauen zu mir. Vor allem natürlich Geistes- und Sozialwissenschaftlerinnen, weil das mein Gebiet ist. Aber auch die Buchhändlerin, die mir erzählt: Ich möchte etwas Neues machen, vielleicht ein Projekt in der Dritten Welt. Sie hatte bereits ein Land in Afrika im Blick, wo sie ein Hilfsprojekt aufbauen möchte. Ich sagte ihr, an wen sie sich wenden sollte. Zum Beispiel an die ganzen Wohlfahrtsverbände, die Jugendeinrichtungen, das Ministerium für Entwicklungshilfe. Sie hat das alles im Internet recherchiert, und wir saßen zusammen und haben geschaut, wo es Sinn macht, sich zu erkundigen. Es gibt zwei Möglichkeiten der Beratung – das einmalige Gespräch, bei dem es zum Beispiel darum geht: Ich habe keinen Job, wo kann ich mich bewerben. Und das Mentoringprogramm, bei dem die Frauen mehrere Monate begleitet werden. Beides kostet. Wir Expertinnen arbeiten alle ehrenamtlich.

Ganz oft kommen Umsteigerinnen zu mir. Kürzlich war eine Frau da, die betreute Alzheimerpatienten und konnte die Belastung nicht mehr aushalten. Sie hat jetzt einen guten Job in der Pharmaindustrie. Wir haben miteinander recherchiert, welches die Firmen sind, bei denen sie arbeiten möchte, wo sie ihre Kenntnisse am besten einbringen kann. Sie betreue ich weiter. Sie hat mit FAM einen Mentoringvertrag über ein halbes Jahr. Sie ruft mich an, wenn sie Probleme hat, oder wir treffen uns.

Gerade bei der Jobsuche kann ich natürlich viel beitragen, weil ich lange auf der anderen Seite saß. Ich weiß, wie ein Bewerbungsschreiben aussehen sollte, wie ein Vorstellungsgespräch abläuft, und ich kenne mich im Hochschulbereich aus und kann hin und wieder meine Beziehungen spielen lassen. Ich rufe durchaus jemanden an und informiere mich: Ist die Stelle, die ihr ausgeschrieben habt, wirklich noch frei, und lohnt sich überhaupt eine Bewerbung? Kürzlich war eine Frau bei mir, die hatte ihr Diplom gemacht und wusste nicht, soll sie promovieren und wenn, bei wem und wo. Ich rief einen meiner früheren Kollegen an und bat ihn: Rede doch bitte mit ihr, vielleicht kann sie mit einem ihrer Themen bei dir promovieren. Manchmal geht es auch in die Psychologie, wie bei der Frau, einer hochkarätigen Akademikerin mit einem guten Job, die sich nicht traute, Mutter zu werden, weil sie Angst um ihre Stelle und damit um ihre Zukunft hatte.

Mit ihr habe ich lange geredet, um herauszufinden, was da wirklich dahintersteckt. Ich glaube, es hat ihr geholfen.

Ich kenne einfach viele Leute, und ich setze mich ein für die Frauen, die ich berate. Ich freue mich, dass ich meine Lebenserfahrung, meine Ideen weitergeben kann, und, das muss ich ehrlich sagen, es ist auch befriedigend, dass ich viel zurückbekomme.

Ein Beitrag zur jüdischen Kultur

Lehrstühle an Universitäten brauchen Geld, wenn dort wichtige Konferenzen stattfinden sollen oder interessante Vorträge. So auch der Lehrstuhl für jüdische Geschichte und Kultur an der Ludwig-Maximilians-Universität in München. Hilfe leistet dafür ein Freundeskreis, den Ernst-Peter Wieckenberg, 72, Cheflektor, gegründet hat. Er erhielt gerade den Ehrendoktor der Universität.

Der Freundeskreis des Lehrstuhls für Jüdische Geschichte und Kultur an der Ludwig-Maximilians-Universität in München wurde im Mai 2000 gegründet. Ich kannte den jungen Lehrstuhlinhaber, Professor Michael Brenner, von meiner beruflichen Tätigkeit als Lektor im Verlag C.H.Beck, wo ich sehr viele Werke über jüdische Geschichte herausgebracht und das Thema auch immer gefördert habe. Brenner war einer der Herausgeber von einem der wichtigsten Werke, die ich betreute, einer »Deutsch-jüdischen Geschichte der Neuzeit« in vier Bänden. Als Brenner sah, dass meine Berufsarbeit zu Ende ging, kam er und fragte, ob ich Lust hätte, einen Freundeskreis für den Lehrstuhl zu gründen. Eigentlich hatte ich meiner Frau versprochen, dass ich kürzer treten würde, um endlich mehr freie Zeit zu haben. Ich fragte sie, was sie von der Idee halte, und sie meinte: Mach das, es sind ja nur ein paar Stunden in der Woche. Was sich dann natürlich als falsch herausstellte. Ich bin Vorsitzender des Freundeskreises, und am Anfang dachte ich nur: Das ist eine sinnvolle Tätigkeit. Dann wurde die Arbeit immer mehr, aber heute mache ich sie aus Freude. Ich möchte, dass über das Judentum und die jüdische Geschichte aufgeklärt und damit auch zu mehr Toleranz beigetragen wird.

Ich sagte also: Ja, ich werde einen Freundeskreis gründen. Und so schrieb ich zum ersten Mal in meinem Leben eine Vereinssatzung. Da ich kein Jurist bin, habe ich Kollegen aus der juristischen Abteilung des Beck-Verlags gebeten, mir zu helfen. Zur Gründungsversammlung mobilisierten Professor Brenner und ich unsere Freunde. Wir begannen mit 16 Mitgliedern. Ich weiß übrigens nur in wenigen Fällen – um auf eine oft gestellte Frage zu antworten –, wer von ihnen jüdisch ist. Ich bin es nicht, aber ich habe mich immer für jüdische Geschichte interessiert. Ob jemand Jude ist, spielt im Freundeskreis keine Rolle, was ich richtig finde. Ich kenne auch viele Studenten am Lehrstuhl, und da weiß ich nur von manchen ausländischen Studenten, ob sie jüdisch sind, weil sie z. B. aus Israel mit einem speziellen Interesse kommen, beispielsweise promovieren wollen.

Ich werde oft gefragt, warum ein Lehrstuhl einen Freundeskreis braucht. Nun ist es insgesamt so, dass die Mittel der meisten Lehrstühle nicht mehr reichen, für Hilfskräfte zum Beispiel, Vorträge, Tagungen, Konferenzen, alles, was für einen Lehrstuhl wichtig ist. Wenn die Lehrstühle einen gewissen Ehrgeiz haben, dann brauchen sie Geld. Und wenn man so will, ist ein Freundeskreis genau dafür da, wenigstens einen Teil der Mittel zu beschaffen. Die finanzielle Basis sind die Beiträge der Mitglieder, es sind jetzt 160, einige von ihnen sehr großzügig. So kommen etwa 8000 Euro im Jahr zusammen. Außerdem erhalten wir Spenden, die einzuholen zu meinen Aufgaben gehört, was nicht immer einfach ist. Leider ist die Wirtschaft noch zögerlich, aber es fließt immer wieder Geld von Stiftungen wie der ZEIT-, der Krupp-, der ERTOMIS-Stiftung. Inzwischen kann ich ganz gut Spenden sammeln, weil ich vom Zweck überzeugt bin. Hilfreich ist, dass ich mit vielen dieser Stiftungen früher beruflich zu tun hatte.

Der Lehrstuhl teilt mir mit, was er vorhat und wofür er Geld braucht. So soll zum Beispiel eine Tagung zu einem der neuen wichtigen Themen stattfinden: Judentum und Islam. Dazu sind Juden, Muslime, nichtjüdische und nichtmuslimische Wissenschaftler aus vielen Ländern eingeladen, über dreißig. Es fallen natürlich hohe Kosten an, die ich großteils beschaffen musste. Das ist keine kleine Aufgabe. Aber diese Tagung ist auch etwas Besonderes, weil wir damit das zehnjährige Jubiläum des Lehrstuhls begehen.

In der Satzung des Freundeskreises steht als Zweck: die Förderung von Forschung und Wissenschaft. Das ist vielfältig und dient natürlich nicht nur der Unterstützung von Kongressen. Vor einiger Zeit gelang uns etwas sehr Schönes: ein Stipendium für Studenten, die Hebräisch lernen müssen, und dazu ist ein Aufenthalt in Israel hilfreich. So kamen wir auf die Idee, unsere Mitglieder zu fragen, ob sie nicht so ein Stipendium vergeben und mit ihrem Namen koppeln wollen. Wir fanden drei Brüder, die ein solches Stipendium zum Andenken an ihre Eltern stifteten. Inzwischen fanden sich noch weitere Personen dazu bereit.

Die Mitglieder des Freundeskreises werden zu den Veranstaltungen, den Vorträgen des Lehrstuhls eingeladen, wir organisieren Führungen in der Synagoge und bald auch im neuen Jüdischen Museum. Seit kurzem geben wir zweimal im Jahr eine Zeitschrift für die Mitglieder heraus: »Münchner Beiträge zur Jüdischen Geschichte und Kultur«. Dass ich daran mitarbeite, ist logisch, schon wegen meiner Erfahrung als Lektor.

Ich persönlich habe einen engen Kontakt zum Lehrstuhl, schaue fast täglich dort vorbei, um zu hören, was anliegt. Oft kommen Studenten mit ihren Wünschen, und es tut gut, wenn man ihnen helfen kann. Die Arbeit ist vielfältig: Besprechungen, eine umfangreiche Korrespondenz, Treffen mit Mitgliedern. Da kommt einiges zusammen. So wurde dem Freundeskreis von einem holländischen Antiquar ein Talmud angeboten, der 1948 in Deutschland gedruckt worden war, dicke Bände mit insgesamt 24.000 Seiten. Die Kosten: 9000 Euro. Das überstieg unsere Möglichkeiten bei Weitem, aber die Universitäts-Bibliothek ermöglichte die Finanzierung. So konnte man diesen Talmud erwerben, der wahrscheinlich das einzige Exemplar in Deutschland ist. Er wurde 1948 von amerikanischen Rabbinern initiiert und sollte dem Mangel an geistlicher Literatur abhelfen. Es wurden nur 200 Exemplare gedruckt. Als wir nachforschten, fanden wir doch tatsächlich im Holocaust Museum in Washington das Foto des Rabbiners Rose, der vor einer Reihe von Exemplaren dieses Talmuds an einem Tisch sitzt. Auf einem anderen Foto ist sogar die Offsetplatte zu erkennen. Der Erwerb dieses Talmuds gab den Anstoß zu einer Ausstellung von jüdischen und hebräischen Drucken in Bayern nach 1945, die im April 2007 eröffnet wurde.

Der Lehrstuhl kauft, wenn es finanziell vertretbar ist, solche Bücher, zum Beispiel die Sammlung Blum. Jost G. Blum, Jiddisch-Lektor am Lehrstuhl, hinterließ bei seinem frühen Tod eine Bibliothek von etwa 1500 Bänden über das Judentum, darunter viele jiddische Bücher, zum Teil Erstausgaben. Damit wir diese Sammlung erstehen konnten, habe ich Jan Philipp Reemtsmas Hamburger Stiftung zur Förderung von Wissenschaft und Kultur angeschrieben, die das Geld auch zur Verfügung stellte.

Ich wollte auch im Ruhestand wissenschaftlich arbeiten. Auf keinen Fall in Nichtstun verfallen. Und hatte das Riesenglück, ein Exemplar von »Tausendundeine Nacht« zu entdecken, von Johann Heinrich Voß übersetzt. Voß, er lebte im 18. Jahrhundert, ist berühmt für seine Übersetzungen, unter anderem der Odyssee. Aber dass er »Tausendundeine Nacht« übersetzt hatte, war in Vergessenheit geraten. Ich hatte mich vorher schon mit Voß beschäftigt, aber nie ein Exemplar dieses Werkes gesehen. Und dann fand sich eines in München. Es war faszinierend. Zuerst wollte ich einen Aufsatz darüber schreiben, dann wurde daraus ein Buch mit einer Analyse der Voß'schen Übersetzung. Ein weiteres Buch von mir erscheint im Herbst. Ich habe daran über fünf Jahre gearbeitet. Es geht um Johann Melchior Goeze, im 18. Jahrhundert Pastor in Hamburg, der wegen seiner Schriften sehr umstritten war. Unter anderem hieß es, er sei reaktionär, ungeduldig, aggressiv, ein schlechter Charakter. Wenn ich so etwas höre, bekomme ich sofort Lust, das zu prüfen. Als ich ein Angebot erhielt, über ihn etwas zu schreiben, musste ich zuerst einmal Theologie pauken. Ich hielt zunächst Vorträge über das Thema, auch vor Theologen, und habe mich kritischen Fragen gestellt. Ich sage jedenfalls: Goeze war gar kein Streithansel, und ich glaube, den Beweis geführt zu haben.

Ich habe in meinem Ruhestand bisher viel gearbeitet, auch vieles nebeneinander betrieben. Dazu muss ich sagen, der Beruf eines Lektors erfordert die Fähigkeit, Dinge in verschiedenen Stadien gleichzeitig zu machen. Ich kann es zwar nicht mehr so gut wie früher, doch es reicht aus. Ich arbeite gern wissenschaftlich, bin immer noch häufig um acht morgens in der Bibliothek, mittags gehe ich ins Institut, danach sitze ich an meinem Schreibtisch. Es gibt schließlich ständig etwas Neues zu entdecken.

Neuere Veröffentlichungen von Ernst-Peter Wieckenberg:
- Johann Heinrich Voß und »Tausendundeine Nacht«
- Johann Melchior Goeze

Der Bücher-Streichler

Jürgen Fischer, über 70, Buch-Produktionsleiter, Miesbach, bleibt auch im Ruhestand seinem Metier verbunden. Und so half er mit, in Leipzig das Museum für Druckkunst zu gründen. Aber das ist nur eine seiner vielen Aktivitäten, die alle mit Büchern zu tun haben.

Die schwarze Kunst, also im weiteren Sinne die Büchermacherei, hat mich schon früh fasziniert, ich habe als Lehrling angefangen, Bücher zu sammeln, was sicher mit meinem Beruf als Buchhändler und später als Hersteller zu tun hat. Schon in meiner Jugend habe ich gelesen wie ein Weltmeister und wollte unbedingt Verleger werden. Ich bin völlig unbefangen zu Ernst Rowohlt in Hamburg gegangen, der mir freundlich, aber bestimmt, sagte: Lernen Sie zuerst einmal die Grundlagen. Er hatte ja Recht. Also habe ich drei Jahre eine ordentliche Lehre als Sortimentsbuchhändler gemacht. Nach mehreren Stationen wurde ich zwar nicht Verleger, aber Leiter der Buch- und Zeitschriften-Herstellung eines großen Münchner Verlages.

Ich war ein leidenschaftlicher Buchhersteller, man könnte auch sagen, Architekt von Büchern, wozu ja auch Typographie, Papierwahl, Einbandgestaltung und vieles mehr gehören, und diese Leidenschaft hat mich mit Eckehart Schumacher-Gebler, dem Inhaber eines Typo-Studios und einer Druckerei in München, zusammengebracht. Dieser besessene Sammler von alten Schriften, Matrizen, Druckmaschinen war es, der immer davon sprach: Man müsste dafür ein Museum ins Leben rufen. Wir saßen zusammen und haben phantasiert, wie man so einen Traum umsetzen könnte. Nun: 1995 wurde in Leipzig das Museum für Druckkunst gegründet.

Schuhmacher-Gebler gelang es, nach der Wende die traditionsreiche Druckerei Haag-Drugulin von der Firma Andersen Nexö Leipzig zu kaufen. Das war in der alten DDR ein Zusammenschluss mehrerer Betriebe; sie besaßen auch noch eine Lichtdruckerei und die Notenstecherei, die heute im Museum steht. 1995 konnte eine Fördergesellschaft gegründet werden, die die Idee der Museumsgründung unterstützte. Bezogen wurde ein Druckereigebäude in der Nonnenstraße 38 in Leipzig. Es musste allerdings saniert werden, neue Dächer waren fällig, die Aufzüge mussten repariert werden und so weiter. Um die großen Maschinen aus München hineinzubekommen, mussten ein Kran beschafft und eine Mauer durchbrochen werden, alles Arbeiten, die viel Geld kosteten.

Ich gehöre zu den Gründungsmitgliedern des Druckmuseums in Leipzig. Meine Frau Eva und ich waren von Anfang an ehrenamtlich an der Entstehung beteiligt. Es fing damit an, dass wir erfuhren, das große Projekt sei auf der Kippe wegen der Finanzierung. Schuhmacher-Gebler erhielt die ihm zugesagten Gelder nicht. Darauf hat meine Frau die Presse mobilisiert – mit Erfolg. Nach einem Artikel in der *Süddeutschen Zeitung* zogen viele Gazetten nach, das Fernsehen, der Rundfunk berichteten. Es gab dann eine Reihe von Stiftern und Spendern, die wir zum Teil persönlich angeschrieben haben. Zum Beispiel die Verbände des Druck- und Papiergewerbes, der Verleger und Buchhändler sowie große Verlage wie z.B. Bertelsmann. Viel Geld war nötig, schon weil die persönliche Sammlung von Eckehart Schuhmacher-Gebler, die unersetzlichen alten Druckmaschinen und seine Schriften, restauriert und nach Leipzig geschafft werden mussten. Darunter Matrizen und Schriften, die noch nie an die Öffentlichkeit gekommen waren. Sie gehen bis ins siebzehnte Jahrhundert zurück. Ein sehr wertvoller Bestand, der auf keinen Fall verloren gehen durfte.

Im Jahre 2000 wurde die Stiftung Museum für Druckkunst insbesondere durch das große private Engagement von Frau Verena von Mitschke-Collande und der Firma Gieseke und Devrient Trägerin des Museums. Und mit meinem Freund Ludwig Devrient, der sich als Vorsitzender der Gesellschaft zur Förderung der Druckkunst für die Belange des Museums einsetzt, bin ich ständig im Gespräch über die Umsetzung von Plänen.

Das Anliegen war und ist, diese Dinge zu bewahren und wieder Menschen auszubilden, die in der Lage sind, Schriftguss zu machen, die setzen und drucken können. Der Lichtdruck zum Beispiel ist ein aussterbendes Gewerbe, das heute nur noch in der Schweiz betrieben wird. Während meiner Verlagszeit habe ich versucht, gerade dieses handwerkliche Druckverfahren zu retten, aber es ist mir nicht ganz gelungen, weil eine Firma nach der anderen aus wirtschaftlichen Gründen aufgegeben hat.

Das Museum in Leipzig ist mir wichtig: Das Handwerk soll nicht in Vergessenheit geraten. Die Computertechnik hat sich in so kurzer Zeit breitgemacht, und man kann doch nicht hinnehmen, dass alte Techniken völlig verschwinden. Warum hat man die alte Art der Glasbläserei aktiviert? Weil das handgefertigte Glas eben etwas anderes ist als das Industrieglas. So ist es auch mit dem alten Bleisatz. Ich denke da an Künstlerdrucke, wie die Holz- oder Linolschneider sie anfertigen. Sie brauchen den Buchdruck für ihre Originalgraphiken. Genauso wie der Lithograph, der Radierer oder der Kupferstecher seine Pressen braucht. Mit der Handbuchbinderei ist es ähnlich. Da wird die künstlerische und handwerkliche Fähigkeit benötigt, und das Ergebnis zeigt es. Das handgefertigte Buch ist etwas Wunderbares, im wahrsten Sinne des Wortes kostbar.

Als die Computer kamen, haben die Betriebe ihre alten Geräte und Materialien sehr schnell auf den Müll geworfen. Da gingen Werte verloren, von denen immerhin einige für das Museum gerettet werden konnten.

In dem Museum werden heute Kurse angeboten, in denen man in die alte Technik von Bleisatz und Hochdruck eingewiesen wird. Das Druckmuseum ist auf der Frankfurter und der Leipziger Buchmesse jeweils mit einem Stand vertreten, der sehr gut besucht wird.

Dann war da noch die Sache mit der Handbuchbinder-Werkstatt, 1933 in München gegründet, die dem Museum angeboten wurde. Die Arbeit war vor Jahren eingestellt worden. Alles lag da, wie man es verlassen hatte: Papierkörbe, eine kleine Nähmaschine, die Leimtöpfe, Einbandstoffe, Buntpapiere, Tische und Schränke und eine kostbare Sammlung von Prägestempeln, Schneidemaschinen und Buchbinderpressen. Ich habe ein Inventarverzeichnis angefertigt und dabei große Kostbarkeiten gefunden. Außerdem eine Schätzung für die Steuer und den Einrichtungsplan für das Museum erstellt. Wir sind froh, dass die Handbuchbinderei dem Museum geschenkt wurde. Sie ist 2006 dort in Leipzig eingeweiht worden. Es kann wieder in der Werkstatt gearbeitet werden.

Meine Frau und ich haben 2005 im Druckmuseum Leipzig auch unsere Ausstellung über den Münchner Verleger Georg Müller präsentiert. Er ist nur 40 Jahre alt geworden, starb 1917. Georg Müller zählte zu den großen deutschen Verlegern am Beginn des 20. Jahrhunderts, hat viele junge, später bekannte Autoren herausgebracht und viele bedeutende Illustratoren beschäftigt. Seine Bücher waren ein Musterbeispiel für klassische schöne Gestaltung. Er hat vorwiegend mit Paul Renner zusammengearbeitet, ein großer Typograph und Entwerfer von Schriften – er hat zum Beispiel die »Futura« geschaffen. Uns erschien Georg Müller auch in Leipzig eine Ausstellung wert, und das Interesse war sehr groß. »Sein Dämon war das Buch« heißt der Band, den meine Frau Eva von Freeden mit Rainer Schmitz und meiner Mithilfe dazu herausgegeben hat. Zusammen bereiten wir im Augenblick wieder eine Ausstellung vor mit Exponaten des hervorragenden Druckers Martino Mardersteig, dem die *Stamperia Valdonega* in Verona gehört. Der Vater Giovanni Mardersteig hat 1919 die *Officina Bodoni* gegründet. 2008 wollen wir in Leipzig eine Auswahl von Drucken zeigen, die in Verona in den letzten dreißig Jahren entstanden sind. Viele namhafte Typographen und Illustratoren haben für Mardersteig gearbeitet.

Warum ich mich nach meiner Pensionierung weiter in dieses Projekt hineingekniet habe? Im Grund war mein Beruf ja eine Berufung. Ich wollte immer Bücher machen, habe mich mit alten Büchern umgeben und vor allem mit Typographie beschäftigt. Ich habe versucht, einen Text so lesbar wie möglich zu machen. Die Typographie sollte dem Leser dienen. Heute kann man sinnlose künstliche Gebilde erzeugen mit Hilfe des Computers, mit Schnörkeln, farbigen

Hintergründen und blass gedruckten Überschriften. Das habe ich immer abgelehnt. Nun ist das Kapitel »Büchermachen« für mich abgeschlossen. Ich habe noch die Gesellschaft der Bibliophilen bei ihrem Jahrbuch beraten und Sponsoren dafür gefunden.

Manchmal restauriere ich auch meine alten Bücher, sehr behutsam, um sie für den Handgebrauch zu erhalten. Oder die Kinderbücher meiner Enkel. Ich sammle bis heute Bücher. Meine Enkel wollten einmal wissen, wie viele Bücher hier im Haus stehen. Da habe ich ihnen einen Zollstock in die Hand gedrückt und gesagt: Jetzt schätzt mal schön. Da ich illustrierte Bücher sammle, ist »Moby Dick« fünfmal in meinem Regal und die »Göttliche Komödie« von Dante fünfzehnmal, immer von verschiedenen Illustratoren. Und bei Goethe ist es noch mehr, der »Faust« steht zigmal im Regal.

Ich habe jetzt mehr Zeit zu lesen, möglichst regelmäßig jeden Abend. Meine Frau sagt, ich streichle meine Bücher.

Der Weg zum Ehrenamt

Marieluise Dulich, 58, ist Leiterin der Freiwilligenagentur Tatendrang in München, einer Organisation, wie es viele in der Bundesrepublik gibt. In diesem Interview erklärt sie, wie und wo man sich ehrenamtlich engagieren kann.

Wie wird man Leiterin einer Freiwilligenagentur?
Während meiner Familienphase, die Kinder waren mittlerweile sechs und sieben Jahre alt, fand ich beim Verein für Fraueninteressen Aufgaben, die für mich wie zugeschnitten waren. Nach einem Kurs für Familienfrauen, dem sogenannten »Neuen Start ab 35«, wurde mir eine ehrenamtliche, beratende Tätigkeit im Montessori-Kindergarten des Vereins angeboten. Denn mein Beruf war Erzieherin, und ich habe lange einen Kindergarten für 150 Kinder geleitet. Zur gleichen Zeit stieg ich bei einem weiteren, für mich äußerst reizvollen Projekt ein. Ich übernahm eine beratende Aufgabe bei der damaligen »Münchner Helfer Information«. Nach acht Jahren freier Mitarbeit bekam ich vom Verein das Angebot, dort die Leitung zu übernehmen. Ich sagte zu, und im selben Jahr, 1998, wurde daraus die Freiwilligenagentur Tatendrang München.

Damals wussten noch wenige, dass es so eine Agentur gibt?
Eine meiner ersten Taten war eine Kooperation mit einer Münchner Webeagentur. Ein junger Freiwilliger erklärte uns, dass wir zwar eine tolle Arbeit machten, aber unsere Präsentation nach außen sei zu unattraktiv. Er fand eine Werbeagentur, die für uns pro bono eine komplette Werbekampagne entwickelte. Damals wurden der Name Tatendrang, das Logo und der Slogan »Spenden Sie Zeit statt

Geld« kreiert. Uns wurden Spots für Hörfunk, TV, Kino, Plakate und Annoncen für Printmedien, quasi als Firmen-Know-how Zeitspende geschenkt. Die Werbekampagne kam sehr gut an, und die Imagewirkung hält immer noch an. Ich selbst hatte Lust und die nötige Power, diesen Schritt verantwortlich mitzutragen, ebenso das Team der freien Beraterinnen und unsere Vorstandsvorsitzende Dr. Hildegard Kronawitter. Die Zahl der Bürgerinnen und Bürger, die sich freiwillig und ehrenamtlich engagieren wollten, hatte sich damals verdoppelt, und wir konnten damit auch andere Menschen als zuvor gewinnen. Heutzutage wird viel mehr über gesellschaftliches Engagement gesprochen, es ist en vogue, die Medien berichten immer wieder positiv und engagiert. Freiwilliges Engagement gehört mittlerweile zu jeder Lebensbiographie.

Wie funktioniert eine Freiwilligenagentur?
Tatendrang ist eine zentrale, weltanschaulich und politisch neutrale Beratungs- und Vermittlungsstelle für Münchner Bürgerinnen und Bürger, die sich ehrenamtlich engagieren möchten. Vergleichbare Angebote von Freiwilligenagenturen, Ehrenamtsbörsen, Zentren gibt es inzwischen in vielen Städten bundesweit. Wir hier in München haben Kontakt zu etwa 350 gemeinnützigen Einrichtungen, die konkrete Angebote für Freiwillige beschreiben können und die ehrenamtliche Unterstützung brauchen. Dazu gehören Altenheime, die Straffälligenhilfe, Freizeitprojekte für Kinder, Integrationshilfen für Migrantinnen und Migranten, Hausaufgabenhilfen für Jugendliche. Wir überprüfen die Anfragen, bieten aber auch praktische Umsetzungshilfen für die Einrichtungen an. Aber auch Einschränkungen sind im persönlichen Gespräch vor Ort bisweilen ein Thema. Die Aufgaben für Ehrenamtliche sollten keine beruflichen Mitarbeiter aus den Bereichen verdrängen. Freiwillige Mitarbeit ist immer Ergänzung und kein Ersatz.

Vermutlich kennen Sie diese Einrichtungen gut?
Ja, wir verschaffen uns immer wieder aufs Neue einen Einblick. Wir besuchen die Einrichtungen vor Ort, um die Atmosphäre und die

Ansprechpartner kennen zu lernen. Ein enger Austausch mit den Partnern ist für unsere Arbeit sehr wichtig, weil dann die Beratungsgespräche viel authentischer und realistischer sind, die Erklärungen zur Aufgabe in den Einrichtungen treffender. Auch zum Beispiel mit welchen Problemen die Freiwilligen konfrontiert werden. Für beide Seiten, sowohl für die Freiwilligen als auch für die Einrichtungen, sollte die Vermittlung passen.

Wissen Sie, wie viele ehrenamtliche Helfer in München gebraucht werden?
Dazu gibt es keine statistische Erhebung. Uns ist bewusst, dass nur ein ausgewählter Kreis der Münchner Einrichtungen bei uns nachfragt. Wir kooperieren überwiegend mit dem soziokulturellen und ökologischen Bereich. Daneben gibt es etliche Projekte und Initiativen, die von vornherein nicht mit Ehrenamtlichen zusammenarbeiten können, bei denen dies auch nicht sinnvoll wäre. Denn Freiwillige wären eventuell überfordert, denken wir nur an den therapeutischen Bereich zum Thema Trauma oder Sucht oder an Streetworkprojekte.

Kommen auch gesellschaftspolitische Organisationen auf Sie zu?
Wir kooperieren mit der Ortsgruppe von amnesty international, dorthin vermitteln wir Freiwillige für Öffentlichkeitsarbeit und Übersetzungen. Je konkreter die Nachfragen sind, desto erfolgreicher die Vermittlung. Beispielsweise betreut amnesty international hier in München einen mobilen Infobus für Flüchtlinge, bei dem Übersetzer für Französisch, aber auch für Uigurisch und andere exotische Sprachen gesucht werden. Greenpeace hat recht aktive Gruppen für Menschen im Alter 50plus, und der vergleichsweise junge Verein Greencity bietet generationsübergreifende Projekte an, unter anderem »Radeln im Alter – aber sicher!«.

Findet jeder, der helfen will, bei Ihnen eine Aufgabe?
Ich denke, wir haben für die meisten Interessierten eine passende Aufgabe, denn unser Spektrum reicht von Fußballtrainern in Jugendprojekten über Biotop-Pflegeaktionstage bis hin zur Hausauf-

gabenhilfe für einen Jugendlichen mit Migrationshintergrund. Die Menschen sollten offen sein und sich gerne auf neue Lebenssituationen einlassen wollen. Kontaktfreude und eine gehörige Portion Neugierde gehören immer dazu.

Wer kommt zu Ihnen?
Männer und Frauen von jung bis älter. Die größte Gruppe sind Berufstätige unter vierzig Jahren. Junge Leute, die sich gerne im sozialen, kulturellen oder ökologischen Bereich engagieren wollen. Es kommen auch arbeitsuchende Menschen, zum Teil hoch qualifiziert, die oftmals früher ehrenamtlich aktiv waren. Es war vielleicht Teil ihres Studiums in angelsächsischen Ländern, oder sie absolvierten ein freiwilliges soziales Jahr oder leisteten Zivildienst in einer sozialen Einrichtung. Hier sagen uns die Interessierten oft, es ist besser, etwas Sinnvolles zu tun und Kontakte zu halten, als zuhause zu sitzen. Es melden sich mehr und mehr auch Menschen in der nachberuflichen Lebensphase, Rentner und Pensionäre, die im Schwerpunkt ihr Know-how für eine »gute Sache« einbringen und weitergeben möchten. Beliebt sind bei dieser Gruppe Bewerbungstrainings für Jugendliche oder Coaching für junge Leute. Einige der aktiven Älteren suchen sogar schon vor Ende der Berufstätigkeit eine Aufgabe. Einige möchten sich gerne auch noch qualifizieren. Dabei helfen wir gerne und empfehlen entsprechende Möglichkeiten: Kurse wie der Kulturführerschein, der Lernbegleiter, der Integrationskurs fremdvertraut, Spurwechsel ab 55. Das sind nur einige Beispiele für Angebote im neuen Wirkungskreis.

Wie kann man sich im Ehrenamt qualifizieren?
Verpflichtende aufgabenspezifische Kurse gibt es zum Einstieg bei der Telefonseelsorge, der Suchthotline, den Hospizvereinen oder der Straffälligenhilfe, was wir für absolut notwendig erachten.

Wie läuft so ein Beratungsgespräch bei Ihnen ab?
Wenn ich mich für eine freiwillige Tätigkeit interessiere, dann höre, lese ich vielleicht von den Möglichkeiten einer Freiwilligenagentur

wie Tatendrang, oder mir wird davon erzählt. Unsere Homepage ist in diesem Zusammenhang auch nicht mehr wegzudenken. Wir vereinbaren möglichst bald nach dem ersten Kontakt einen persönlichen Beratungstermin bei uns im Büro. Hier versuchen wir herauszufinden, welche Tätigkeit für den Interessierten geeignet sein könnte. Wir fragen nach den Erwartungen, nach den Motiven, zeitlichen und örtlichen Vorstellungen und Möglichkeiten. Wir fragen nach Interessengebieten, nach der Zielgruppe: ob für Kinder, für Jugendliche oder allgemein für die Kultur, um ein paar Beispiele zu nennen. Nach diesen Vorgaben machen wir meistens drei Vorschläge. Wir melden die Freiwilligen auch bei den Einrichtungen an, falls das gewünscht wird. Dann ist Eigeninitiative gefragt. Rückmeldungen über den Beginn der freiwilligen Tätigkeit bekommen wir von den Organisationen und auch von den Ehrenamtlichen selbst. Bei Bedarf bieten wir weitere Alternativen an.

Wie viele Menschen melden sich bei Ihnen?
Derzeit melden sich pro Jahr etwa 700 Freiwillige neu bei Tatendrang, die zu 90 Prozent auch ein Ehrenamt übernehmen. Manchmal überschätzen sich berufstätige Freiwillige zeitlich, eine berufliche Veränderung steht an, oder es wird aus einem privaten Grund nichts aus dem Engagement. Wir investieren sehr gerne in die Einzelberatungen, weil sich zufriedene Bürgerinnen und Bürger mit Sicherheit auch später, wenn mehr Zeit in einer anderen Lebensphase zur Verfügung steht, wieder an Freiwilligenagenturen wenden. Wir können sagen, dass wir mittlerweile ein kleiner Teil der städtischen Infrastruktur geworden sind.

Machen Sie auch Schulungen für Ehrenamtliche?
Schulungen werden schwerpunktmäßig von den Einrichtungen selbst übernommen, die ja auch vom Engagement der Freiwilligen profitieren. Wir bieten für die Ehrenamtlichen einen regelmäßigen Jour Fixe an. Ein Angebot, um uns über die Erfahrungen zu berichten und sich auszutauschen. Diese Abende sind unglaublich spannend und bereichernd – auch für uns Mitarbeiterinnen von Tatendrang.

Was ist, wenn jemand denkt, ich komme mit meiner ehrenamtlichen Aufgabe nicht zurecht?
Wir ermuntern die Freiwilligen, sich an ihre festen Ansprechpartner in den Einrichtungen zu wenden. Zusätzlich regen wir in den Einrichtungen an, regelmäßige Gespräche mit den Freiwilligen zu führen. In diesen Gesprächen muss natürlich bei Schwierigkeiten die Ursache geklärt werden. Liegt es an der Aufgabe, an der mangelnden Einführung und Unterstützung oder auch an den zu betreuenden Menschen? Alle Beteiligten sollten bei Problemen offen und ehrlich sein. Die Freiwilligen sollten aber auch Hilfe und Unterstützung einfordern und damit nicht zu lange warten. Über 50 Prozent der Freiwilligen, die zu Tatendrang kommen, sind erstmals ehrenamtlich tätig. Das haben wir immer im Blick. Es gibt auch Aufgaben, wie bei der »Hauswirtschaftlichen Beratung für verschuldete Familien«, wo Ehrenamtliche sehr belastenden Situationen ausgesetzt sind. Sie besuchen und beraten Familien in Not, stellen Haushaltspläne zusammen, sichten unbezahlte Rechnungen, helfen bei Anträgen, begleiten zu Behörden und kooperieren eng mit der Schuldnerberatung der Stadt. Dabei werden die Ehrenamtlichen zu »Profis« für viele Probleme in der Familie, beispielsweise Sucht, Erziehungsschwierigkeiten, Partnerschaftskonflikte. Verschuldung ist meist nur ein Teilbereich.

Und wer traut sich so etwas zu?
Dort sind überwiegend Familienfrauen oder ehemalige Manager. Wir haben allerhöchsten Respekt vor diesem Engagement. Viele sind über Jahre aktiv und verkraften immer wieder Rückschläge. Dabei berichten sie, dass sie kontinuierlich dazulernen, die Erwartungshaltung und die Ziele sich an der Familiensituation orientieren und sie sehr geduldig werden. In diesem Projekt muss man sich als Freiwilliger zur Teilnahme an regelmäßiger Supervision verpflichten.

Wie ist es, wenn sich jemand für Straffälligenhilfe interessiert?
Auch hier ist der Einstieg professionell und nicht überstürzt organisiert. Die Interessierten nehmen an den Gruppensitzungen der Akti-

ven teil und hören sich deren Erfahrungen an. Wenn das eher neugierig macht und mich nicht abschreckt, dann beginne ich nach einiger Zeit mit einem Briefkontakt in die JVA. Erst im letzten Schritt folgen persönliche Besuche im Gefängnis. Hier ist die regelmäßige Teilnahme an den Supervisionen zum eigenen Schutz notwendig und verpflichtend.

Wie ist es mit der Schweigepflicht?
Eine Schweigepflicht-Erklärung verlangen bestimmte Einrichtungen, ebenso eine Informationspflicht-Erklärung. Auch ist ein polizeiliches Führungszeugnis immer häufiger eine Voraussetzung, vor allem, wenn man eine verantwortungsvolle Rolle für Menschen übernimmt. Wir informieren bereits in der Beratung darüber, sodass Freiwillige in den jeweiligen Einrichtungen dies nicht als Formalismus ansehen.

Wie viel Zeit wendet jemand durchschnittlich für ein Ehrenamt auf?
Laut bundesweiter Statistik wenden engagierte Bürgerinnen und Bürger etwa vier Stunden pro Woche für ein Ehrenamt auf. Meine Einschätzung ist: Etliche machen auch mehr. Nur ein Beispiel in diesem Zusammenhang: In München gibt es ein Gästehaus für Eltern von kranken Kindern, die über einen längeren Zeitraum im Krankenhaus liegen. Das Haus wird komplett von Ehrenamtlichen geführt. Übrigens ist eine Frau, die wir vermittelt hatten, seit geraumer Zeit die Hausleiterin und koordiniert mittlerweile andere Freiwillige vor Ort.

Was wird am meisten gebraucht?
Hausaufgabenhilfe und Sprachpatenschaften für Migrantinnen und Migranten, und zwar für Kinder, Jugendliche und Erwachsene. Besuchsdienste in Altenheimen, in sämtlichen Stadtteilen.

Das Ehrenamt ist ja auch ein Balanceakt. Wann werden damit Arbeitsplätze vernichtet?
Das werden wir oft gefragt. Wir sehen genau hin und haben diese Sorge im Blick. Insgesamt sehe ich da keine Probleme. Denken Sie an den Sprachunterricht für Migranten. Jugendliche werden zwar in Schulen oder speziellen Projekten unterrichtet, aber sobald ein Ehrenamtlicher sie zusätzlich unterstützt, kommen sie besser voran. Die Chancen steigen für ihre Zukunft, und sie haben einen Menschen, der sich persönlich um sie kümmert. Diese positive Erfahrung ist gegen bezahlte Tätigkeit nicht aufzuwiegen. Kein anderes System kann so erfolgreich sein. Viele Initiativen sind auch aus dem reinen Ehrenamt entstanden und zu bundesweiten Institutionen geworden: amnesty international, Greenpeace, Selbsthilfeverbände wie die Deutsche Multiple Sklerose Gesellschaft, die Rheumaliga, die Lebenshilfe für Menschen mit geistiger Behinderung oder die Aids-Hilfe.

Drittes Kapitel

Die wissbegierige Generation

Kürzlich auf dem sonnenbeschienenen Platz vor der Münchner Ludwig-Maximilians-Universität: Ein Radfahrer bremst schwungvoll ab, winkt einer Frau, die wartend auf dem Mäuerchen sitzt, und ruft: »Schnell, wir sind spät dran!« Beide tragen Jeans, Strickjacken, Turnschuhe und graue Haare. Senioren unterwegs ins Seminar. Sie mischen sich selbstbewusst unter die jugendlichen Studenten, grüßen freundlich ein paar Kommilitonen und suchen sich ihren Platz – durchaus nicht in der letzten Reihe.

Die Generation der Alten macht sich auf, zu lernen und zu forschen. Vom »Bildungshunger« der Ruheständler wird immer häufiger gesprochen, meistens anerkennend, manchmal besorgt, denn, so die Unkenrufer: Die Senioren werden bald die Hörsäle der Unis verstopfen. Im ORF-Forum *On Science* schrieb einer, der sich »Gesandter« nennt: »Am besten: Junge raus aus den Universitäten. Alle Macht dem Kalk.« Vielleicht gehört er zu jenen Professoren, die sich von den Alten schon mal bohrende Nachfragen anhören müssen, was sie sonst nicht gewohnt sind. Aber solche Bemerkungen werden die Senioren nicht davon abhalten, ihr Studium durchzuziehen. Es sind oft die sogenannten »Zweitstudierenden« mit schöngeistigen Interessen, die jetzt, da sie Zeit haben, mehr wissen wollen über französische Literatur im 18. Jahrhundert oder »neugierig sind auf etwas, von dem ich nichts weiß«, wie der frühere Unternehmer Ulrich Schedl, 64, im Interview für dieses Buch sagte. Er studiert Philosophie und wird seinen Doktor machen. In der Shell-Jugendstudie, in der auch nach Meinungen zur Generation plus gefragt wurde, heißt es: »Seniorenstudenten entsprechen vom Lebensalter, Lebensstil und Anspruch eher dem Klischee der Jungen-Alten. Sie sind eben nicht jene netten und freundlichen Hochbetagten, die auf der Bank vor ihrem Haus sitzen und auf den Besuch der Enkel warten.« Und sie werden immer mehr. Mehr als 20.000 Hochschüler sind zwischen 60 und 70 Jahren alt, fast 10.000 sogar noch älter, so die Schätzungen. Bravo! Immerhin ist 2007 das Jahr der Geisteswissenschaften. Die Alten nehmen es ernst.

Nun wird nicht jeder gleich interessante Vorlesungen besuchen oder gar ein Vollstudium absolvieren wollen. Nachmittage auf der

Couch mit einem Buch, vielleicht sogar mit einem »guten«, zählen auch zur Weiterbildung. »Jetzt kann ich es mir endlich leisten, Stunden mit schwieriger Literatur zu verbringen. Das ist ein Hochgenuss«, sagte eine 75-jährige frühere Hotelfachfrau in einem Berliner Literaturzirkel. »Ich bin überzeugt, dass meine Gehirnzellen dadurch angeregt werden.« Sie hat Recht. Die Hirnforschung beschäftigt sich zunehmend mit den Auswirkungen des Alterns auf die geistige Leistungsfähigkeit. Noch sind viele dieser Forschungen umstritten, gesichert ist jedoch inzwischen, dass im Gehirn im Alter neue Gehirnzellen entstehen können, was lange bezweifelt wurde. Wenn das nicht ermutigend ist. Dr. Josef Hilbert vom Wissenschaftszentrum Nordrhein-Westfalen fasste es bei einem Symposium zusammen: »Lebenslanges Lernen klingt zwar für viele wie eine Bedrohung. Gleichwohl gilt, dass Bildung, Kultur und geistige Bewegung jünger und dynamischer machen.« Und Neurologen sowie Psychologen in San Francisco stellten auf einer Tagung fest: »Es fällt zwar nicht mehr so leicht wie in der Jugend. Aber das Hirn hat beim Lernen selbst im Alter kaum Grenzen.«

Wer weiß das besser als die Künstler, Schriftsteller, die Kreativen, die Selbstständigen, die bis ins hohe Alter weiterarbeiten, sich informieren und bilden. Oder der emeritierte Professor, der seine Erfahrungen in einem Alterswerk niederschreibt und darüber Vorträge hält. Geschrieben wird sowieso, als müsste wieder bewiesen werden, dass wir ein Volk der Dichter und Denker sind. Der Büchermarkt wimmelt von Erinnerungen an Kindheit, an Krieg, an Familienfehden. Außerdem verfassen immer mehr alte Menschen ihre Biographie (oder lassen sie schreiben) für ihre Kinder und Enkel. Und dann sind da noch jene, die sowieso nicht ruhen können, weil ihre Rente nicht reicht und sie im Alter noch etwas dazuverdienen müssen. Sie alle bleiben auf dem Laufenden, aktivieren die grauen Zellen. Im *Spiegel*-Interview zu seinem 80. Geburtstag sagte der Schriftsteller Martin Walser: »Der Kopf ist genauso zu trainieren wie der Bizeps. Du musst täglich trainieren, die Zehen wie das Gehirn. Es geht immer nur um eins: Bewegung! Nichts ist schlimmer als Bewegungslosigkeit. Stillstand ist der Tod.«

Bei allen diesen Erkenntnissen konnte es nicht ausbleiben, dass findige Menschen sich sofort hinsetzten und Ratgeber verfassten. Das klingt dann manchmal so, als wäre die Generation 60 plus bereits am Rande eines Hirntodes, wenn sie nicht sofort das aktuellste Zehn- bis Fünfzig-Punkte-Programm verfolgt. Aktiv bleiben, soziale Kontakte knüpfen, Sudokus lösen, rückwärts von hundert bis null zählen, Fisch und Eisen essen und beim Nordic Walking Gedichte aufsagen. Mag ja sein, dass der eine oder andere dadurch auf ein paar konstruktive Ideen kommt, die über den täglichen Rohkostteller hinausreichen. Aber viele Senioren wissen auch so, was Freude bereitet und wach hält.

Ein gutes Beispiel dafür ist der Run aufs Internet. Der *Spiegel* hat sich Anfang 2007 unter dem Titel »Vormarsch der Senioren« mit den Alten und dem Internet beschäftigt. Der Autor stellte fest: »Das Web ist keine Domäne von Jugendlichen und Studenten mehr, die Mehrheit stellen die Silver-Surfer. Die Online-Vorlieben der Senioren ähneln denen der Jungen: Sie suchen Informationen – und Partner.« Und sie strömen in Scharen zu den Internet-Kursen. Es gibt dazu ein paar Zahlen. Nach einer Studie von ARD und ZDF sind von den 50- bis 59-Jährigen bereits 60 Prozent im Internet aktiv. Bei den über 60-Jährigen sind es rund 20 Prozent. Sie legen sich auch komplizierte Programme zu, lernen sogar, wie man einen Blog schreibt, und werden so zu Hobby-Dichtern. Auch das ist lebenslanges Lernen.

Da passt doch der Spruch des griechischen Lyrikers Solon: »Älter werde ich stets, nimmer doch lerne ich aus.«

Es war das pralle Leben

Interview mit der Schauspielerin Ellen Schwiers

Die Schauspielerin Ellen Schwiers war in vielen Filmen zu sehen, unter anderem »08/15«, »Der letzte Zeuge«, »Die Teufelin«, »Der Gauner und der liebe Gott«. Oft war sie die geheimnisvolle Schöne: kompliziert, intelligent und verführerisch. Sie selbst fand sich »entsetzlich hässlich«. Dass sie eine schöne Frau sei, sagt sie, hörte sie zum ersten Male bewusst, als sie vierzig Jahre alt war. Ellen Schwiers spielte mit Jean Gabin, Lilli Palmer, Robert de Niro, Fernandel, Gérard Depardieu und mit Dietmar Schönherr in »Mein Vater und ich«, 2005. 1956 heiratete sie den Filmregisseur Peter Jacob, den früheren Ehemann von Leni Riefenstahl. Auch ihre Tochter, Katerina Jacob (»Der Bulle von Tölz«), ist Schauspielerin geworden. Der schlimmste Schlag in ihrem Leben war der Tod ihres Sohnes, der mit 21 Jahren an einem Tumor starb. 1982 gründete Ellen Schwiers mit ihrem Mann Peter Jacob und ihrer Tochter Katerina »Das Ensemble«, eine Film- und Theaterproduktionsgenossenschaft, die sie bis heute leitet. Peter Jacob starb 1992.

Ellen Schwiers wurde sechsmal hintereinander von der INTHEGA, der Interessengemeinschaft der Städte mit Theatergastspielen, für ihre Produktionen ausgezeichnet. 2006 mit dem 1. Preis der Kategorie Schauspiel für das Stück »Martha Jellneck« von Beate Langmaack. Wenn sie nicht mit ihrer Truppe unterwegs ist, um Kultur in die Provinz zu bringen, lebt sie am Starnberger See. Ellen Schwiers ist 77Jahre alt und nimmt in Filmen und im Fernsehen nur die Rollen an, die ihr gefallen und zu ihr passen.

Stimmt es, dass Sie im letzten Jahr vorhatten, mit der Schauspielerei aufzuhören?
Ja. Weil mich diese Rolle, die ich letztes Jahr spielte, sehr beschäftigt und auch sehr deprimiert hat. Ich habe mir hinterher überlegt, warum ich so fertig war. Ich habe schließlich schon öfter Rollen gespielt, die mich hätten deprimieren können, aber ich bin immer darüber hinweggekommen. Ich habe das Schicksal der Martha Jellneck jeden Abend gespielt, en suite, über siebzigmal – das geht an die Seele, wenn man sich mit der Aufgabe identifiziert, die man sich gestellt hat, und das tue ich. Man muss nicht Mörderin sein, um eine Mörderin zu spielen, aber man muss sich in die Rolle hineinversetzen, damit man sie glaubwürdig rüberbringen kann.

Wer ist Martha Jellneck? Was war das für eine Rolle?
Das Stück ist von Beate Langmaack, und Martha Jellneck ist eine Frau, ein Flüchtling, der nach Westdeutschland kam, nun alt ist, in einer Mansardenwohnung lebt und sich nicht mehr bewegen kann. Sie hat schwere Arthritis, schleicht durch ihre Wohnung und geht nicht mehr auf die Straße. Sie hat einen alten Hund, eine nette Nachbarin, die ihr hilft, und einen Zivi, der ihr das Essen bringt. Durch irgendeinen Zufall erfährt sie, dass im Umfeld des Zivis jemand lebt, der genauso heißt wie ihr Bruder und am selben Tag Geburtstag hat. Das verwundert sie, ihr Bruder ist nämlich im Krieg gefallen. Sie fängt an zu recherchieren, liest alte Briefe ihres Bruders, den sie wohl sehr geliebt hat. Dann lädt sie diesen Mann ein und stellt fest: Er ist nicht der Bruder. Die fürchterliche Geschichte ist: Sie steht dem Mörder ihres Bruders gegenüber. Dieser Mann hat ihren Bruder erschossen, um nach dem Krieg dessen Identität annehmen zu können. Der Mann, den sie eingeladen hat, ist ein ehemaliger SS-Offizier, der in Frankreich vor den Augen ihres Bruders ein kleines Kind ermordet hat. Der Bruder musste schon deshalb verschwinden, weil er Zeuge war. In der Aussprache mit der alten Frau sagt der SS-Offizier zynisch: Kein Mensch wird Ihnen glauben, Ihnen, einer alten, spinnerten Frau. Dann geht sie hin ... aber das will ich nicht weitererzählen, weil ich das Stück im Herbst noch einmal spiele.

Das Stück ist Ihnen an die Seele gegangen?

Klar. Eigentlich hatte ich gedacht, ich habe alles in meinem Leben erzählt, was zu erzählen war, auch alles, was ich selber im Krieg erleben musste, und die Rollen, die ich gespielt habe. Für diese Rolle bekam ich den ersten Preis von der Interessengemeinschaft der Städte mit Theatergastspielen und bot es daraufhin noch einmal an. In diesem Herbst will ich es noch 35-mal spielen.

Sie fragen, warum ich nicht aufgehört habe, obwohl ich es wollte. Aufhören – wann? Meine Tochter kam auf die Idee, das Stück »Sara soll unter die Haube« aufzuführen. Sie sagte: Komm, Mum, spiel mit, sei meine Tante Martha. Ich sehe meine Tochter nicht allzu oft. Sie lebt in Kanada, wenn sie Freizeit hat. Sie hat als neues Hobby die Malerei entdeckt und malt dort. Ich habe mir den Vorschlag überlegt und gedacht: Warum nicht? Das ist eine Komödie, nichts, was mich beschwert. So eine Art Katharsis, die mich in andere Bahnen leitet. Und nun ist das Stück so erfolgreich, dass wir es nächstes Jahr noch fünfzigmal spielen – und ein Ende ist nicht abzusehen, weil sich mehrere Theater gemeldet haben. Ich kann nicht sehen, wie und wann ich aufhören sollte. Und wenn ich weiterspiele, lohnt es sich nur, wenn ich wirklich effektiv weitermache, denn es ist ja das ganze Equipment da. Und ich wollte schon immer mal den »Jedermann« machen, so schlicht und naiv, wie es sich in meinen Augen gehört. Das Stück ist schlicht geschrieben, und das Gedankengut ist auch sehr schlicht. Aber das Stück hat eine Aussage, und deshalb würde ich es gerne machen – obwohl es für so ein Tournee-Unternehmen, wie wir es sind, eigentlich ein Wahnsinn ist! Es sind vierzehn Personen, die da auf Tournee gehen müssen, und ich weiß nicht, wie ich das finanziell gebacken kriege. Aber allein, sich damit beschäftigen zu müssen, ist spannend und außerdem: es hängen finanziell ja auch viele Leute an mir.

Sind die Leute Ihrer Truppe fest angestellt?

Mehr oder weniger. Zum Beispiel mein Techniker ist immer mein Techniker. Der Marcus Halbig ist ein ganz toller Mann, der jetzt seinen Bühnenmeister machen möchte. Aber im Sommer ist er Clown, und zwar ein hochprämierter, der in allen Ländern der Welt Preise gewonnen hat. Er gehört sozusagen zur Familie, hat eine Frau und einen kleinen Sohn, und ich trage da natürlich eine Art Verantwortung. Schließlich war ich es, die ihn irgendwann dazu überredet hat, die Technik für mich zu machen. Da mache ich mir schon Gedanken darüber, was er tut, wenn er nicht bei mir ist. Ich habe auch Schauspieler, auf die ich immer wieder zurückgreife. Die rechnen damit, dass ich sie wieder engagiere. Die sagen: Ellen, du darfst nicht aufhören! Das schmeichelt einem natürlich auch ein bisschen. Da sagt man dann: Gut, aber ihr müsst mir weiterhin helfen. Ich werde ja auch gebrechlicher und merke, dass ich zum Beispiel schwere Koffer nicht mehr schleppen kann, wenn kein Lift da ist. Da brauche ich Hilfe. In diesen kleinen Hotels, in denen wir absteigen, gibt es keine Dienstmänner wie früher in den großen Hotels – und diese Hotels wären für uns sowieso unbezahlbar. Das geht nicht bei so einer großen Truppe. Das könnten auch die Städte nicht bezahlen, von deren Engagements wir ja abhängig sind. Wir müssen die Bedingungen annehmen, die uns angeboten werden – wir haben ja letzten Endes auch einen kulturellen Auftrag. Ohne uns Tourneetheater würde die Landschaft in Deutschland sehr schnell zur kulturellen Wüste werden.

Wie funktioniert das Tingeln im Tourneetheater?
Zuerst muss man sich überlegen: Was will ich spielen? Es gibt eine Interessengemeinschaft der deutschsprachigen Tourneetheater, bei denen man seine Wünsche anmelden kann. Drei Jahre vorher. Dann muss man das Stück produzieren oder wieder freigeben. Das gilt für Stücke, die älter als 70 Jahre und damit frei von Tantiemen sind. Nimmt man ein modernes Stück, das tantiemenbelastet ist, dann muss man einen Vertrag mit dem Verleger abschließen, dem man eine bestimmte Summe an Einnahmen garantieren muss. Das heißt: Ich muss Städte finden, die sich für das Stück interessieren, ich muss ihnen ein Angebot machen – und zwar so ausführlich, dass die Stadt sich wirklich dafür erwärmt und sagt: Frau Schwiers passt mit ihrem Angebot in unseren Spielplan. Dann lädt uns das Kulturamt ein. Wir

schließen einen Honorarvertrag ab, um den Rest kümmert sich die Stadt. Ich verschicke die Pressemappen und die Poster.

Viel Arbeit!
Das kann man wohl sagen! Wir müssen die Stücke beschreiben, Fotomaterial bestellen, die Flyer entwerfen und drucken lassen. Das ist sehr viel Arbeit, und man muss für die Städte hoffen, dass das Interesse an dem Stück groß ist und das Stück damit gut besucht.

Wie ist das mit dem Alter in Ihrer Branche?
Als Unternehmerin kann man sich schon mal sagen: Ich bin alt. Nun habe ich ja Familie. Ich habe eine Tochter und einen Bruder, der siebzehn Jahre jünger ist als ich. Die stehen mir hilfreich zur Seite. Alleine würde ich das jetzt wahrscheinlich nicht mehr schaffen wollen, weil ich sonst überhaupt nicht mehr schlafen könnte. Aber als Schauspieler ist man nie zu alt. Zum Beispiel Alexander May, der bestimmt über achtzig ist und noch immer auf Tournee geht. Es sind ja auch entsprechende Rollen dafür da. Wenn ich jetzt zum Beispiel den »Jedermann« mache, gibt es darin eine alte Mutter, die kann gar nicht alt genug sein! Es gibt für alte Frauen oder alte Männer immer wunderbare Aufgaben. Diese Rollen müssen ja besetzt werden. Dieses Alter, 65 oder 67, bei dem bei anderen Leuten Schluss ist, das gibt es bei uns gar nicht.

Und im Kino und Fernsehen?
Ich sehe da auch manchmal Rollen, bei denen ich sage: Die ist in meinem Alter, wunderbar. Wenn man im Kino oder im Fernsehen eine Großmutter braucht, muss man eine Großmutter engagieren, das ist doch logisch – man kann sie ja nicht einfach vergessen oder mit einer Jungen besetzen. Das ist ein altersloser Beruf. So wie man Kinder braucht, werden eben auch Alte benötigt. Was sich im Kino oder im Theater abspielt, ist doch ein Abbild des Lebens. Da kann man uns nicht eliminieren.

Das heißt, dass es einen Knick in der Karriere aus Altersgründen bei Ihnen nicht gab?

Doch, den gab es, und zwar so ungefähr mit fünfzig. Da ist man plötzlich für die Liebhaberin zu alt und für die Mutter zu jung. Diesen Bruch muss man wirklich überwinden. Und deswegen habe ich gesagt: Schluss, aus, ich gründe mein eigenes Unternehmen, dann bin ich nicht davon abhängig, dass mir jemand eine Rolle anbietet oder auch nicht. Dann kann ich mir die Rollen, die ich noch gern spielen möchte, selber aussuchen. Das tat ich dann auch, und das war in Ordnung. Dann entdeckte ich noch etwas anderes: Ich führe lieber Regie, als selbst zu spielen. Nur wenige Leute wussten, dass ich schon immer Regie führte, schon mit achtzehn. Aber da fühlt man sich unsicher, zu jung, auch wenn man viel zu sagen hat. Man fürchtet, dass man die Autorität nicht hat, um sich durchzusetzen. Mit dem Älterwerden fällt dieses Argument weg, und man wird mutiger, vor allem als Frau, denn Frauen müssen immer hundertfünfzigprozentig sein. Ich wurde dann ja auch Intendantin in Jagsthausen. Da war ich auch zuerst skeptisch. Nicht meinetwegen, sondern wegen der anderen. Ich sagte deshalb: Ich mache nur einen Ein-Jahres-Vertrag, ich muss wissen, wie ich angenommen werde. Und dann machte ich es neun Jahre lang. Und sehr gern sogar, das war eine schöne Zeit. Da hatte ich auch schon mein eigenes Theater-Unternehmen gegründet. Eigentlich wurde ich erst mit fünfzig erwachsen. Mit fünfzig begann ich mich wohler in meiner Haut zu fühlen.

Heißt das sicherer?

Ja. Ich hatte immer das Gefühl, ich müsste kämpfen, müsste zu viel Kraft aufbringen im Beweisen. Dieses Beweisenmüssen stand immer sehr stark bei mir im Vordergrund. Irgendwann schüttelte ich das ab und sagte mir: Nun habe ich genug bewiesen. Seitdem ging es mir besser.

Sahen Sie diesen Bruch mit fünfzig auf sich zukommen?

Nein, das geht schleichend. Eines Tages stellte ich fest, dass die Rollen, die mir angeboten wurden, mich nicht mehr interessierten. Zum

Beispiel »Klavier im Grünen« von der Sagan. Ich fand das Stück schrecklich, habe es aber gespielt – man musste ja auch Geld verdienen. Ich habe aber immer ein schales Gefühl dabei gehabt und gewusst: Das ist keine Rolle, die ich gern spiele.

Welche Rollen nehmen Sie denn zum Beispiel beim Fernsehen an? Und lehnen Sie auch Rollen ab?
Ich nehme die altersgemäßen Rollen an, die etwas auszusagen haben. Da ist es mir egal, ob es eine Ein-Tages-Rolle ist oder ob ich für zehn Tage engagiert werde. Ich habe im Fernsehen oft eine Ein-Tages-Rolle gespielt, aber dann war die Szene gut, und ich mochte sie gerne spielen. Es kommt nicht auf die Größe der Rolle an – sie muss Fleisch haben, etwas zum Beißen, sonst interessiert es mich nicht. Etwas ganz Banales mache ich nicht gern.

Wie oft gehen Sie auf Tournee?
Dass ich jetzt zweimal im Jahr gehe, ist ungewöhnlich. Das ist durch den Preis für »Martha Jellneck« gekommen. Da habe ich spontan gesagt: Ich biete es noch einmal an. Ich habe zwar die Hauptrolle gespielt, und es war eine sehr gute Aufführung – aber wir heißen »Das Ensemble« und wir legen darauf Wert, dass jedes Ensemblemitglied sozusagen der Star ist. Ich hasse allerdings das Wort »Star« – was heißt das schon? Ich meine damit, dass jedes Mitglied etwas auszusagen hat. Wir sind eine Familie, wohnen alle im gleichen Hotel, essen am gleichen Tisch, das gibt es nicht, dass jemand sozusagen mit dem Fahrrad hinterherfahren muss. Ich habe die Truppe bewusst »Ensemble« genannt, im Gegensatz zum sogenannten Star-Theater, bei dem einer herausgestellt wird, das Unternehmen mit einem Medienstar punktet und alle anderen Mitglieder sind lieblos zusammengetrommelt. Bei uns ist jeder sehr gut ausgesucht, weil ich finde, dass die Besetzung mit das Wichtigste an einem Stück ist. Früher war ich anderer Meinung. Ich dachte, ein Schauspieler muss alles spielen können, das stimmt aber nicht. Allerdings bleibt einem in einem Repertoire-Theater manchmal nichts anderes übrig, als eine Rolle zu übernehmen, die einem überhaupt nicht adäquat ist.

Würden Sie sagen, Ihre Liebe ist das Theater?
Ich mache alles gerne. Beim Film wird der Kopf vergrößert, und auf der Leinwand erscheint man riesig groß. Beim Fernsehen wird der Kopf verkleinert – das ist eine ganz andere Übersetzung. Und ich mag das Theater, weil man den Atem des Publikums spürt. Man spielt ja mit dem Publikum. Das ist eine ganz andere Herausforderung. Die Kamera ist ein stummes Untier, bei der ist man darauf angewiesen, dass der Regisseur sagt, ob es gut oder schlecht war. Oder man guckt es sich selbst an und beurteilt es dann. Im Theater dagegen kriegt man direkt zurück, was man gemacht hat. Wenn man Mist gebaut hat, reagiert das Publikum entsprechend. Ich brauche das Publikum. Wenn es nicht gut ist, bin ich auch nicht gut. Ich sage: Jedes Publikum bekommt die Aufführung, die es verdient. Wenn es nicht bereit ist, sich zu öffnen, sich einzulassen, dann verblühe ich. So sagen wir.

Ob das Publikum seine Verantwortung kennt?
Das Publikum müsste es eigentlich wissen. Es wird leider viel zu wenig darüber geredet, dass man das Publikum zum Theaterspielen wirklich braucht. Es trägt einen. Es gibt Vorstellungen, die machen so einen großen Spaß, weil man merkt: Das Publikum ist dabei. Dann gibt es Abende, die sind wie Steinebrechen, weil man gegen eine Mauer rennt und Schwerstarbeit leistet. Und es ist natürlich auch eine Droge, weil man immer wieder wissen will, ob man die Leute kriegt. Wir sagen: Kriegen wir sie heute Abend? Ja, wir kriegen sie! Wir reden hinter der Bühne ständig über das Publikum. Es ist eine ganz wichtige Komponente in unserem Spiel.

Ist es ein Unterschied, ob das Publikum überwiegend jung oder mittelalt ist?
Natürlich. Die Jungen sind viel spontaner als die Alten. Wir lieben ein junges Publikum. Wenn sie sich von einem Stück unterhalten fühlen, reagieren sie, und das ist super. Aber als ich Intendantin war, da hatte ich diese Schülervorstellungen zu absolvieren, in die Schüler getrieben werden, obwohl sie sich für das Stück eigentlich gar

nicht interessieren oder nicht interessiert worden sind. Vor diesen Aufführungen haben wir uns regelrecht gefürchtet. Da wurde Bier getrunken, und Bierdosen rollten durch die Sitzreihen, es war teilweise die Hölle.

Was machen Sie dann?
Ich habe mal eine Aufführung gehabt, in der ich die Elisabeth in »Maria Stuart« gespielt habe. Ich war erst im zweiten Akt dran. Vor meinem Aufritt kamen die Kollegen von der Bühne und sagten: Ellen, es ist grauenhaft! Es sind nur Schulklassen da, die machen einen fürchterlichen Radau. Dann kam der zweite Akt und die erste Szene mit mir. Der Vorhang geht auf, ich sitze auf meinem Thron und im Publikum ein Brüllen und Johlen und Kreischen wie auf dem Jahrmarkt. Da bin ich von meinem Thron aufgestanden, bin ganz langsam vorne an die Rampe geschritten. Da wurde es still, weil sie erschrocken waren. Da habe ich gesagt: Passt mal auf. Es ist mein Beruf, Rollen zu spielen. Wenn ihr mich dabei stören wollt, werde ich das nicht zulassen. Dann gehe ich nach Hause, und wir haben alle einen freien Abend. Mein Vorschlag: Wer bereit ist, sich das Stück anzusehen, bleibt da, und die anderen gehen. Und das warten wir jetzt ab.

Und was passierte dann?
Eisige Stille. Keiner ist gegangen. Danach bin ich wieder auf meinen Thron gestiegen, und wir haben bis zum Schluss gut durchspielen können.

Das Publikum ist mächtig?
Man darf nicht vergessen, dass auch das Publikum eine Aufgabe hat. Wer ins Theater geht, bereitet sich vor. Er muss sich anziehen, hat Karten gekauft, also eine Vorbereitung wie wir, die wir in die Garderobe marschieren, uns schminken, noch mal die Rolle durchlesen. Es gehört von beiden Seiten eine Vorbereitung dazu. Was soll uns daran hindern, dass wir uns vereinen und sagen: Jetzt machen wir uns einen tollen Abend!

Fällt Ihnen das Rollenlernen noch genauso leicht wie früher?
Nein, es ist Schwerarbeit. Es war mir allerdings nie ein Vergnügen. Jeder hat seine eigenen Tricks. Manche schlafen mit dem Textbuch unter dem Kopfkissen. Bei mir liegt das Textbuch ganz in der Nähe des Lichtschalters, weil ich oft im Bett liege und versuche, den Text durchzugehen, und wenn ich an eine Stelle komme, an der ich nicht weiter weiß, muss ich das Licht anmachen und nachsehen. So lerne ich am besten, quasi im Schlaf. Richtig beherrsche ich allerdings einen Text erst, wenn ich ihn beim Spazierengehen ohne zu stocken aufsagen kann. Text lernen ist ein mühsames Unterfangen. Man muss den Text tatsächlich vergessen, um spielen zu können. Der Text muss ganz tief sitzen. Es gibt eine Regel, dass der Text vom Kurzzeitgedächtnis ins Langzeitgedächtnis übergehen muss, und das passiert erst nach neun bis zwölf Tagen. Vorher ist es sinnlos, zur Probe zu gehen.

Bleiben die Texte in Ihrem Kopf?
Nein, die werden ganz schnell wieder gelöscht. Von »Martha Jellneck« kann ich kein Wort mehr. Aber wenn ich es dann wieder lese, kommt es auch schnell wieder. Man kann den Text abrufen. Das Hirn ist ja wie eine Festplatte, auf der man auch manchmal Mühe hat, die alten Dateien wiederzufinden.

Wenn Sie auf Ihre lange Vergangenheit auf der Bühne und im Film zurückschauen, sind Sie dann zufrieden?
Ich weiß es nicht. Es war sehr viel Leben, in jeder Weise. Zufrieden? Das klingt mir so behäbig. Ich glaube nicht, dass ich in diesem Sinne zufrieden bin. Ich habe mich niemals in meinem Leben gelangweilt, es war viel Leben, aber nicht immer Rosen. Weiß Gott nicht. Zum Beispiel habe ich niemals den Tod meines Sohnes überwunden. Was soll ich sagen? Es gab schreckliche Momente, es gab Glücksmomente, es war pralles Leben. Und etwas Besseres kann man doch über Leben gar nicht sagen.

Der Ruhm war ausreichend?
Ich hätte auch nach Hollywood gekonnt. Diesen Vertrag hat mein Mann zerrissen. Er sagte: Entweder ich oder Hollywood.

Tut Ihnen das leid?
Nein, wenn ich wirklich gewollt hätte, wäre ich gefahren. Ich weiß nicht, wie mein Mann reagiert hätte – wahrscheinlich wäre er doch mitgegangen.

Philosophie statt Golf

Ulrich Schedl, 64, Unternehmensberater, München, ist Promotionsstudent. Das Thema seiner Doktorarbeit steht bereits fest. Die jungen Studenten an der Uni haben ihn sofort akzeptiert. Es gab nie Probleme.

Noch einmal studieren mit über sechzig? Das war kein spontaner Entschluss. Ich hatte lange überlegt: Was kann ich machen? Ich wollte mich auf einem für mich ganz neuen Gebiet geistig fordern, weil ich mir einfach nicht vorstellen konnte, nur noch Reisen zu machen, Golf zu spielen, ins Theater oder Kino zu gehen. Das ist zwar schön, aber ich habe diese Neugierde in mir, Neugierde auf etwas, von dem ich nichts weiß.

Das war schon immer so. Ich habe Maschinenbau an der Technischen Universität in Berlin studiert, ziemlich schnell promoviert, aber ich bin nie wirklich in diesen Beruf eingestiegen. Nach einem Jahr in Kuwait kehrte ich nach Berlin zurück und landete in der IT-Branche.

Sicher, das war ein Zufall, weil ich Leute kennen lernte, die mich dafür interessierten. Aber es hat eben auch damit zu tun, dass es mich immer reizte, mein Wissen zu erweitern und mein Denken neuen Dingen zuzuwenden. Ich hatte ja keine Ahnung von der Informatik, habe am Anfang überhaupt nichts verstanden. Ständig habe ich mir Begriffe aufgeschrieben, sie abends nachgeschlagen, Lexika gewälzt. Es hat Spaß gemacht, und nach zwei Jahren war ich Geschäftsführer einer IT-Firma. Schließlich gründete ich meine eigene Firma in München, die in dieser Aufbruchstimmung Anfang der achtziger Jahre florierte.

Warum habe ich sie verkauft? Da war wieder dieser Drang nach etwas Neuem. Ich überlegte, ob ich einen neuen Betrieb gründen oder mich irgendwo beteiligen sollte. Vielleicht wäre es auch angenehm, nach all dem beruflichen Stress nur noch zwei, drei Tage in der Woche zu arbeiten. Wirklich loslassen konnte ich nicht. Ich machte dann Beratungen, auch international, aber nichts ist so geworden, wie ich es mir vorstellte.

Vielleicht wollte ich auch noch etwas riskieren, selbst auf die Gefahr hin, dass ich scheitere. Der erste Schritt war das Seniorenstudium an der Ludwig-Maximilians-Universität in München. Das ist so eine Art Studium Generale ohne Prüfungen und Scheine. Ich habe mir herausgepickt, was mich interessierte, vor allem Philosophie, eine Wissenschaft, die mich schon immer faszinierte. Ich erinnere mich noch heute an eine philosophische Sendung im Fernsehen mit dem Schriftsteller Adolf Muschg, der Politikerin Antje Vollmer, dem Philosophen Peter Sloterdijk und dem französischen Publizisten Alfred Grosser. Ich saß da, hörte zu und war begeistert. Ich habe mir Notizen gemacht, Termini nachgeschlagen und trotzdem vieles davon nicht verstanden. Aber ich wollte unbedingt alles begreifen. Mir ist dann beim Seniorenstudium schnell klar geworden, dass ich kein Mensch bin, der etwas so nebenbei macht, ein bisschen Geschichte, ein bisschen Philosophie und was noch alles angeboten wurde. Und so entschloss ich mich, ein Vollstudium der Philosophie zu versuchen.

Ich sage absichtlich versuchen, weil mir durchaus klar war, was es bedeutet, in meinem Alter, nach meiner beruflichen Laufbahn in ein Seminar zu gehen, in dem lauter junge Studentinnen und Studenten sitzen. Der Anfang war schwierig. Mir waren Begriffe wie Wahrheit, Gerechtigkeit, Intuition im philosophischen Sinne doch völlig fremd. Mit Mitte zwanzig ist man noch flexibel. Wenn ein junger Student etwas liest, hat er es intus. Ich musste alles noch mal und noch mal lesen. Ich habe theoretische Philosophie belegt, das ist Sprachphilosophie und praktische Philosophie, unter anderem Ethik. Ich dachte, da gehe ich jetzt hin, und wenn es nach dem ersten Semester nichts ist, lasse ich es eben. Am Anfang hielt ich mich sehr zurück, schrieb viel mit, studierte zuhause. Ab dem dritten Semester wusste ich: Das ziehe ich durch.

Ich ging zum Ombudsmann der Uni, der für die Philosophen zuständig ist, und absolvierte einen mündlichen Eignungstest, den ich eigentlich schon im ersten Semester hätte machen sollen. Die Prüfer waren etwas erstaunt, dass einer wie ich noch Philosophie studieren will. Nun – ich habe bestanden, bekam meinen Studentenausweis und konnte nun Klausuren schreiben und Scheine machen. Die jungen Studenten in den Arbeitsgruppen haben mich sofort akzeptiert, das war überhaupt kein Problem.

Dieses Studium ist für mich eine große Freude, ich kann es nicht anders ausdrücken. Im Beruf geht man eigentlich immer nur so weit, wie es für das Vorwärtskommen, den Erfolg wichtig ist. Dann heißt es: Es reicht. Mir wäre es lieber gewesen, wenn mehr auf das *Warum* geachtet worden wäre. Alles, was wir gemacht haben, war rein empirisch, ohne Ratio. Ich wollte immer tiefer gehen, suchte Antworten. Jetzt entdecke ich, dass uns schon die alten Philosophen viel erklären können. Manchmal denke ich: Hätte ich nur das, was ich heute lerne, damals schon gewusst. Dieses Studium ist für mich eine Erweiterung des Denkens, auch eine Befreiung. Ich möchte das Kleinkarierte überwinden können.

Im vierten Semester habe ich das Thema Wirtschafts- und Unternehmensethik für mich entdeckt. Daran werde ich weiter arbeiten und promovieren. Das Zulassungsverfahren war ziemlich umständlich. Aber nun bin ich Promotionsstudent und habe zwei Doktorväter. Mein Thema lautet: Verteilungsgerechtigkeit von nicht erneuerbaren Energieressourcen. Mein Leben hat sich durch das Studium verändert. Ich habe andere Prioritäten, renne nicht mehr hinter jedem kulturellen Highlight her, nur um mitreden zu können. Natürlich gehe ich ins Theater, ins Kino, in Ausstellungen, aber ich wähle gezielt aus. Auch das Reisen habe ich eingeschränkt und sogar den Sport. Das Studium nimmt meine Zeit in Anspruch. In den letzten Semesterferien musste ich zwei Arbeiten schreiben. Es stört mich nicht, denn ich spüre, dass das, was ich aufnehme, mir eine große Befriedigung verschafft.

Klar, mein philosophischer Level ist bisher nicht bemerkenswert, aber ich habe Feuer gefangen.

Musik und Politik, ein Enkelkind und viele Pläne

In den letzten zehn Jahren war Edgar Mebus Schulleiter des Gymnasiums Kaiser-Friedrich-Ufer in Hamburg. Unter seiner Leitung war diese Schule der Beweis dafür, dass viele Nationalitäten kreativ und phantasievoll miteinander lernen können. Er hat sich vor vier Jahren pensionieren lassen, weil ihm seine Umgebung und seine Söhne besorgt signalisierten, dass er bei seinem Arbeitspensum nicht mehr lange durchhalten würde. Sehr ruhig sieht sein Ruhestand allerdings nicht aus. Edgar Mebus ist 66 Jahre alt.

Wenn ich überhaupt vor meiner Pensionierung über das Alter nachgedacht habe, dann bestimmt nur sehr flüchtig. Weil mein Problem ja war, dass ich so viel zu tun hatte, dass ich gar keine Zeit zum Nachdenken darüber hatte, was danach geschehen sollte. Ein paar Dinge wusste ich aber sehr genau: Ich wollte wieder mehr Musik machen. Ich habe früher Klarinette gespielt, das wollte ich beleben. Ich hatte noch einen Traum, Klavier zu lernen, aber die Idee habe ich inzwischen begraben. Alles, was ich jetzt mache, hat sich eigentlich erst später und mehr durch Zufall ergeben.

Ich war Schulleiter eines großen Gymnasiums und habe mich von dieser Arbeit so auffressen lassen, dass ich die letzten fünf, sechs Jahre so gut wie kein Privatleben mehr hatte. Ich bin in der Regel erst abends um sechs oder sieben nach Hause gekommen, und an drei Tagen in der Woche war es abends um zehn, weil eine so große

Schule ja immer auch viele Abendveranstaltungen hat. Dann fing ich abends um elf Uhr an, den Unterricht vorzubereiten – so sah mein Leben aus.

Es waren wohl die Reaktionen von außen, die mich gewarnt haben. Ich werde nie vergessen, dass ein Lehrerkollege in einem portugiesischen Hotel eine Familie aus Heidelberg traf, die ihm erzählte, ihre Tochter habe in Hamburg ein Praktikum an einer Schule gemacht, in der es unendlich turbulent zuging, und mittendrin habe es einen Schulleiter gegeben, der dies alles im Griff hatte, das aber wohl nicht lange überleben würde. Der Kollege wusste genau, welche Schule gemeint war und welcher Schulleiter. Die Nachricht hat mich dann schon nachdenklich gemacht.

Ich hatte ein bisschen Sorge, dass mir der Abschied von der Schule schwerfallen würde, weil mir Schule, speziell der Umgang mit jungen Menschen, unglaublichen Spaß macht und sehr viel Befriedigung bringt. Dann hat's der Zufall gewollt, dass ich zwei Monate nach dem Ende meiner Dienstzeit gefragt wurde, ob ich spontan ein Hauptseminar an der Universität übernehmen wollte. Da habe ich also ein Vierteljahr später mit einer Gruppe von 22- bis 23-jährigen Studenten zu tun gehabt. Lehren, vermitteln, anregen – das war mit Sicherheit ein Punkt, der mir geholfen hat, meiner Berufstätigkeit nicht lange nachzutrauern. Seitdem habe ich Hauptseminare und Proseminare in Geschichtsdidaktik gemacht. Da Geschichte mein Fach war und ich mich dafür immer interessierte, hatte das den angenehmen Vorteil, dass ich auch plötzlich wieder zielgerichtet und planvoll lesen konnte.

Vorher war einer meiner Träume gewesen, ohne Schule mal wieder nur aus reinem Vergnügen zu lesen. Dann habe ich sehr schnell gemerkt, dass ich wahrscheinlich doch das Opfer einer »Déformation professionelle« geworden bin. Ich kann mich nämlich gar nicht aus lauter Vergnügen morgens um elf in den Sessel setzen und ein Buch lesen. Das habe ich mein ganzes Leben lang nicht gemacht, und es geht einfach nicht. Und so habe ich die Struktur, die an der Uni wieder da war, als sehr angenehm empfunden. Es war wie in der Schule. Ich wusste genau: Ich muss in den nächsten drei Monaten diese fünfzehn Bücher lesen ... (lacht) ... das war eine witzige Erfahrung.

Und dann kam noch eine zweite Lehrtätigkeit auf mich zu – ein Fortbildungsprojekt in Hamburg für Eltern, die sich in Schulgremien engagieren. Wenn die Eltern nach Fortbildung für ihre Gremienarbeit verlangen, fährt der Referent in die Schule und arbeitet einen Abend lang zum Beispiel mit dem Elternrat, damit er seine Rechte, die er laut Schulgesetz hat, qualifiziert wahrnehmen kann. Ich bin da eingestiegen, Elternrechte lagen mir schon immer am Herzen. Ich mache das gegen Honorar, das ist kein Ehrenamt. Ich habe dadurch einen sehr schönen Überblick über das, was an Umsetzung der gesetzlichen Möglichkeiten machbar ist.

Ich hatte in meinem letzten Leistungskurs Gemeinschaftskunde einen Jungen in der Schule, der damals Vorsitzender der Schülerorganisation der Grünen war. Der Junge war so aktiv, dass er gleich seinen Lehrer und seinen Schulleiter für die Grüne Partei anwerben wollte. Das habe ich kühl von mir gewiesen, obwohl ich immer das Gefühl hatte, die Arbeit in einer Partei wäre eine wichtige Erfahrung. Auch, weil ich mein Leben als Politik- und Geschichtslehrer damit verbracht habe, jungen Menschen klarzumachen, dass diese Gesellschaft nur funktioniert, wenn man mit Hand anlegt. Ich habe auch immer dafür plädiert, dass man einer Berufsorganisation angehören muss. Auf die Solidarität der Kollegen zu verzichten, fand ich immer sträflich. Insofern war es dann etwas inkonsequent, dass ich nie einer Partei beigetreten war. Aber ich wollte nicht in den Verdacht geraten, dass ich irgendetwas nur tun würde, weil ich der richtigen Partei angehöre.

Ja, und dann gab es zufällig diese Begegnung. Eines frühen Morgens traf ich einen anderen früheren Schüler, der inzwischen Politikwissenschaften studierte. Ich hatte ihn in sehr guter Erinnerung. Erstens, weil er ein begnadeter Musiker war, und zweitens hatte er mich beeindruckt, weil er sich schon in der Unterstufe zusammen mit seinem Freund an der Schule umweltpolitisch engagierte. Dieser junge Mann war inzwischen 25 Jahre alt und Vorsitzender der Grünen hier im Stadtteil Eimsbüttel. Wir begegneten uns eines Morgens, nachdem er die ganze Nacht Plakate geklebt hatte. Er sah müde und erschöpft aus, und er tat mir richtig leid. Später hörte ich, dass er in der Nacht nach unserem Treffen mit dem Fahrrad gestürzt war und sich den Arm gebrochen hatte. Ich fand das Engagement von diesem Jan so schön, dass ich dachte: Jetzt mach ich das, was ich schon immer mal wollte – und habe das Beitrittsformular für die Grünen ausgefüllt. Das war zunächst nur die Idee, Beitrag zu zahlen und damit etwas zu fördern, was ich richtig finde.

Dann ging ich auf die erste Mitgliederversammlung meiner Partei. Die Kandidaten für die Bezirksversammlung wurden aufgestellt, und ich wurde vorgestellt. Und siehe da: Ich wurde gleich für Platz acht der Kandidatenliste nominiert und war drei Monate später Abgeordneter der Bezirksversammlung – eine Blitzkarriere. Und daraus, dass die Grünen bei dieser Wahl damals so erfolgreich waren, ergab sich zufällig für mich noch eine andere Aufgabe. Es gibt in Hamburg eine traditionelle Institution, die Deputation, eine Ansammlung von fünfzehn verdienten Bürgern, die jeder Senator an seiner Seite hat, sodass er nicht alleine der Chef der Behörde ist. Das stammt aus uralten Zeiten und garantierte die Mitbestimmung der Bürger gegenüber den damals auf Lebenszeit herrschenden Senatoren. Ja, und meine neue Partei hatte nun so gut abgeschnitten, dass sie statt bisher einen Deputierten zwei stellen konnte. Da habe ich der Fraktionschefin gesagt: Wenn ihr da noch jemanden braucht ... das könnte mir Spaß machen. Es wurde abgestimmt, und seitdem bin ich in dieser Deputation. Das ist von meinen politischen Aktivitäten das, was die meiste Zeit braucht, aber auch am interessantesten ist, weil in dieser Deputation jede Richtlinie, jede Rechtsverordnung und jede Gesetzesänderung beschlossen wird, die in Hamburg im Bildungswesen stattfindet. Jeder stellvertretende Schulleiter wird dort ernannt, jeder Schulleiter, jeder Koordinator an jeder Schule in Hamburg und alle höheren Beamten. Das ist unglaublich spannend.

Was mir aufgefallen ist bei der politischen Arbeit, das sind die Zwänge, unter denen die Leute in den Parteien, die Abgeordneten im Kommunalparlament, aber auch meine Kollegen in dieser Deputation stehen. Vor allem die jungen Ehrgeizigen, die noch was werden wollen, die werden ganz schön unter Druck gesetzt, sich so zu verhalten, wie das die Mehrheit oder die Parteiführung möchte. Und dann habe ich bestätigt gefunden, dass bei vielen politischen Themen die Zahl derer, die Entscheidungen treffen können, weil sie ein Gebiet wirklich durchschauen, unendlich klein ist. Ganz logisch eigentlich: Man kann nicht von allem alles verstehen. Aber wenn man das aus der Nähe erlebt, dann ist das eine ganz schön böse Erfahrung. Unser demokratisches System hat unendlich viele Schwächen – aber es soll erst einmal einer sagen, was besser ist. Die Legislaturperiode endet im Februar 2008. Dann hab ich vier Jahre Kommunalpolitik gelernt und höre damit auf. Als Deputierter würde ich gern weitermachen, wenn man mich wiederwählt.

Für mich ist es im Moment ein Problem, dass ich zu wenig Zeit habe für die Dinge, die mir auch noch wichtig sind. Das eine ist die Musik. Ich bin Mitglied eines Orchesters, das einmal in der Woche Probe hat. Ich habe alle vierzehn Tage eine Klarinettenstunde, weil ich ja besser werden will. Dann mache ich mit einer Nachbarin und deren Freunden Kammermusik. Außerdem bin ich noch Vorsitzender eines Vereins geworden. Und schließlich habe ich mein Enkelkind noch gar nicht erwähnt, für das ich ganz viel Zeit aufwenden möchte.

Zu dem Verein, dessen Vorsitzender ich geworden bin, muss ich etwas erklären. Hamburg hat eine Partnerschaft mit St. Petersburg, und es gibt hier seit Anfang der 90er Jahre einen kleinen Förderkreis, der Lehrern einer Schule in St. Petersburg die Möglichkeiten eröffnete, an Hamburger Schulen zu hospitieren. Als ich noch Schulleiter war, hatte ich jedes Jahr für ein oder zwei Wochen Besuch von zwei russischen Deutschlehrern. So lernte ich auch den Vorsitzenden dieses Vereins kennen, einen Hamburger Kaufmann, der diesen Hilfsverein gegründet hatte. Und als ich pensioniert wurde, meinte er, jetzt könnte ich doch als pädagogisches Beiratsmitglied in den Vorstand kommen. Das habe ich gemacht. Ich bin in Petersburg gewesen, lernte dort alle kennen und machte vermutlich auch ganz nützliche Vorschläge, wie und wo man unsere Hilfsgelder am besten einsetzen könnte. Dann wurde der 88-jährige Vorsitzende krank und hatte die kluge Idee, einen »jungen Mann« als seinen Nachfolger vorzuschlagen. Der junge Mann war ich. Und kurz bevor der alte Vorsitzende starb, wurde ich wirklich Vorsitzender des »Förderkreises der Petersschule zu St. Petersburg«. Wir sammeln jedes Jahr einige zehn- bis zwanzigtausend Euro und geben die vor allem für die Verbesserung der Schulausstattung und für Kinder aus ärmeren Familien aus, die dringend Schulgeldhilfen brauchen.

Das ist etwas, was mich umtreibt. Dass wir hier bei uns auf einem Niveau klagen, das uns eigentlich die Schamröte ins Gesicht treiben muss. Von dieser Ungerechtigkeit bin ich durchdrungen, seitdem meine Frau und ich in den 1970er Jahren fünf Jahre in Ägypten gelebt und von dort aus auch die Nachbarländer kennen gelernt haben. Wenn man sieht, wie der Rest der Welt lebt, dann ist einem für alle Zeiten klar, dass es uns einfach gut geht in diesem Land, und zwar, ohne dass wir persönlich dafür etwas getan haben. Diese Erfahrung Kindern zu vermitteln war mir immer sehr wichtig.

Ich habe damals in meiner Schule ganz intensiv dafür geworben, dass Jugendliche die Möglichkeiten wahrnehmen, kürzere oder längere Zeit im Ausland zur Schule zu gehen. Wir hatten Partnerschaften mit Frankreich und England, wir hatten Partnerschulen in Budapest und Prag und Warschau. Mein wichtigstes Argument für diese Aktivitäten war dieses: Wenn zwanzig Kinder eine Woche fort sind und wenn davon nur für zwei Kinder eine Freundschaft fürs Leben entsteht, dann war es den Aufwand wert.

Dass ich mir jetzt schon wieder so eine Art Überlastung zugefügt habe, hängt damit zusammen, dass eben alles auch Spaß macht. Ich habe immer davon geträumt, nur Sachen zu machen, die ich schön finde – deswegen kann ich nicht so leicht nein sagen.

Meine Frau hat meine Aktivitäten immer unterstützt, weil sie spürte, dass mir das eine Befriedigung bringt. Und jetzt ist sie auch im Ruhestand, und wir haben gesagt: Wenn wir beide mehr Freiheit haben, dann werden wir gemeinsam etwas tun. Wir haben die Vorstellung, dass wir in den vielen Ländern, in denen wir Menschen kennen gelernt haben, länger bleiben wollten. Zum Beispiel in der palästinensischen oder israelischen Schule, in denen wir mal für eine Woche waren, auch mal zwei Monate zu sein und beim Deutschunterricht zu helfen. Das Gleiche könnten wir auch in Frankreich oder Brasilien machen. Aber dazu müsste ich tatsächlich noch einiges an Aktivitäten abbauen.

Wenn ich am Schreibtisch sitze, all die Dinge aus den verschiedenen Bereichen erledige und dann auf die Uhr gucke, denke ich manchmal: Mein Gott, wie viel Lebenszeit geht da verloren! Der Gedanke ist mir noch nie gekommen, wenn ich mit meinem Enkelkind spiele. Und da mir ja immer bewusster wird, dass andere Menschen in meinem Alter schon sterben oder sterbenskrank sind, drängt sich schon die Überlegung auf: Wie fülle ich die Zeit so, dass es befriedigend ist und nicht am Ende Trauer über versäumte Gelegenheiten bestimmend ist.

Die Königin der Aktien

Ingeborg Mootz ist die Autorin des »Börsenkrimis«, eine solide, gut verständliche Anleitung zum Geldverdienen mit Aktien. Die sympathische Dame ist 85 Jahre alt. Sie hält Vorträge, gibt Interviews und tritt routiniert in Talkshows auf. Wer sie besucht, muss darauf gefasst sein, dass ihr Telefon ohne Pause klingelt.

Das Ganze fing ja mit einem Streitgespräch zwischen mir und meinem Mann an – da war ich 48 Jahre alt. Es ging um die leidige Frage des Wirtschaftsgeldes. Dreihundert Mark für sein Toto waren da, kein Problem. Aber fünfzig Mark Wirtschaftsgeld für mich am Ende des Monats mehr – das war eine Zumutung! Diese Gespräche zwischen uns gingen ungefähr zwei Monate, und dann habe ich gesagt: Jetzt hör mal zu, mein Lieber. Jetzt suche ich mir Arbeit, verdiene Geld, und dann kannst du dein Geld behalten, mir ist das ganze Gerede um Geld zu dumm! Und er hat gesagt: Und du bist zu dumm zum Geldverdienen.

Ich habe eine Tochter und war immer nur zuhause. Ich hatte keinen Beruf und habe nie Geld verdient – aber ganz stimmt das natürlich nicht. Ich bin Jahrgang 1922, also: Pflichtjahr, Arbeitsdienst, Frauenhilfswerk, Kriegshilfsdienst, und zwischendurch habe ich den Versuch gemacht, einen Beruf zu erlernen. Ich wollte Filmtheaterdirektorin werden. Das musste ich abbrechen, weil meine Mutter damals im Sterben lag. Und dann kam 1944 der Einzug zur Wehrmacht, ich wurde als Funkerin ausgebildet und kam an die Ostfront in die Tschechei.

Ja und bei dem Streitgespräch damals mit meinem Mann habe ich gesagt, ich wolle so drei- bis viertausend Mark verdienen. Da hat er mich natürlich ausgelacht. Aber ich habe angefangen, die Zeitungsannoncen zu betrachten, und gleich gesehen, dass bei den ganzen Außendienstposten die Leute über den Tisch gezogen werden. Das kam für mich nicht in Frage. Und dann kam ich an eine Annonce, in der es um Vermögensberatung ging. Da bin ich hingegangen, und da standen an einer Tafel lauter Zahlen. Und Zahlen faszinieren mich. Ich dachte: Mensch, das ist keine schlechte Sache. Es ging um den Verkauf von Lebensversicherungen. Und weil ich wusste, dass mir das liegt, habe ich dort angefangen und drei Monate eine Ausbildung gemacht. Man kann ja im Außendienst sofort rausgehen und verkaufen – da hab ich schon nach kurzer Zeit mehr verdient als mein Mann als Prokurist.

Aber dann hatte ich einen dieser blöden Haushaltsunfälle. Ich bin von der Leiter gefallen, habe mir zwei Halswirbel und zwei Lendenwirbel gebrochen und war berufsunfähig. Da war ich 52 Jahre alt. Ich habe hier zuhause acht Stunden gelegen und konnte mich nicht rühren, hatte aber reichlich Zeit nachzudenken. Und habe dann wieder was Neues gefunden: Immobilien. Ja, und dann habe ich Häuser verkauft, während ich noch krank war – ich habe gemakelt, eigenen Besitz hatte ich ja nicht. Und da kann man, wenn man gut ist, an einem Objekt bis zu zwanzigtausend Mark verdienen. Nur fürs Vermitteln. Mein Mann kam aus dem Staunen nicht heraus.

Dann hatte ich irgendwann fast vierzigtausend Mark auf meinem Konto. Der Mensch denkt, und Gott lenkt. Irgendwie bin ich, als ich mich wieder bewegen konnte, in einem Vortrag über General-Motors-Aktien gelandet. Na, da war ich so begeistert, dass ich mir sofort tausend Stück gekauft habe. Das waren unsere ersten Aktien, meine Aktien. Da gab's natürlich Ärger mit meinem Mann. Was mir einfällt! Hinter seinem Rücken Aktien zu kaufen! Unerhört!

Aber da war ich stur. Ich habe gesagt: Das ist mein Geld, das geht dich nichts an. Wie das in der Ehe so ist, nicht wahr: Der Mann ist der Herr, und die Frau ist die Sklavin. Sie soll tun, was er will, aber das hab ich dann nicht mehr gemacht. Auf der anderen Seite will man ja in der Ehe keinen ewigen Zoff haben. Also habe ich gesagt: Okay, und habe die Aktien doch wieder verkauft. Nicht mit großem

Gewinn – aber ich habe auch kein Minus gemacht. Das Geld habe ich dann einfach liegen lassen.

1995 starb mein Mann. Und bei der Erbschaft stellte sich heraus, dass auf seinem Konto 1000 Aktien waren. Er hatte Aktien gekauft – ohne mich zu fragen. VEBA. Die waren so ungefähr 80.000 Mark wert. Da sagte ich mir: Guck mal an! Dieser Spitzbub hat doch hinter meinem Rücken genau dasselbe gemacht wie ich! Aber ich bin nicht böse gewesen, ich hab mich darüber amüsiert. Ich habe dann sein Erspartes, das war sein Wunsch, mit meiner Tochter geteilt und gesagt: Aber die Aktien behalte ich. Ja, dann habe ich vor diesen Aktien gesessen und gedacht: So. Warte – da mache ich 'ne Million draus! Das war eine Vision.

Zwei Jahre später, im Herbst 1997, hab ich die Aktien verkauft und für das Kapital beinahe zweitausend andere kaufen können, also hundert Prozent mehr Aktien – und das werden Sie immer wieder bei mir feststellen: Ich spreche selten von Geld. Mit der Mehrzahl der soliden, sauberen Aktien steigern Sie ihr Vermögen, und kein Crash kann ihnen auch nur eine einzige solide Aktie wegnehmen. Und mit der steigenden Anzahl der Aktien wächst auch ihr Taschengeld, die Dividende. Das ist mein Konsumgeld, für Reisen und besondere Dinge. Aber auch dieses Konsumgeld kann man nicht im Voraus ausgeben, das muss man erst einmal erwirtschaften. Beim Umgang mit Aktien sollten Geldgier und Konsumgier keine Rolle spielen.

Ich glaube, was das Geld angeht, habe ich den siebten Sinn. Ich bin immer mit sehr wenig Geld ausgekommen. Meine Eltern hatten nach dem Krieg zehn Enkelkinder, die alle hier in der Nachbarschaft wohnten. Also da war immer kein Geld, und außerdem waren ja auch die schlechten Zeiten. 1945 bis 1955 saßen wir oft zu zwölft am Küchentisch. Das ist meine Mission: den Menschen zu erklären, wie sie ihr Vermögen steigern können. Das hat der liebe Gott mir in den Kopf gesetzt. Ich glaube an Träume und Visionen. Mein Buch dagegen ist sehr handfest. Mein »Börsenkrimi« ist ein Lehrbuch, das jeder verstehen kann. Darin erkläre ich, wie man mit Aktien umgeht und welche Fehler man nicht machen sollte.

Der größte Fehler ist Geldgier. Geldgier sollte durch Neugier ersetzt werden. Wenn ich mit Aktien arbeiten will, muss ich mich fragen: Wie alt ist das Unternehmen, von dem ich Aktien kaufe? Wie viele Hauptaktionäre gibt es? Wie viele Milliarden oder Millionen besitzt dieses Unternehmen, und was haben sie in den letzten Jahren an Dividenden gezahlt? Dann studiere ich in den Firmenporträts, wo sie anderswo noch Geld liegen haben und wo sie involviert sind – diese Daten lasse ich mir von meiner Bankberaterin geben. Ich habe eine sehr gute Bankberaterin. Außerdem schaue ich in die Tageszeitungen, um zu erfahren: Wie ist der Tageskurs von gestern, wie ist der Tageskurs von vorgestern. Wie ist der Hoch- und wie ist der Tiefkurs. Nehmen wir an, der Tageskurs ist zwanzig, der Hochkurs war fünfundvierzig – da habe ich eine Gewinnerwartung von fünfundzwanzig Euro. Ganz einfach, nicht wahr? Sehen Sie, ich habe aus tausend Aktien 25.000 Aktien gemacht. Ohne zusätzliches Kapital. Immer nur kaufen, verkaufen, wieder neu kaufen, verkaufen.

Die Hedgefonds und die Investmentfonds sorgen dafür, dass die Kursschwankungen so rasend schnell gehen. Karstadt war vorgestern um fünf Prozent runter und ist jetzt wieder hochgegangen. Das hat mit Karstadt nichts zu tun. Da werden Investmentfonds und Hedgefonds für Millionen verkauft, und dann fällt die Aktie. Wenn Sie dann aber gleich im Tiefkurs dazukaufen und die Aktie wieder steigt – dann haben sie Gewinn gemacht. Ich bin nicht leichtsinnig, schließlich muss ich ja mit meiner Rente auskommen, und ich habe nur tausend Euro Rente – davon lebe ich. Ich entnehme dem Aktienvermögen keine großen Beträge, ich will es ja vermehren.

Was soll ich mir ein Häuschen kaufen? Da kaufe ich mir ja nur Arbeit ein, Unkosten und Aufregung, was soll ich damit? Diese Wohnung, in der ich lebe, ist für mich ideal geeignet. Ich kann überall herumlaufen, und wenn ich ein bisschen Bewegung brauche, dann laufe ich durch die Räume oder vor meiner Haustür dreimal denselben Weg rauf und runter. Ich brauche auch keine Putzfrau. Putzen ist für mich Sport. Wer im Alter glaubt, er brauche sich nicht mehr zu bücken, der irrt. Der Körper muss in Bewegung bleiben, der muss gefordert werden, sonst wird er schlapp. Also ehrlich: Ich mache mir überhaupt nichts aus Geld – ich wundere mich nur, dass es immer mehr wird. Ich habe meine Rente, und die Dividenden sind mein Taschengeld.

Ich habe 25.000 Aktien, und aus diesen 25.000 Aktien versuche ich mit ein wenig Glück, 50.000 Aktien zu machen, also Vermehrung um hundert Prozent, das ist mein Ziel. Ich habe mir ja 1998 gesagt, ich mache aus tausend Aktien eine Million – und in D-Mark habe ich das ja auch schon geschafft. Mein Ehrgeiz ist, in diesem Jahr daraus eine Million Euro zu machen. Das sind zwei Millionen D-Mark – aber das regt mich nicht auf. Das begeistert mich auch nicht! Ich habe eine Beziehung zu Aktien – keine Beziehung zum Geld. Nicht dass Sie mich falsch verstehen: Ich bin keine wilde Spekulantin, ich will das ruhige, solide, sichere Geld haben, und das mache ich mit soliden Aktien. Ich will kein Glück, ich will Sicherheit.

Wir Frauen haben eine Begabung für Aktien. Männer wollen nur angeben. Wenn die Gewinne gemacht haben, wird sofort verkauft. Und wofür? Für das neue Auto, das zwei Nummern zu groß ist, dann sind sie wieder wer. Das ist bei Frauen nicht der Fall. Frauen sind ruhiger, und das macht mir Freude. Es gibt unheimlich viele Frauen, die dabei sind, meinen Weg zu gehen. Die sind alle glücklich – und das macht mich glücklich. Ich habe keinen Computer, ich habe kein Handy, ich habe kein Faxgerät, ich habe keinen Taschenrechner, ich rechne alles im Kopf aus. Es ist doch einfach, mit Nullen zu arbeiten, auch mit Millionen. Sechs Nullen nach links schieben und das Komma nach rechts, dazu brauche ich keinen Computer. Und die Leute begreifen das. Nach meinem Auftritt bei Maischberger oder Kerner läuft mein Briefkasten über. Alle wollen meinen »Börsenkrimi« haben. Auch Männer, die etwas von der Sache verstehen, rufen mich an und sagen: Danke schön, Frau Mootz, wir wünschen Ihnen Gesundheit und ein langes Leben.

Ich kann gar nicht zählen, wie viele ich schon verkauft habe, ich mache das ja schon seit 1998. Allein in diesem Jahr hab ich schon 2000 verkauft. Und zwar überallhin. Nach Irland, nach Griechenland, Norwegen, nach Moskau, mein Buch ist in ganz Russland bekannt.

Aus Spaß sage ich manchmal zu meinen Freunden: Ich bin mit 84 Jahren noch Schauspielerin geworden. Auftritte, Vorträge, Interviews – das hat viel mit Schauspielerei zu tun. Man braucht mir nur zu sagen, wie ich mich bewegen soll, wo ich hingucken muss, mache ich alles, Angst kenne ich nicht. Ich habe so viele Bomben neben mir niedergehen sehen, da verliert man die kleinen Ängste und Aufregungen. Rundfunkinterviews per Telefon – mache ich alles rucki-zucki.

Ich mache alles selber, eine Bürohilfe habe ich nicht. Ich lese alle Briefe, die ich bekomme, selber durch, das tut meiner Seele gut. Wenn ich diesen Teil der Arbeit abgeben würde, dann fehlte meiner Seele die Bestätigung, dass ich die Menschen erreicht habe. Diese wunderschönen Briefe! Können Sie sich vorstellen, dass eine 85-jährige Frau Briefe von jungen Männern bekommt, die mir schreiben, ich sei für sie ein Vorbild. Können Sie sich das vorstellen? Eine 85-jährige Frau als Vorbild für junge Männer? Das ist doch fabelhaft.

Den »Börsenkrimi« bestellt man direkt bei
Ingeborg Mootz, Liebigstraße 103, 35392 Gießen

Der Mensch braucht ein inneres Haus

Wolf Gunter Brügmann ist in der Erwachsenenbildung engagiert, moderiert große Veranstaltungen, leitet Workshops, hält Vorträge und hat sich zum Laienprediger ausbilden lassen. Er hat 38 Jahre lang für die Frankfurter Rundschau gearbeitet, davon 32 Jahre als fest angestellter Redakteur. Viele Jahre lang war er Chef der Nachrichtenredaktion. Der Diplomsoziologe hat sich immer auch gewerkschaftlich und politisch engagiert. Wolf Gunter Brügmann ist 61 Jahre alt. Über den Wechsel vom Beruf in die private Freiheit hat er viel nachgedacht. Als es ihn selbst vorzeitig erwischte, war er nicht ganz unvorbereitet.

Es war Spätsommer 2002, als bei der *Frankfurter Rundschau* feststand: Die Belegschaft soll von 1680 auf 750 Leute abgeschmolzen werden, so nannte man das – und ich war damals im altersteilzeitfähigen Alter. Der Witz war, dass wir gerade im Familienrat beschlossen hatten, dass ich nicht in Altersteilzeit gehe, sondern weiterarbeite. Erstens, weil ich körperlich fit war, und zweitens, weil ich gute, hochproduktive und für das Unternehmen erfolgreiche Arbeit machte. Es gab also gar keinen Grund aufzuhören. Im Spätherbst wurde mir dann eröffnet, dass man es gerne sähe, wenn ich ginge, und ob ich mir nicht vorstellen könnte, freiberuflich weiterzuarbeiten. Dem folgte ein zähes und quälendes Hin und Her. Ich habe mich auch anwaltlich beraten lassen. Und dann wurde ich ein paar Tage vor Weihnachten sozusagen vor die Wahl zwischen Pest und Cholera gestellt: Altersteilzeit oder betriebsbedingte Kündigung. Da gab's dann halt keine Alternative mehr. Also haben wir unsere private Finanzplanung überdacht, und ich unterschrieb den Vertrag über die Altersteilzeit.

Mehr als 30 Jahre war ich bei der *Frankfurter Rundschau* angestellt – nach so vielen Jahren einfach rausgedrängt zu werden hatte schon etwas sehr Kränkendes. Aber ich habe mir relativ schnell, noch in der sogenannten aktiven Phase der Altersteilzeit, gesagt: Es hat keinen Zweck, hadernd zurückzublicken. Es liegt noch viel Zeit vor mir, und es kommt darauf an, diese Zeit für mich gut zu gestalten. Ich bin fünf Wochen in eine Klinik gegangen, habe dort innerlich Abstand von meiner bisherigen Berufstätigkeit bei der Zeitung genommen, zwölf Kilo abgenommen und mir gesagt: Ich bereite mich jetzt auf die neue Freiheit vor. Jetzt kommt's nur noch darauf an, dass ich mich innerlich nicht zerfressen lasse und fit und gesund bin, wenn ich ausscheide. Ich schaue nur noch nach vorne.

Was mich allerdings in den Trennungsgesprächen damals sehr aufgebracht hat, war der Satz, ich solle das alles doch nicht persönlich nehmen, das sei doch nur der Druck der Verhältnisse. Ja, wie soll ich es nicht persönlich nehmen, wenn die Firma mir so in die Lebensplanung reinhaut? Und wenn einem dann noch gesagt wird: Wir schätzen Sie ja als Person sehr und auch, was Sie bislang für das Haus geleistet haben, Herr Brügmann, aber leider, leider ... Es gibt einen Treppenwitz bei der Geschichte: Alle, die daran mitgewirkt haben, dass ich raus musste, sind inzwischen auch gegangen worden.

Schon Jahre zuvor hatte ich angefangen, darüber nachzudenken, wie es Kollegen erging, die außerhalb des Arbeitszusammenhanges keine sozialen Kontakte hatten, und mich gefragt, was mit ihnen geschieht, wenn das Arbeitsleben vorbei ist. Wir hatten in der Druckerei und Setzerei viele Schichtarbeiter mit Nachtarbeit und Sonntagsarbeit – und wenn die in Rente gegangen sind und kamen dann ein halbes Jahr später zur Weihnachtsfeier –, die sahen aus wie das blühende Leben! Als ob sie zwanzig Jahre jünger wären. Das waren diejenigen, die auch ohne die Arbeit ein erfülltes Leben hatten. Und dann gab es die anderen, die innerhalb weniger Monate in Depression gefallen sind oder an den Suff kamen oder relativ schnell am Herzinfarkt starben. Ich wusste also: Man braucht etwas für hinterher.

Seit Anfang der 70er Jahre bin ich eng mit dem Soziologen und Sozialphilosophen Oskar Negt und seinen Positionen und Ideen verbunden. Als ich ihn nach langer Zeit, es war 1995, mal wieder bei einer Rede erlebte, da klickte es bei mir, als er sagte, der Mensch brauche auch ein inneres Haus. Es reicht nicht, nur von außen Impulse zu bekommen und auf die zu reagieren. Die Frage ist: Was macht der Mensch mit sich, wenn die Impulse des Arbeitsalltags nicht mehr da sind? Was trägt ihn selber? Da habe ich angefangen, mich stark und vor allem mit konkreten Fragestellungen an mich und mein Leben mit Philosophie, Psychoanalyse und Theologie zu beschäftigen. Auch ganz konkret unter dem Gesichtspunkt: Was machst du eines Tages, wenn das Kind aus dem Haus und die Katze tot ist. Und wer weiß, ob die Ehe für immer bestehen bleibt. Also: Was trägt dich, wenn du drauf angewiesen wärst, mit dir alleine zurechtzukommen? Ich war wirklich zwanzig, dreißig Jahre lang, was die Arbeit betraf, einer der Hundertfünfzigprozentigen. Es gab die *Rundschau*, die *Rundschau*, die *Rundschau*. Die Arbeit, die Gewerkschaft, die Politik – doch sind das alles letztlich brüchige Beziehungen auf Zeit. Und der Preis für diese Überidentifikation war hoch: Meiner Frau und meinem Sohn habe ich mich nicht so zugewendet, wie es angemessen gewesen wäre, und meine Frau kam sich über weite Strecken wie eine alleinerziehende Mutter vor. Nun, ich kann von Glück sagen, dass wir noch zusammen sind, wir steuern stracks auf die Silberhochzeit zu.

Zwei Jahre lang, von 1998 bis 2000, habe ich berufsbegleitend einen Prädikantenkurs der evangelischen Kirche besucht, ein Theologiestudium light absolviert, wie ich gerne sage. Das war Arbeit an Themen, die mich selber stark interessieren. Ich komme aus einer Familie vom Dorf – und eine prägende Figur war ein Großonkel, der 31 Jahre lang unser Dorfpastor war. Als ich fünf Jahre alt war, hatte meine Familie beschlossen: Der Junge wird Pastor. So bin ich als Erster und Einziger unserer ganzen Sippe auf ein Gymnasium, ein humanistisches Gymnasium gekommen. Als ich dann vierzehn oder fünfzehn war, wollte ich raus aus der dörflichen Käseglocke und bin, sobald das rechtlich möglich war, auch aus der Kirche ausgetreten. Zum Leidwesen meines Vaters habe ich mich der SPD und den Gewerkschaften zugewandt und dort ein neues, anderes gemeinschaftliches Zuhause auf Dauer gesucht, was sich im Laufe meiner Lebenserfahrung allerdings als Trugschluss erwiesen hat.

Als meine Mutter gestorben ist – da war ich schon über vierzig –, habe ich im alten Bücherschrank meine Bibel aus der Jugendzeit gefunden und mir angesehen, was ich damals so angestrichen hatte. Dann habe ich die ganze Bibel gelesen wie einen Roman. Und dann noch dreimal unter psychologischen Aspekten, unter dem Gesichtspunkt des Verhaltens einzelner Menschen und unter Gesichtspunkten gesellschaftlicher, politischer wie sozialer Entwicklungen und Grundfragen. Hoch spannend!

In meiner Ausbildung zum ehrenamtlichen Laienprediger habe ich gelernt, wie man einen Gottesdienst aufbaut, wie man eine Predigt gestaltet, wie man Bibeltexte interpretiert. Mein Ding ist allerdings nicht so sehr das tröstende Einlullen der Menschen, sondern das provozierende Aufstören. Ich argumentiere gerne sehr hart an konkreten Lebenslagen oder entlang der gesellschaftlichen Entwicklung. Laienprediger werden angefragt, wenn Pfarrerinnen und Pfarrer ihren freien Sonntag oder Urlaub haben, auf Fortbildung oder mit Konfirmanden auf Freizeit oder sonntags anderweitig verhindert sind.

In der Regel ist für jeden Sonntag ein bestimmter Text vorgegeben – aber das muss man nicht streng einhalten. Manchmal halte ich mich an den Text, manchmal nehme ich mir aber auch ein Thema vor, das mich gerade besonders bewegt. Das arbeite ich dann anhand eines Bibeltextes zu einer Predigt aus. Ich mache das vier- bis achtmal im Jahr, andere machen das öfter, man kann selbst bestimmen, wie oft man predigen möchte.

Ich habe mal eine Predigt über das Alter gehalten, das war ein Stück Selbstverständigung mit mir selbst. Es war der Psalm 90, 10-12. Es ist nur ein Satz, und er lautet in Luthers Übersetzung: »Herr, lehre uns, dass wir sterben müssen, auf dass wir klug werden.« Diese Bitte steht am Ende einer Passage, die sich in einer neueren Übersetzung so liest: »Vielleicht leben wir siebzig Jahre, vielleicht sogar achtzig, doch selbst die besten Jahre sind Mühe und Last. Wie schnell ist alles vorbei, und wie schnell sind wir nicht mehr. Lass uns erkennen, wie kurz unser Leben ist, damit wir zur Einsicht kommen.« In dieser Predigt habe ich ausdrücklich nicht nur die Probleme, sondern auch die neuen Freiheiten angesprochen, die der Ruhestand und das biologische und geistige Älterwerden bringen können. Wie bei jedem Vortrag habe ich auch an jede Predigt, die ich ausarbeite, einen sehr hohen Anspruch an die Reflexion des Themas, und ich möchte, dass die, zu denen ich spreche, meinen Gedankengang auch als einen authentischen und damit glaubwürdigen nachvollziehen können.

Fast ein halbes Leben lang war ich bei der *Frankfurter Rundschau*. Es ist faszinierend, wie schnell man mit all dem fertig wird, was das Leben einmal ausgemacht hat – das hätte ich nicht gedacht. Mehr als 30 Jahre! Wie schnell die entfleuchen, wie schnell man so viele Jahre von sich abschütteln kann! Ich habe gedacht, der Abschied von dieser Zeit wird traumatisch weiter wirken. Aber merkwürdig – es ist im Grunde genommen keine Minute der Gedanke in mir gewesen: Ach, hätte ich doch als Redakteur bei der Zeitung weitermachen können, wäre ich doch wieder dabei. Auch nicht in Träumen. Es ist nichts, was nachbrennt. Möglicherweise hat das etwas damit zu tun, dass ich schon immer auch die Fähigkeit hatte, mit dem Blick von außen auf mich selber zu schauen und mich inmitten des gesamten Spielfelds mit seinen Akteuren zu sehen, die den Arbeitszusammenhang bilden. Diese kritische Distanz zu sich selbst, seinem Tun und seinen Abhängigkeiten, seinen Stärken und seinen Schwächen, ist außerordentlich hilfreich für die Bewältigung von schwierigen Zeiten im Leben.

Ich finde es schon sehr erstaunlich, dass mein ehemaliger Arbeitsplatz nicht ein träumerischer Ort der Sehnsucht geworden ist und ich nicht das Gefühl habe, sozusagen aus dem Paradies verstoßen worden zu sein. Das Einzige, was ich manchmal denke: Ein vernünftiger Abschied hätte sich anstandshalber gehört. Hat nicht stattgefunden, ist auch okay.

Es gibt noch etwas, das man lernen muss in so einem Abschiedsprozess und was ich immer noch in hohem Maße erstaunlich finde: Man hat Beziehungen zu Kollegen und Kolleginnen gehabt. Man hat jahrelang miteinander im selben Raum, auf demselben Flur gearbeitet. Man war persönlich und politisch eng zusammengeschweißt, hat Wochenenden und Urlaube miteinander verbracht. Und in dem Augenblick, wo man raus ist aus dem Laden, zerfällt dieser Zusammenhang. Wenn man sich dann mal wieder begegnet, ist da ein hohes Maß an Befangenheit. Man sagt schnell: Ach, weißt du noch, und spürt ganz genau, dass da keine Substanz mehr in der Beziehung ist. Auch sehr enge Arbeitskollegen sind nicht automatisch Freunde fürs Leben, das begreift man, wenn man das nicht schon vorher gelernt hat, spätestens dann.

Das Finden dessen, was Oskar Negt das »Innere Haus« nennt, das ist mir, glaube ich, ein Stück weit gelungen. Mir ist mit mir selber nicht langweilig, und ich bin nicht zwingend angewiesen auf dauernde Geselligkeit mit anderen Leuten. Ich kann gut mit mir alleine sein, ohne das Gefühl zu haben, einsam zu sein.

Besessen vom Nördlinger Ries

Die Akademiewochen der Universität in Ulm sind immer gut besucht, weil hier jeder ein Thema findet, das ihn interessiert. Albert Geissler, 73, technischer Kaufmann, wollte forschen und lernen und fand eine Aufgabe, die ihn so faszinierte, dass er gleich ein paar Jahre dabeiblieb.

Als ich bei meiner Firma aufhörte, war schon klar, dass ich mich um unsere Tante Clara kümmern musste, die schwer krank war und viel Unterstützung brauchte. Das dauerte ein halbes Jahr. Nach ihrem Tod war ich für die ganze Auflösung ihres Haushalts und die Abwicklung der Erbschaft zuständig. Ich hatte überhaupt keine Zeit zum Nachdenken, was ich mit meiner Zeit anfangen könnte. Dann musste das Dach unseres Hauses renoviert werden. Die nachfolgende Wärmedämmung habe ich fast ganz alleine gemacht, etwa eineinhalb Jahre lang; saß da im Dachstuhl und arbeitete vor mich hin. Das sind oft mechanische Arbeiten, bei denen man nebenher über viele Sachen nachdenkt. Vorher im Büro waren ja den ganzen Tag Leute um mich herum, mit denen man diskutiert, auch mal Privates beredet. Und nun war da niemand mehr. Irgendwann wurde mir klar: So geht es nicht. Wenn ich mich weiterhin zurückziehe, vereinsame ich. Meine Frau war damals noch berufstätig, als Kindergärtnerin, und ich deshalb viel allein. Ich bemerkte, dass mein Wortschatz damals kleiner wurde. Besonders kontaktfreudig war ich sowieso noch nie.

Meine Rettung war ein Artikel in unserer Zeitung über wissenschaftliche Weiterbildung im dritten Lebensabschnitt der Universität

Ulm. Ich war wie elektrisiert. Noch einmal Wissen ansammeln, das war es doch! Endlich konnte ich nachholen, was mir in der Jugend versagt blieb. Wegen eines Unfalls und längerer Krankheit konnte ich kein Abitur machen, und damit fiel auch ein Studium flach. Ich machte eine Schlosser- und dann eine kaufmännische Lehre, war zuletzt Einkäufer in der Fahrzeugindustrie. Das war okay. Aber das Angebot der Uni hat mir als Rentner ganz neue Perspektiven eröffnet. Vor allem, weil ich das Gefühl hatte, etwas Nützliches zu tun. So ganz für mich allein zu lernen, das wäre nichts für mich gewesen.

Ich schrieb mich sofort ein. Man muss kein Abitur vorweisen, die einzige Voraussetzung ist, dass man einen soliden Beruf hatte. Es geht dabei nicht um ein Vollstudium mit Abschluss. Das ZAWIW – Zentrum für Allgemeine Wissenschaftliche Weiterbildung der Universität Ulm – veranstaltet zweimal im Jahr eine Akademiewoche mit Vorträgen und Arbeitskreisen mit einer großen Auswahl an Themen. Die reichen von »Wetter und Klima« bis zu »Wirtschaftsstandort Deutschland« und »Frauen verändern die Welt«, um nur ein paar zu nennen. Und natürlich konnte und kann man Internet lernen. Das habe ich mir allerdings zum großen Teil selbst beigebracht. Die Dozenten sind gut, sie ziehen das nicht einfach durch, weil da Rentner sitzen. Die meisten Teilnehmer sind sicher über sechzig, mehr Frauen als Männer. Ich habe mich für Technik und Umwelt entschieden und mich zunächst so rangetastet, viele Vorträge gehört und mich in den Arbeitskreisen umgesehen, in denen häufig nach der Akademiewoche weitergearbeitet wird. Jeder sucht sich ein Thema, das er recherchiert, immer wird die Gruppe dabei wissenschaftlich betreut. Ein Arbeitskreis, dem ich angehörte, hat damals eine Broschüre herausgebracht: »Energieverwendung – Energieverschwendung«. Ich habe darin einen Beitrag über den Energieverbrauch im Haushalt und dazu zum ersten Mal Grafiken am Computer entworfen. Da war ich schon stolz. Mir wurde guter Stil bescheinigt, aber mein Vortrag sei nicht so toll gewesen. Heute kann ich ziemlich locker eine Rede halten. Das habe ich im Lauf der Zeit gelernt.

Und dann passierte das Nördlinger Ries, von dem meine Frau behauptet, ich sei davon regelrecht besessen. Irgendwie stimmt das schon, denn das Ries beschäftigt mich seit 2002 bis heute. Unter der Fachrichtung »Forschendes Lernen«, zu der auch die anderen von mir besuchten Arbeitskreise zählen, wurde 2002 ein entsprechender Arbeitskreis gegründet, und ich war von Anfang an dabei.

Das Nördlinger Ries ist ein Becken von etwa 25 Kilometern Durchmesser am Übergang des Schwäbischen in den Fränkischen Jura. Ich kannte die Gegend zwar von Ausflügen mit meinen Kindern, aber ich wusste nur, dass sie eine einzigartige Kulturlandschaft ist, in der man wandern kann, Steinbrüche besichtigen, die Weiher und seltene und kostbare Pflanzen bewundern. Über den Ursprung der Bezeichnung »Ries« gibt es übrigens mehrere Theorien, unter anderem, er leite sich aus der römischen Provinz Ractia ab.

Nun ist zwar über das Ries viel geforscht worden, aber man kann noch eine Menge Neues entdecken. Unsere Gruppe – wir waren so fünfzehn Leute, alle Rentner – hat sich richtig in die Materie reingekniet. Ich bin ja eigentlich ein Auto-Fan, aber in dieser Richtung wurde von der Uni nichts angeboten. Und so habe ich mir die Ries-Geologie vorgenommen. Steine haben mich schon in meiner Jugend fasziniert, aber, um ehrlich zu sein, die Zeit, mich richtig damit zu beschäftigen, nahm ich mir nie. Jetzt schon. Wir haben in Bibliotheken recherchiert, bei Ministerien nach Unterlagen gefragt, im Internet gesucht und ständig diskutiert. Meistens einmal im Monat. Über die Kosten hat keiner nachgedacht. Es fielen ja immerhin ein paar Reisen an, Kosten für Telefon, Internet. Das haben wir selbst bezahlt. Ich weiß gar nicht mehr, wie viele Exkursionen wir ins Ries machten.

Das Nördlinger Ries ist vor 15 Millionen Jahren entstanden. Damals schlug ein Meteorit mit einer Geschwindigkeit von siebzigtausend Kilometern pro Sekunde dort ein und verglühte komplett – eine der größten bekannten Naturkatastrophen, die unseren Planeten erschütterten. Dieser Krater ist der am besten erhaltene in Europa, und in Deutschland kennt man sonst nur noch das wesentlich kleinere, aber zur gleichen Zeit entstandene Steinheimer Becken. Spannend ist, wie die Geologen jahrelang darüber rätselten, ob das Ries ein Vulkan ist, eine Hebung der Erde, ein ehemaliger Gletscher oder tatsächlich ein Meteoriteneinschlag. Die Theorien gingen immer hin und her, bis in den sechziger Jahren amerikanische Geologen im Ries erschienen. Sie wollten die Wirkung von Meteoriteneinschlägen mit denen von Atombombenexplosionen vergleichen. Im Labor fanden sie Mineralien, die durch ungeheure Hitze und gewaltigen Druck entstehen, wie sie bisher nur in einem Krater in Arizona und bei unterirdischen Atombombenexplosionen nachgewiesen wurden. Das war der endgültige Beweis.

Ich habe mich natürlich nicht nur mit der Entstehung des Rieses beschäftigt, sondern auch mit den Auswirkungen auf das Klima, auf die Pflanzenwelt. Es sind dort die interessantesten Gesteinsformationen zu besichtigen. Andere in der Gruppe nahmen sich Themen vor wie die sakrale Architektur im Ries, also die Kirchen von der Gotik bis zum Barock oder die jüdischen Friedhöfe, die bisher von der Öffentlichkeit leider wenig beachtet werden. Und wer weiß schon, dass im Ries bedeutende Persönlichkeiten lebten oder familiäre Wurzeln hatten. Paracelsus hat im Nördlinger Kloster mehrere seiner bedeutenden Werke verfasst, Goethes Vorfahren mütterlicherseits stammen aus Bopfingen, Schillers Vater lebte in Nördlingen, wo der Dichter Wilhelm Hauff seine Frau kennen lernte.

Wir haben uns alle sehr gefreut, dass im März 2006 ein Nördlinger Verlag unsere Arbeiten als Buch herausbrachte, »Lebensraum Ries« heißt es, und von mir sind drei Beiträge darin. Wir halten auch Vorträge über das Ries und begleiten Reisegruppen bei ihren Exkursionen. Das Ries lässt mich nicht so schnell los. Jetzt beraten wir in der Arbeitsgruppe, wie wir weiter forschen. Es gibt noch viel zu tun. Außerdem engagiere ich mich im Arbeitskreis Solar, der zum Beispiel mit Schülern eine Solaranlage für ein Gartenhaus entwickelt. Die Mädchen und Jungen sollen mit alternativer Energie vertraut gemacht werden.

Ich muss wirklich nicht darüber nachdenken, wie ich mein Leben als Rentner sinnvoll gestalte. Das habe ich auch der Ulmer Uni zu verdanken.

- *Lebensraum Ries, Verlag Steinmeier, Nördlingen*

Hallo, liebe »seniorama«-Freunde …

Seit zehn Jahren gehen sie einmal im Monat um 19 Uhr auf Sendung. Sie sind ein 15-köpfiges Redaktionsteam, das im Offenen Kanal TV Münster eine einstündige Magazinsendung für Senioren verantwortet. Laien, die sich zu Vollprofis entwickelt haben. Bärbel Elstrodt, 67, koordiniert die Arbeit in der Redaktion, sie plant, sie schreibt, sie moderiert und hat inzwischen auch den Umgang mit der Kamera gelernt. »seniorama« erreicht mit jeder Ausgabe 100.000 Haushalte.

Eigentlich wollte ich Journalistin werden. Aber wie das Leben so spielt: Ich habe geheiratet, zwei Kinder großgezogen und bin inzwischen auch Oma geworden. Solange ich zurückdenken kann, habe ich geschrieben, wo immer es sich anbot. Seit ungefähr 15 Jahren arbeite ich in Münster in der Redaktion der Seniorenzeitung der Volkshochschule. Ich habe auch bei »Antenne Münster« mitgearbeitet und dort meine ersten Erfahrungen mit dem Hörfunk gemacht.

Als dann der Offene Kanal TV Münster gegründet wurde, dachte ich sofort: Dazu habe ich Lust. Das Fernsehen war für mich das dritte Medium, das ich kennen lernen wollte. Unsere erste Sitzung war im Februar 1997, die erste Sendung ging im Oktober 1997 über den Bildschirm, und zehn Jahre später haben wir unsere hundertste Sendung gefeiert.

Das Erste, was ich gelernt habe: dass es zwischen Zeitungs-, Hörfunk- und Fernseharbeit riesige Unterschiede gibt. Das zu begreifen ist sehr spannend. Wenn ich für den Hörfunk arbeite, kann ich mich zuhause hinsetzen, kann den Beitrag schreiben, setze mich dann in ein Studio und spreche das Ganze aufs Band. Im Unterschied zum Schreiben für die Zeitung muss man die Sätze ganz anders bauen. Bei der Zeitung kann ich schöne lange Sätze mit Nebensätzen und Verschachtelungen schreiben – aber für den Hörfunk, wenn es nicht um Literatur, sondern um Informationen geht, müssen die Sätze knapp sein, sonst können die Zuhörer schlecht folgen. Beim Fernsehen ist das ähnlich. Da formuliere ich möglichst kurze, präzise Sätze, die der Zuschauer sofort versteht. Aber das Fernsehen lebt nicht vom Text, sondern in erster Linie von Bildern. So muss ich bei Filmbeiträgen den Text immer den Bildern anpassen. Sowohl vom Inhalt her als auch von der Länge. So schaue ich mir oft mit der Stoppuhr einen Film an. Und dann schreibe ich auf, wie lang der Text für eine bestimmte Szene sein darf.

Vor der Gründung des Offenen Kanals TV Münster wurden in Münster und Umgebung alle Organisationen angeschrieben, die sich mit Senioren beschäftigen. Zur ersten Versammlung kamen fünfzehn Interessierte – aber als die Leute merkten, dass Fernsehsendungen machen richtig viel Arbeit ist, sind die meisten ganz schnell wieder abgesprungen. Von den fünfzehn, die zunächst da waren, sind nur zwei geblieben.

Aber durch Medienberichte sind wieder neue Leute dazugestoßen – vor allem nach unserer ersten Sendung. Da haben dann doch etliche Leute Lust gekriegt mitzumachen. Heute sind wir im Durchschnitt fünfzehn Redaktionsmitglieder. Ungefähr gleich viele Männer und Frauen. Wir sind eine bunt gemischte Gruppe: ehemalige Lehrer, Sekretärinnen, Versicherungskaufleute, Leute aus der Datenverarbeitung – und zwei ehemalige Feuerwehrmänner haben wir auch. Wir sind alle zwischen sechzig und siebzig Jahre alt.

Bei unserem allerersten Treffen hat jemand vom Bennohaus, dem Bürgermedienzentrum in Münster, die Gesprächsführung übernommen. Das war am Anfang auch sehr wichtig, damit wir überhaupt einen Ansprechpartner hatten. Bald aber haben wir einen Koordinator aus den eigenen Reihen gewählt. Ja, und dann haben wir ganz praktisch überlegt: Was kann man senden? Was wollen wir für Sendungen machen? Welche Inhalte? Wer von uns interessiert sich für

Kamera, wer für Schnitt, wer für die Redaktionsarbeit? Bei den ersten Beiträgen mussten wir riesige Hürden nehmen, vor allem fehlte uns natürlich das Wissen und Können im technischen Bereich.

Und dann unsere erste Sendung – war das herrlich! Das war eine große Auftaktsendung zur Eröffnung des Offenen Kanals TV Münster, eine Live-Sendung, die wir nicht selber gemacht haben, sondern die über uns und die anderen Produktionsgruppen gemacht wurde. Ich sollte unsere Gruppe vorstellen und wurde von einer Moderatorin interviewt. Ich hatte mir natürlich, wie soll das sonst gehen, einen wunderschönen Spickzettel gemacht. Diesen Zettel hatte ich auf den kleinen Tisch gelegt, der vor uns stand. Und dann legte die Moderatorin nach ein, zwei Sätzen ihre Hand mit dem Mikrophon auf meinen Zettel ... und ich war abgeschnitten von meinen Notizen und musste frei reden. So wurde ich richtig ins kalte Wasser geworfen. Das war die Vorstellungssendung, und im Laufe desselben Monats haben wir unsere erste eigene Sendung gemacht. Zunächst hatten wir nur eine halbe Stunde zur Verfügung, später dann sechzig Minuten.

Die Themen waren damals so vielfältig wie heute auch. Wir haben von einer Orchideenzucht berichtet, dann war die Spanische Hofreitschule in der Halle Münsterland zu Gast, und wir durften die Generalprobe filmen. Ich habe oben auf dem Balkon gesessen, ganz alleine, ohne andere Zuschauer. Neben mir nur der Kameramann – wir konnten die ganze Parade von oben anschauen und filmen. Das war ein wunderbares Erlebnis!

Wenn wir in den Redaktionssitzungen beschlossen haben, was wir in der nächsten Sendung machen wollen, dann tun sich normalerweise drei Personen zusammen: eine Redakteurin oder ein Redakteur und zwei Kameraleute. Wir filmen gerne mit zwei Kameras, dann haben wir mehr Bildmaterial zur Verfügung. »seniorama« ist eine Magazinsendung, bei der die Einzelbeiträge durch eine Moderation verbunden werden. Ich wechsele mich in der Moderation mit zwei Kollegen ab. Meist sage ich am Anfang: »Hallo, liebe ›seniorama‹-Freunde ...« Das Hallo am Anfang geht mir einfach leicht von den Lippen.

Unsere Themen sind immer auch ein bisschen jahreszeitlich orientiert. Im Dezember haben wir zum Beispiel die Weihnachtsbäckerei einer großen Konditorei vorgestellt. Wir berichten auch von anderen ehrenamtlichen Gruppen, so von »Anti-Rost«. Die Mitarbeiter dort helfen Senioren, die nicht mehr so richtig fit sind. Die es nicht mehr schaffen, eine Glühbirne auszuwechseln oder kleine Reparaturen selbst zu machen. Soweit das möglich ist, sind wir auch aktuell. So vor Wahlen, dann veranstalten wir Podiumsdiskussionen mit den örtlichen Kandidaten.

Wir klären auf über Trickbetrüger, die es darauf anlegen, alte Leute auszunehmen. Wir hatten auch eine Serie, in der ein Rechtsanwalt über Patientenverfügungen berichtete, über Vorsorgevollmacht, Erbangelegenheiten und all die Dinge, von denen man leider oft zu wenig weiß. Wir filmen bei Theateraufführungen, interessanten Ausstellungen, Konzerten. Kultur und Information, das sind unsere Bereiche.

Unsere Redaktionsmitglieder reisen alle gern – und wenn einer unterwegs war, bringt er natürlich seinen Reisebericht mit. Inzwischen habe ich mir eine Kamera gekauft und filme auch. Damit habe ich vor zwei Jahren angefangen, als wir nach Kanada fuhren. Da sagten meine Kollegen in der Redaktion: Bärbel, wenn du da schon hinfährst, dann mache aber auch ein paar Bilder! Ja, dann habe ich mit meiner neuen Kamera eifrig gefilmt. Aus dem Material haben wir drei Filmbeiträge gemacht.

Ein Einzelbeitrag ist im Schnitt 10 Minuten lang. Wenn das Thema spannend ist, dann darf er ruhig auch mal 15 bis 18 Minuten dauern – da gibt es bei uns keine Vorschrift. Sie müssen bedenken, dass wir für Senioren senden. Deshalb berichten wir etwas geruhsamer. Wir machen keine abrupten Schnitte, wir machen keine hektische, schrille Musik, und wir achten darauf, dass wir deutlich sprechen und vor allem nicht zu schnell. Neulich kam in der Stadt eine Frau auf mich zu und sagte: Das wollt ich doch immer schon mal loswerden – Sie machen eine ganz tolle Sendung. Ist doch herrlich, so eine Reaktion! Zwar machen wir pro Monat nur eine Sendung, aber diese wird im Laufe des Monats ungefähr ein Dutzend Mal im

Offenen Kanal wiederholt. Wir erreichen wirklich enorm viele Zuschauer. Inzwischen haben wir eine richtige Fangemeinde.

Wir sind alles Leute, die in der nachberuflichen Phase noch was Neues und Schönes machen wollen. Natürlich haben wir auch einige Kameraleute, die ihr Leben lang Hobbyfilmer waren – klar haben die tolle Schnittplätze zuhause, die sind von Profis nicht mehr zu unterscheiden.

Wir sind ein Team, aber kein geschlossener Club. Wer mitmachen möchte, kann sich gerne bei uns melden und ist dann erst mal eine Art Azubi. Wer seinen ersten selbstständigen Beitrag abgeliefert hat, wird ins Redaktionsteam aufgenommen. Die Geräte haben wir uns privat angeschafft, das Medienzentrum Bennohaus stellt uns die Räume zur Verfügung und bei Bedarf auch die technischen Geräte und Einrichtungen. Für die laufenden Kosten, Filmmaterial und Fahrtkosten, kriegen wir eine kleine Unterstützung von einer städtischen Stiftung. Das sind 1300 Euro im Jahr. Also: Wir arbeiten aus Spaß und ohne Geld. Für uns ist das ein wunderbares Hobby.

Wir sind keine Wundertiere. Unser Wissen und Können ist nicht vom Himmel gefallen. Wir haben Kurse besucht: Kameraführung, Filmschnitt, alles, was man wirklich wissen und können muss. Meine Tochter wurde damals gerade mit ihrem sprachwissenschaftlichen Studium fertig und hat uns den ersten Rhetorik-Kurs gegeben. Es war wirklich nötig, dass wir richtig sprechen lernten. Die Schönheit der deutschen Sprache nutzen zu können, dafür kann ich mich bei jeder Sendung neu begeistern!

Da sein – bis zum Ende

Norbert Weis und Christiane Schultheis engagieren sich ehrenamtlich in der Gruppe »da sein – Lebensbegleitung bis zum Tode« im Frankfurter Bürgerinstitut. Norbert Weis hat bis zu seinem 65. Lebensjahr als Agraringenieur in Deutschland, auf den Philippinen, in Thailand, Afrika und wieder in Deutschland gearbeitet. Mit 65 Jahren ist er in Rente gegangen. Er ist 71 Jahre alt. Christiane Schultheis hat mit ihrer kaufmännischen Ausbildung in der Industrie gearbeitet. Sie ist von Bremen nach England gegangen, von dort aus nach Berlin, nach Frankfurt, in die USA und wieder nach Deutschland. Mit 59 Jahren wurde sie sanft, aber deutlich in die Altersteilzeit gedrängt.

Norbert Weis: Die Richtung meines Engagements war mir eigentlich von Anfang an klar. Ich wollte mich weiterhin mit Menschen beschäftigen, was ich ja mein ganzes Berufsleben lang auch gemacht habe. Ich habe dann zur Vorbereitung einen Lehrgang beim Frankfurter Bürgerinstitut mitgemacht, der »Lebensbegleitung bis zum Tode« hieß. Der Reiz bestand für mich gerade darin, dass ich wusste, dass das keine einfache Aufgabe ist. Allerdings, so gänzlich neu ist das alles nicht für mich. Schon in meinen jungen Jahren habe ich meinen Großvater betreut und bis zu dessen Ende hin gepflegt.

Christiane Schultheis: Bei mir war das eine ganz andere Motivation. Ich bin aus Bremen, und meine Mutter hat ihr Leben lang in Bremen gelebt. Als sie hilfsbedürftig wurde, gab es dort eine Organisation, die sich wunderbar um sie kümmerte. Ich habe damals in Frankfurt gelebt und konnte nur an den Wochenenden nach Bremen fahren. Als meine Mutter dann verstarb, dachte ich: Vielleicht gibt es auch hier Menschen, deren Angehörige woanders leben, und jetzt kannst du dich revanchieren und einem einsamen Menschen einfach etwas Gutes tun. Ich bin Teil der Gesellschaft, habe ich mir gesagt, mir ist es immer sehr gut gegangen, ich habe immer relativ ordentlich verdient, und warum soll ich der Gesellschaft nicht davon etwas zurückgeben? Ich habe dann vor drei Jahren – das war ein Vierteljahr nach dem Tode meiner Mutter – eine Dame im Altersheim übernommen. Diese Dame ist im Frühjahr verstorben. Wir waren knapp drei Jahre zusammen. Das ist eine lange Zeit, in der man sich sehr nahe kommt. Sie ist 96 geworden und war im Kopf völlig klar, während die Leute um sie herum zum Teil schon dement waren oder einfach nicht auf ihrem Niveau. Das war das Wichtigste, was sie von mir brauchte: da sein, spazieren gehen, zuhören – sie hatte mit 96 Jahren ja auch viel zu erzählen. Sie hat den Weltkrieg ganz anders erlebt, als ich es aus den Erzählungen meiner Mutter kannte. Das war für mich sehr interessant, das muss ich wirklich sagen. Es war das Eintauchen in eine ganz andere Welt. Wenn ich im Urlaub war, habe ich ihr eine Karte geschrieben, die sie zwar nicht mehr lesen konnte, weil sie schlecht sah – aber sie wusste, dass da jemand ist, der an sie denkt. Sie hat sich gefreut und hat mir auch gezeigt, dass sie meine Besuche nicht als selbstverständlich ansieht. Vielleicht bin ich deswegen auch so gerne hingegangen.

Norbert Weis: Die erste Dame, die mir zur Betreuung zugewiesen wurde, habe ich nie anders als im Rollstuhl sitzend erlebt. Sie war schon Mitte neunzig, hat niemanden mehr erkannt, auch ihren Sohn nicht. Sie hat auch mich nicht erkannt, ihre Umwelt nicht, soweit ich das beurteilen konnte. Oft waren schon vor dem Haus ihre Schreie zu hören. Man hat versucht herauszufinden, warum sie so schreit, aber weder das Personal im Altenpflegeheim noch hinzugezogene Ärzte konnten das ergründen. Vor einem Dreivierteljahr ist die Dame verstorben, und jetzt besuche ich andere Leute in diesem Haus. In der Regel sind es ja Damen, und auch von denen sind viele mehr oder weniger dement. Ich habe also selten jemanden, mit dem ich mich unterhalten könnte. Aber da ist zum Beispiel eine Dame, auch über 90, die ist blind. Eine ganz reizende alte Dame. Sie sitzt im Rollstuhl, und wenn ich komme, dann fragt sie immer: Na, wer ist denn da? Dann sage ich meinen Namen, und sie sagt: Ach, wie schön, dass du wieder da bist! Dann fängt sie an zu erzählen. Sie lebt in einer Zeit, die vierzig, fünfzig Jahre zurückliegt. Ich kenne inzwischen die ganze Familie. Das ist so, als wenn alle ihre Angehörigen mit am Tisch sitzen, so lebendig erzählt diese Frau. Das ist eine faszinierende Sache. Und wenn ich frage, wie geht's denn heute, dann sagt sie: Ach, mir geht's immer gut. Das ist toll zu hören, wie sehr diese Frau mit sich und ihrem Los zufrieden ist. Obwohl, von außen betrachtet, sagt man sich: Ihr kann es doch nicht gut gehen. Sie ist blind, sie sitzt im Rollstuhl, ist weit in den Neunzigern – aber sie fühlt sich glücklich. Das mitzuerleben ist eine tolle Erfahrung.

Wenn ich in Frankfurt bin, gehe ich in der Regel ein- bis zweimal pro Woche ins Heim. Manchmal bleibe ich eine Stunde, manchmal zwei. Manchmal werde ich auch gerufen. Im letzten Jahr gab es eine Wallfahrt nach Marienthal, und weil viele alte Leute im Rollstuhl sitzen, hat man Betreuungspersonal gebraucht. Da war ich dann mit auf der Wallfahrt. Oder letzte Woche wurde ich gefragt, ob ich nicht einen geistig behinderten Herrn zum Einkaufen in die Stadt begleiten könnte. Wenn Not am Mann ist, bin ich also zur Stelle, soweit es mir eben möglich ist.

Christiane Schultheis: Ich stelle es mir sehr schwer vor, jemanden kennen zu lernen, der schon nicht mehr über alle geistigen Fähigkeiten verfügt. Meine alte Dame und ich, wir haben hervorragend zueinander gepasst. Sie hatte unheimlich viel zu erzählen. Sie kam aus bäuerlichen Verhältnissen und hat als Kind schon gewusst, dass sie Schneiderin werden wollte, und hat das gegen die Widerstände in der Familie durchgesetzt. Sie hat später sogar ihren Meister gemacht, ein kleines Unternehmen gehabt und in jungen Jahren geheiratet. Es ging ihnen wirtschaftlich wohl sehr gut. Sie haben ein Haus gebaut und dann so die üblichen Eheprobleme gehabt. Er ist vor vielen Jahren verstorben – aber diese Ehe war ihr bis zum Schluss ein wichtiges Thema, über das sie immer wieder reden wollte. Es war natürlich nach drei Jahren so, dass sich die Themen wiederholt haben. Gerade diese Ehegeschichten haben sich wiederholt, auch die Frage, warum sie sich nicht scheiden lassen hat und ob es richtig war, dass sie es durchgestanden hat. Ich habe sie immer darin bestätigt, dass ihr Verhalten richtig war.

Norbert Weis: Manchmal setze ich mich auch einfach nur zu den Damen, und wir spielen Mensch-ärgere-dich-nicht. Wobei dann meistens ich die Männchen schieben muss, weil sie es selber nicht mehr können. Mir geht es auch so, wie Frau Schultheis sagt. Die Geschichten, die man erzählt bekommt, wiederholen sich. Aber ich höre natürlich weiter zu und stelle auch Fragen und versuche so, in Kontakt zu kommen. Das sind keine Krimis, die man erzählt bekommt, natürlich nicht, aber darum geht es ja auch nicht. Es geht darum, für die Menschen, die niemanden mehr haben, da zu sein.

Christiane Schultheis: Die Schwestern haben dafür keine Zeit und oft auch kein Verständnis. Das ist ein großes Problem in den Heimen. Da gibt es sehr viel Hilfspersonal, das nicht deutschsprachig ist, und die können sich mit den alten Leuten nicht wirklich unterhalten. Da besteht ein riesengroßes Defizit an Kommunikation. Die Heimbewohner verstehen fremde Akzente nicht und haben obendrein vielleicht noch ein schlecht eingestelltes Hörgerät, und dann geht gar nichts mehr.

Norbert Weis: Dazu kommt, dass ich das Gefühl habe, dass viele der Heimbewohner schlicht und einfach unterfordert sind.

Christiane Schultheis: Unbedingt. Das erlebe ich in dem Heim, in das ich gehe, auch.

Norbert Weis: Viele der Bewohner könnten sicherlich noch einiges machen – wenn nur jemand da wäre, der sie ermuntert! Der sich zu ihnen setzt und ihnen nicht nur zuhört, sondern ihnen vielleicht auch mal einen Bildband in die Hand drückt und mit ihnen über die Bilder spricht. Das Personal ist so ausgebucht, denen kann man gar nichts vorwerfen, die haben auch nur zwei Hände. Im Aufenthaltsraum läuft von morgens bis abends das TV-Gerät – das ist etwas, was mir persönlich mächtig auf die Nerven geht, das macht mich richtig irre. Und in einer Lautstärke! Da sitzen dann zehn, zwölf Leute im Raum, brüten vor sich hin und nehmen gar nicht wahr, was da in diesem Kasten läuft.

Christiane Schultheis: Meine alte Dame hätte durchaus auch noch etwas gekonnt. Sie hat relativ schlecht gesehen, hat nicht mehr gut gehört, und bei einer über Neunzigjährigen sind auch die Finger relativ steif – dennoch wäre da noch etwas möglich gewesen. Nichts zu tun zu haben trägt ja auch zur Einsamkeit bei.

Norbert Weis: Gerechterweise muss ich sagen, dass es in dem Haus, in das ich gehe, auch diverse Angebote gibt. Einmal in der Woche treffen sich etwa Leute zum Malen, zur Lesestunde oder zur Gymnastik – soweit sie dazu in der Lage sind. Aber das alles reicht natürlich nicht aus, Menschen auch geistig fit zu halten.

Christiane Schultheis: Da muss sich sehr viel verändern! Meine Mutter hatte in einem etwas besseren Heim gelebt, war geistig rege bis zum Schluss – und trotzdem hat sie sich immer wieder gelangweilt. Im Haus wurden zwar Lesekreise organisiert – aber die Literatur, die ausgesucht wurde, fand sie einfach nur dämlich. Der Liederkreis war ihr zu albern, und all die Spielchen – wie für kleine Kinder! Das war ihr alles zu doof. Meine Mutter hätte furchtbar gern mit jemandem politisch diskutiert. Aber da war niemand. Die hatten dort alle kleine Appartements, und nach dem Abendessen ging jeder in sein Appartement. Ich muss ehrlich sagen: Das hat meine Einstellung zum Heim verändert. Ich hatte auch schon mal daran gedacht, in so ein Haus zu gehen wie das, in dem meine Mutter lebte. Aber dann habe ich gesehen, dass auch in den besseren Häusern die Leute einsam sind. Und so werde ich vermutlich diesen Schritt nicht machen. Einsam kann ich auch in meinen eigenen vier Wänden sein.

Norbert Weis: In meinem Haus ist eine Dame, die aus dem Ruhrgebiet nach Frankfurt gezogen ist, weil ihr Sohn hier arbeitet. Sie ist geistig total präsent. Notgedrungen bleiben da unter den gegebenen Bedingungen viel Unternehmungslust und Energie, die noch vorhanden sind, auf der Strecke.

Christiane Schultheis: Ich habe mich gefragt, warum geistig rege Menschen im Heim so schwer Gesprächspartner finden. Mein Eindruck ist, dass diejenigen, die noch ein bisschen Lust zu irgendetwas haben, zuhause bleiben, solange es körperlich und geistig noch geht.

Norbert Weis: Ich mache diese Arbeit seit drei Jahren. Bei mir hat das nicht dazu geführt, mir zu überlegen, ob ich auch einmal in so einem Heim leben möchte – aber es hat meine Einstellung zum Alter beeinflusst. Ich nehme viele Dinge nicht mehr so wichtig wie zuvor. Ich bemühe mich um eine gewisse Gelassenheit. Nicht bei jedem Wehwehchen gleich ausflippen, sondern sich generell klarmachen, was auf einen zukommt. Und das haben wir als Begleiter in den Tod ja deutlich vor Augen. Das ist doch unsere eigene Zukunft, die wir bei unseren Besuchen sehen. Und das mit einiger Fassung ertragen zu lernen ist doch zumindest ein guter Vorsatz. Mich persönlich erschreckt diese Zukunft auch nicht mehr, weil ich weiß, was auf uns alle irgendwann einmal zukommt.

Christiane Schultheis: Bei mir hat diese Arbeit dazu geführt, dass mir jetzt bewusster ist, wie wichtig es ist, fit zu bleiben – wirklich bis ins hohe Alter. Natürlich auch geistig, aber im Grunde genommen vor allen Dingen körperlich. Ich habe keine Kinder, keine Nichten und Neffen, und wenn ich möglichst lange in meiner Wohnung bleiben möchte und mich selbst versorgen will – mit oder ohne Hilfen – und nicht so einem Heim ausgeliefert sein möchte, dann muss ich fit bleiben. Ich mache mir Gedanken über meine Ernährung, das habe ich früher überhaupt nicht getan. Irgendwie wurde ich immer satt, und das hat gereicht. Auch dass ich jetzt mit Gymnastik angefangen habe, hat mit der Heimerfahrung zu tun. Ich nehme das sehr ernst und mache das konsequent, weil ich weiß, dass ich heute mit knapp sechzig zusehen muss, den Alterungsprozess etwas zu beeinflussen. Ich möchte wenigstens, wenn ich dann alt und klapprig bin, sagen: Na ja, was du tun konntest, hast du getan. Keiner weiß, wie's mit einem zu Ende geht – aber ich möchte versuchen, den Prozess zu beeinflussen.

Norbert Weis: Ich sage Ihnen aus eigener Erfahrung: Man kann es beeinflussen. Ich werde in diesem Jahr 71, und ich bin seit Jahren mit dem Fahrrad unterwegs. Ich habe gar kein Auto mehr, das habe ich schon lange abgeschafft. Ich erledige alles mit dem Rad und bin erstaunt, wie der Körper darauf reagiert. Wenn man einige Wochen nur zuhause hockt, schlafft man wirklich ab – und in dem Moment, wo man wieder etwas tut, baut der Körper sich auch wieder auf.

Christiane Schultheis: Seitdem ich aufgehört habe zu arbeiten, bekam ich einen derartigen Energieschub – das hätte ich nicht für möglich gehalten. Ich habe Dinge, die ich immer schon machen wollte, neu entdeckt und sage mir: Die nächsten zehn, fünfzehn Jahre will ich volle Power genießen und nutzen. Ich habe mich als Gasthörerin für Archäologie an der Uni eingeschrieben, das fasziniert mich total. Letztes Jahr habe ich an einer Ausgrabung in Jordanien teilgenommen und auch kräftig dafür bezahlt, dass ich mit graben durfte. Und merkwürdig, das verstehen viele Leute nicht. Die sagen: Mein Gott, du hast vierzehn Tage im Dreck gewühlt und geschuftet und geackert in praller Sonne und hast dafür noch zweitausend Euro hingelegt! Mir hat das Spaß gemacht. Ich war mit jungen Leuten zusammen und habe viel gelernt. Ich kenne pensionierte Kolleginnen, die nur shoppen gehen. Einkaufen, bummeln, essen gehen, einkaufen, den ganzen Tag lang – das ist mir zu wenig, wirklich! Inzwischen habe ich über das Landesamt für Denkmalpflege die Möglichkeit bekommen, ehrenamtlich an einer Ausgrabung in der Wetterau teilzunehmen. Ich freue mich riesig über diese Möglichkeit, praktische Erfahrungen zu machen und wieder mit jüngeren Leuten zusammen sein zu können. Ich werde auch weiterhin alte Damen oder Herren im Heim besuchen – das interessiert mich nach wie vor. Mein eigenes Alter kommt früh genug und ganz alleine – aber dann habe ich wenigstens eine Zeit genossen, auf die ich richtig schön zurückblicken kann.

Schau jeden Tag auf diese Welt, als wär's das erste Mal

Rosemarie Kilian wurde 1919 in Landsberg an der Warthe (Westpreußen) geboren. Ihre Mutter nannte sie mein »Revolutionskind«, und so nennt Rosemarie Kilian auch ihre Lebenserinnerungen. Im Zweiten Weltkrieg wurde sie an diversen Fronttheatern als Schauspielerin und Bühnenansagerin eingesetzt und besuchte mit ihrer Schauspieltruppe deutsche Soldaten im Lazarett. Nach dem Krieg hat sie auf vielen deutschen Bühnen gestanden, allein neun Jahre war sie beim Freiburger Ensemble. Sie lebt seit 38 Jahren in Kiel und gehörte bis vor zwei Jahren noch fest zum Ensemble. Da es in Schleswig-Holstein kein Staatstheater gibt, verlieh man ihr die Auszeichnung »Kammerschauspielerin«. Rosemarie Kilian war zweimal verheiratet, hat zwei Kinder und zwei Enkelkinder. Vor drei Jahren hat sie nach achtzehn Jahren Vorbereitung den »Verein zur Förderung des Aufbaus und der Gründung eines Theatermuseums in Kiel« gegründet und ist dessen sehr aktives Vorstandsmitglied.

Ich habe in über dreihundert Rollen fast siebzig Jahre lang auf der Bühne gestanden. Schon mit elf Jahren wollte ich Schauspielerin werden, weil ich nach dem ersten Theaterbesuch eines klassischen Stückes, das war »Don Carlos«, das Gefühl hatte, dass mir etwas gegeben worden ist. Menschen etwas geben, das wollte ich auch. Ich bin jetzt 88 Jahre alt, und die Themen Alter und Tod gehören zu meinen täglichen Auseinandersetzungen – aber das empfinde ich als selbstverständlich.

Leben und Tod ist auch das Thema von »Oskar und die Dame in Rosa« von Éric Emmanuel Schmitt – es ist das einzige Stück, das ich auf eigenen Wunsch immer noch spiele. In diesem Stück bin ich die Oma Rosa, der sich der zehnjährige Oskar anvertraut, nachdem er zufällig erfahren hat, dass er sterben wird. Oma Rosa ermuntert ihn, Briefe an den lieben Gott zu schreiben, »weil dich Gedanken, die du nicht aussprichst, belasten«. Gemeinsam besuchen sie eine Kirche. Oskar fragt: »Wozu gibt es überhaupt Schmerzen?« Oma Rosa erklärt ihm, dass es körperliche und seelische Schmerzen gibt. »Der Gedanke, sterben zu müssen, tut dir nicht weh«, sagt sie, »aber es ist ein seelischer Schmerz.« Oma Rosa sagt: »Meine Mutter hat auf ihrem Sterbebett gelächelt, sie hatte es geradezu eilig herauszufinden, was danach passiert. Die meisten Menschen haben Angst vor dem Tod, weil sie Angst vor dem Unbekannten haben.« Oskar denkt eine Weile nach, dann sagt er: »Eigentlich habe ich keine Angst vor dem Unbekannten. Das Einzige, was mich stört, ist, das zu verlieren, was ich kenne.« Oma Rosa gibt ihm Recht: »Da geht es mir ganz genau wie dir, Oskar.« Am Ende des Stücks bekommt Oskar vom lieben Gott einen Rat: »Schau jeden Tag auf diese Welt, als wäre es das erste Mal.« Da begreift Oskar das Geheimnis des Lebens: Es ist das Glück, da zu sein.

So geht es mir auch. Noch im Bett liegend, schaue ich aus dem Fenster. Ich sehe Bäume, die ihre Äste in den Himmel strecken. Ich sehe die tägliche Veränderung des Morgens durch Wetter und Jahreszeiten und denke an den Hinweis, den der liebe Gott dem kleinen Oskar gegeben hat: Schau jeden Tag auf diese Welt, als wäre es das erste Mal – mit dem Gedanken kann ich zuversichtlich aufstehen.

Ich war immer dankbar, dass ich meinen Beruf so lange ausüben durfte. Ich kenne viele Kollegen, vor allem Frauen, die nach dem vierzigsten Lebensjahr kein Engagement mehr finden konnten und deren berufliches Leben deshalb unerfüllt blieb. Meine Karriere bezeichne ich als die glücklichste, die einer Schauspielerin geschenkt werden kann. Ich bin nie arbeitslos gewesen. Mit jeder Rolle tauchte ich in ein fremdes Leben ein. Das hat starken Einfluss auf meine Entwicklung ausgeübt und mich auch menschlich sehr geprägt.

Ich habe Gründgens vergöttert. Gründgens war und ist für mich das Idol eines Schauspielers. Häufig habe ich ihn noch auf der Bühne erleben können, aber leider nie persönlich kennen gelernt, obwohl ich schon fast auf dem Weg war, ihm vorsprechen zu dürfen. Der Krieg hat es verhindert. Vielleicht wäre mein Lebensweg dadurch ganz anders verlaufen – doch darin bin ich mir sicher: glücklicher gewiss nicht. Beruflich haben sich meine Wünsche erfüllt. Ich hatte wunderbare Aufgaben, und eines war mir immer bewusst: Jede Aufführung ist ein Unikat und ist danach unwiederholbar verschwunden. Das ist etwas Besonderes in einer Zeit, in der es alles tausendfach gibt. Auf der Bühne stehen lebendige Schauspieler, und im Zuschauerraum atmet ein lebendiges Publikum. Und mit welchem Glücksgefühl geht man nach Hause, wenn es ein gelungener Abend war!

Kiel ist eine Großstadt, aber keine Millionenstadt. Das schätze ich an meinem Leben hier besonders: die großen Fähren, zu denen man mitten in der Stadt aufblicken kann. Sie lassen das Provinzielle vergessen – und mit dem Kieler Wind weht auch immer ein Hauch von großer Welt durch die Straßen.

Ein besonderes Anliegen ist für mich immer die Pflege der Sprache und des Sprechens gewesen. Sprache ist mein Steckenpferd. Ich glaube, man muss gegen das ständige Genuschel eine klare schöne Sprache setzen.

Manchmal ist alt sein härter, als ich gedacht habe, und zwar, wenn man plötzlich merkt, dieses klappt nicht mehr, jenes will der Körper verweigern. Obwohl der Gesundheitszustand für mein Alter noch als geradezu ideal bezeichnet werden kann, muss ich mich bei manchen notwendigen Vorgängen disziplinieren, denn nur mit Disziplin lassen sich im Alter all die Dinge fortsetzen, die einem am Herzen liegen. Ein Blick in den Spiegel oder auf meine Hände ist nicht gerade aufmunternd – ist aber sofort vergessen, wenn ich an die vielen Anregungen denke, die mir, ohne dass ich selbst den Motor anwerfen muss, von außen geschenkt werden. Und so entdecke ich täglich die große Fülle, die das Leben auch einem alten Menschen bietet, und bin voller Dankbarkeit, dass ich noch daran teilnehmen darf.

Witzigerweise habe ich beobachtet, dass sich im Alter die Augen verändern. Ich hatte als Kind ganz dunkle, braune Augen. Und wenn Sie jetzt genau hingucken – sehen Sie das –, gibt es bei mir jetzt einen Kreis von Blau außen rum. Das bedeutet, ich entwickle mich zurück – Babys werden ja mit blauen Augen geboren. Nanu, habe ich gedacht, als ich das zum ersten Male wahrgenommen habe: Werden am Ende meine Augen wieder blau, weil ich so alt bin?

Manchmal ist alt sein auch besonders schön. Man hat mehr Freiheiten, mehr Mut, zu sich selbst zu stehen, und gewisse Rücksichten, an die man als jüngerer Mensch gebunden ist, fallen weg. Noch niemals war ich lebensmüde – aber manchmal bin ich müde vom Leben. Der Körper ist müde, weil er ja so viel hat leisten müssen in 88 Jahren. Ich muss auf ihn hören. Er will zum Beispiel mehr schlafen als früher, wie ein Baby.

Gelegentlich denke ich an meine sehr geliebten Großeltern. Sie strahlten eine Güte und Würde aus, die ich an uns Alten nur sehr selten finde. Wie die Jungen gehe ich mit Pulli und Jeans. Meine Haare sind getönt und gleichen annähernd meiner ursprünglichen Haarfarbe. Und wenn auch meine Figur sich im Altwerden verändert hat, gelte ich doch als schlank und fühle mich noch sehr beweglich. Ich stelle nicht die Frage: Wie lange noch? Ich weiß, dass ich die Würde meiner Großeltern nie erreichen kann und manchmal aussehe wie ein alt gewordener Teenager.

Es gibt etwas im Alter, was einem weder von den Jungen noch von der mittleren Generation abgenommen werden kann, was man ganz alleine tragen muss: dass man tatsächlich ein riesiges Paket voller Erfahrungen mit sich trägt und dass man diese Erfahrungen nicht weitergeben kann.

- Rosemarie Kilian, Revolutionskind. Erinnerungen an Leben und Bühne 1919–1999, Zeitgut Verlag

Aus zweitausend Einzelteilen baut er einen Hammerflügel

Als er den ersten Bausatz ausgepackt hatte, war ihm angst und bange. Das war Neuland für ihn – sein erstes Musikinstrument! Aber Thomas Dawo, 76, Goldschmied, Professor für Grundlagen der Gestaltung, bewältigte die schwierige Aufgabe, im Alter noch ein neues Metier zu erlernen. Inzwischen sind die Teile für ein fünftes Instrument bei ihm in seiner Düsseldorfer Wohnung eingetroffen.

Ich habe mir ein, zwei Jahre bevor ich in den Ruhestand ging, überlegt, dass ich zusehen muss, dass ich dann etwas Interessantes zu tun habe. In Depressionen verfallen, wie ich es bei einigen Kollegen sah, das sollte mir nicht passieren.

In einer Zeitung entdeckte ich eine Anzeige: »Bauen Sie selbst ihr Cembalo.« Warum nicht? Ich landete auf Umwegen bei einem Mann in Hamburg, der mich fragte: Was wollen Sie denn bauen? Ich antwortete ganz spontan, ein Klavichord. So eines stand nämlich in meinem Elternhaus auf dem Speicher, und ich habe immer heimlich darauf gespielt. Es war zwar ziemlich verstimmt, aber es hatte einen zauberhaften Klang.

In meinem Elternhaus wurde viel musiziert. Als Kind spielte ich Cello und eine Zeitlang war ich überzeugt: Ich werde später Musiker. Aber irgendwann wurde mir klar, Musik als Beruf, das geht nicht, dazu bin ich viel zu faul. Um richtig gut zu werden, muss man üben, üben und noch mal üben. So einer war ich nicht, und irgendwo in einem Orchester auf dem zwölften Platz zu sitzen, das reizte mich auch nicht.

Mit der Musik war es also nichts. Was sollte aus mir werden? Aus dem Internat in St. Blasien, in das meine Eltern mich gesteckt hatten, flog ich raus. Angeregt durch Gespräche, viel Hin und Her, entschloss ich mich, Goldschmied zu werden. Ich studierte an der heutigen Werkkunstschule Düsseldorf und danach an der Hochschule für Gestaltung in Ulm. Meine Frau Ilse und ich machten Ende der fünfziger Jahre in Düsseldorf ein Goldschmiede-Atelier auf. Mit unserer Formensprache, unserem geometrischen Schmuck, wurden wir schnell bekannt.

Musiziert habe ich immer. Während meines Studiums schrieb ich die Musik für eine Pantomime: »Des Kaisers neue Kleider«, nach dem Märchen von Andersen, studierte mit meinen Kommilitonen das Stück ein und führte Regie. Wir sind damit erfolgreich durch Frankreich gereist. Musik hat in meinem Leben stets eine große Rolle gespielt. Irgendwann habe ich mir ein Bechstein-Klavier geleistet, das heute in meiner Wohnung steht und auf dem ich viel spiele. Ich bin musikalisch, kann jedoch bis heute nicht gut Noten lesen, wie viele musikalische Leute.

Im Ruhestand, nach meiner Lehrtätigkeit, hat mich die Musik wieder richtig eingeholt. Eines Tages kam also dieser Bausatz für ein Klavichord hier an, ein schwerer, großer Karton, darin ein Boden und ein Deckel, dazu Saiten, Schrauben, Spezialleim, eine Bauanleitung und eine sehr liebevolle Beschreibung, wie man vorgehen soll. Ich zog damit in das Zimmer meines Sohnes, der längst ausgeflogen ist, und breitete alles aus.

Da lag nun diese große Zeichnung vor mir, und ich war nicht nur ratlos, sondern auch bange. Ich bin doch kein Instrumentenbauer. Mein erster Gedanke war: Ich muss sofort einen Schreiner holen. Das war ja alles Neuland für mich. Bisher hatte ich als Goldschmied mit Metall gearbeitet, jetzt musste ich mit Holz umgehen. Ich nahm ein Teil nach dem anderen in die Hand, schaute es an, drehte es und überlegte, wo mag das hingehören. Langsam fing ich an zu verstehen, wie alles zusammengehört. Es war eine Herausforderung, und ich begriff schließlich, dass ich jetzt richtig tischlern musste: sägen, hobeln, leimen. Man braucht überhaupt keine schweren Schreinermaschinen, Kreis- oder Bandsägen und so etwas. Ganz gewöhnliche Werkzeuge reichen aus, ein Fuchsschwanz und eine Bohrmaschine zum Beispiel. Als Goldschmied waren mir Feilen und Schleifen und solche Sachen nicht fremd, und ich konnte zügig loslegen. Wer nie handwerklich gearbeitet hat, käme bei so einer Aufgabe ins Schwitzen.

Irgendwann wurde ich von einem gewaltigen Aberglauben geheilt, dass man besonders wertvolle Hölzer braucht, um den richtigen Ton zu erzeugen. Oder dass der Lack für ein Instrument lebenswichtig sei. Alles Quatsch! Wichtig ist der Resonanzboden, und der ist immer aus Nadelholz. Wenn übrigens dieser Boden einmal fest verleimt ist, kann man nicht mehr an das Innere des Instruments heran. Ich, wie andere, schreibe meistens einen Spruch hinein, den dann in hundert Jahren vielleicht einer liest. Man fürchtet sich vor dem Stimmen, weil man ja eine Klangvorstellung hat, die realisiert werden soll. Ganz zum Schluss galt es zu entscheiden, wie soll das Klavichord aussehen: anmalen oder ist das Holz so schön, dass ich es einfach wachsen kann? Ich habe poliert, was ich auch erst lernen musste.

Da stand ich vor meinem ersten selbst gebauten Musikinstrument: stolz und zufrieden. Ich habe ungefähr ein halbes Jahr daran gearbeitet. Mir war klar, wenn ich das verkaufen kann, werde ich mir sofort den nächsten Bausatz besorgen. Das Klavichord hat ungefähr siebentausend Mark gekostet, und ich konnte es an eine Musikerin verkaufen, die einen Hörsturz gehabt hatte und ein Instrument mit sanften, leisen Tönen suchte, der typische Klang des Klavichords.

So rutschte ich im Ruhestand in ein neues Metier. Es war zwar nicht so, dass ich mir einen Traum erfüllt hätte, aber es wurde zu einem Traum. Kürzlich ist mir eingefallen, dass ein Freund, dem ich einst erzählt hatte, ich werde Goldschmied, mit dem Satz reagierte: In meiner Vorstellung passt zu dir Holz viel besser als Metall.

Ich möchte das Schwierigste bauen, was Sie haben, sagte ich nach dem ersten erfolgreichen Versuch zu meinem Lieferanten, der meinte: Wenn Sie einen Bechstein-Flügel bauen wollen, sollten Sie zuerst eine Lehre machen. Er habe aber einen Hammerflügel, das könne sich ein erfahrener Amateur zutrauen. Ich sagte sofort: Her damit! Damit stand ich nun wirklich vor einer anspruchsvollen Aufgabe. Als ich das Paket auspackte, lagen etwa zweitausend Einzelteile vor mir, jede Schraube mitgerechnet. Ich begann zu arbeiten, und zunächst lief alles gut. Dann passierte es: Zu jedem Musikinstrument gehört ein dickes Eichenbrett, in das Löcher gebohrt werden für die Wirbel, mit denen man die Saiten spannt. Als ich den Handbohrer ansetzte, hatte ich plötzlich das Gefühl: Das ist kein Holz, das ist Pudding. Ich war ziemlich verzweifelt und dachte natürlich zuerst, ich hätte einen Fehler gemacht, bis mir klar wurde, ich habe schlechtes Holz vor mir. Ich rief meinen Lieferanten an, der sagte, wir ersetzen das Teil, schicken Sie das schadhafte. Leicht gesagt, es war doch schon fest verleimt. Ich fand dann einen Schreiner, der mir das Brett herausfräste. Als das neue Teil kam, habe ich zuerst ein paar Löcher gebohrt, und es klappte.

Dieser Hammerflügel war ein Abenteuer. Zum Schluss habe ich noch furniert, auch eine Arbeit, die mir neu war. Um es auf eine kurze Formel zu bringen: Es geht beim Instrumentenbau immer um die Mechanik und die Regulierung der Töne. Ich fand meinen Hammerflügel, als er fertig da stand und ich ihn spielte, ziemlich gelungen. Eine Japanerin spielt heute auf ihm Konzerte. Der Hammerflügel ist, wie die historischen Musikinstrumente überhaupt, in Mode gekommen, weil viele Leute, ich sage es einmal ketzerisch, meinen, sie müssten Musik auf dem Instrument spielen, auf dem sie früher komponiert wurde. Dabei hätten Beethoven oder Bach über einen Steinway gejubelt. Warum also historische Instrumente bauen? Nun, sie haben einen ganz speziellen, reichen Klang, sodass sogar manche zeitgenössischen Komponisten dafür Musik schreiben.

Ich bin nicht der Einzige, der Instrumente als Hobby baut. Man kennt sich, telefoniert oder besucht sich, um Details zu erörtern. Ich habe selbst gute Tipps von einer Klavierbauerin bekommen. Es ist natürlich ein teures Hobby, weil man alles vorfinanzieren muss, aber bisher habe ich noch nie draufgezahlt.

Es lässt mich nicht mehr los. Gerade ist der Bausatz für mein fünftes Instrument hier eingetroffen. Vorher entstanden nach dem Flügel wieder ein Klavichord, dann ein Cembalo, das noch hier steht. Ich werde demnächst im Internet inserieren, ob es jemand kaufen möchte.

Das neue Musikinstrument ist ein Cembalo mit zwei Klaviaturen, eine ziemlich wahnsinnige Maschine. Jetzt geht das Spielchen wieder los. Hoffentlich kriege ich das hin.

Allein im Raum mit einer Stimme

Friedrich Weber sitzt im Monat ungefähr zwanzig Stunden bei der Telefonseelsorge am Telefon. Er hat bis zu seiner Pensionierung als Referent im Diakonischen Werk der EKD gearbeitet. Schwerpunkt seiner Arbeit war die Familienpflege. Vor sieben Jahren hat er sich zum ehrenamtlichen Telefonseelsorger ausbilden lassen, auch in Gesprächstherapie. Er nennt seine Tätigkeit »ein richtig schönes Ehrenamt«. Wenn er Dienst hat, mal am Tag, mal eine Schicht in der Nacht, sitzt er allein in einem Raum: ein Stuhl, ein Tisch, ein Mann und ein Telefon. In der Telefonseelsorge, in der er arbeitet, melden sich pro Jahr sechs- bis siebentausend Anrufer. Männer, Frauen und Jugendliche. Friedrich Weber ist 62 Jahre alt und lebt in Frankfurt.

Der Grund, mich um die Telefonseelsorge zu kümmern, war der Wunsch, Menschen ein wenig näher zu kommen, als mir das bei meiner Arbeit in den Gremien möglich war. Ich bin in die Ausbildung auch mit dem Anspruch gegangen, etwas für mich zu tun. Ich wollte nicht nur für andere da sein, ich wollte von dieser Arbeit auch einen Gewinn haben. Ich bin neugierig auf Menschen, auch neugierig auf mich selbst, und bei der Telefonseelsorge geht es ja auch um Selbsterkenntnis. Wenn ich lerne, ein helfendes Gespräch zu führen, bringe ich mich mit meinen persönlichen Fragen, meinen Themen, meinen Problemen mit ein. Wie soll ich denn Menschen verstehen, wenn ich mich selber nicht kenne und mich in meinen Stärken und Schwächen nicht verstehe.

Es geht bei dieser Arbeit nicht darum, Ratschläge zu verteilen. Ein zentrales Anliegen der Telefonseelsorge ist nicht die Belehrung des Menschen, der anruft, sondern seine Wertschätzung. Es geht darum, die richtigen Fragen zu finden. Über diese Fragen ist der Anrufende dann häufig in der Lage, zu Antworten zu kommen oder neue Fragen zu finden für das, was ihn bewegt und belastet.

Ich hatte neulich ein Gespräch mit einer etwa 45-jährigen Frau, die nicht berufstätig war und ihre Mutter zuhause betreute und versorgte. Sie lebten im gleichen Haus in zwei verschiedenen Wohnungen. Die Mutter war wohl schon immer sehr dominant, gängelte und bevormundete die Tochter, die für mich am Telefon so klang, als habe ihr die Mutter den Lebensatem genommen. Alles, was die Tochter tat, war nicht richtig oder nicht gut genug. Und die Tochter war, als sie anrief, in einer Situation, in der sie das nicht mehr ertrug. Ich kann das nicht mehr aushalten, sagte sie, ich ertrage das nicht mehr. In unserem Gespräch ging es dann darum, wie sie sich entlasten kann. Oder ob es eine Idee dafür gab, sich vielleicht über ein Hobby ein Gegengewicht zu schaffen – denn ihre Freizeit hatte sie auch aufgegeben. Und dann gab es dort noch den Freund der Mutter, der einen starken Einfluss auf diese Mutter hatte und gegen die Tochter intrigierte. Die Tochter fühlte sich total im Abseits und wusste nicht weiter. Sie hatte im Grunde genommen in diesem Haus nichts zu sagen.

Das alles kam so peu à peu in dem Gespräch heraus. Ich fragte ganz vorsichtig, was sie empfindet, wie sie mit dem Ärger umgeht, mit der Aggression, wie sie sich vor dem, was sie erlebt, schützt. Wie sie besser für sich sorgen könnte – sie stand ja zwischen allen Fronten. Sie hatte ganz stark das Gefühl: Ich werde ausgenutzt, und niemand interessiert sich wirklich für mich. Sie hatte mit Männern schlechte Erfahrungen gemacht und wohl schon lange keinen Freund mehr gehabt.

Im Gespräch wurde ihr klar, dass sie von der Mutter abhängig war, dass sie sich einen Auszug nicht vorstellen und auch nicht leisten konnte und dass es deshalb keine befriedigende Lösung gab. Meine Rolle nahm ich wahr, indem ich ihre Situation und ihre Gefühle, so wie ich sie verstand, verbalisierte. In den Gesprächen gelang es ihr nicht, das innere Gefühlschaos zu ordnen und Ansätze für Veränderungen zu denken. Lösungen anzubieten ist nicht unsere Aufgabe. Daher es ist hilfreicher, den anderen zu ermutigen, ihn auch zu fordern, als ihm Lösungen anzubieten.

In jedem Fall ist es besser, die Anruferin kommt selber auf die Idee, das Haus zu verlassen, sich auf eigene Füße zu stellen, einen neuen Anfang zu wagen. Also keine Intervention in der Art: Aber hören Sie mal, das können Sie sich doch nicht gefallen lassen! Ich an Ihrer Stelle würde sofort ausziehen! Ich bin nicht an ihrer Stelle. Behutsames Fragen, genaues Zuhören sind eher geeignet, jemanden auf eigene Lösungen zu bringen. Zum Beispiel kann ich fragen: Haben Sie schon mal daran gedacht, in Therapie zu gehen. Haben Sie schon mal daran gedacht, sich beraten zu lassen, um aus der Verstrickung herauszukommen? Ob sie das dann machen wird, bleibt offen – darüber weiß ich nichts. Diese Gespräche sind von beiden Seiten anonym. Ich weiß keinen Namen, und keiner meiner Gesprächspartner kennt meinen Namen.

Ich würde mich auch nie mit jemandem treffen, sollte der Wunsch geäußert werden. Da würde ich ja komplett aus meiner Rolle fallen – und das wäre weder für mich noch für den Anrufer hilfreich. Wir kriegen also nicht mit, ob es nach solchen Gesprächen eine positive Veränderung gibt. Das macht deutlich, dass Telefonseelsorge für uns auch darin besteht auszuhalten, dass ein Leidensprozess unter Umständen weitergeht. Auszuhalten gilt es auch, dass man manchmal nur Zuhörer ist und ein Gespräch nicht zustande kommt. Manchmal möchte man vielleicht gerne eine Lösung präsentieren – aber mein Blick auf die Dinge ist ein anderer als der Blick des Anrufers auf seine Situation. Ich weiß nicht, ob der Mensch, der mich anruft, die Kraft hat, Dinge, die ihn belasten, zu verändern. »Ich an Ihrer Stelle würde …« ist ein ganz und gar unmöglicher Satz in der Telefonseelsorge.

Für mich bietet die Telefonseelsorge auch die Chance der Auseinandersetzung mit meinen eigenen Problemen. Indem ich Konflikte kennen lerne und erfahre, wie Menschen damit umgehen, ergibt sich manchmal auch für meine eigenen Schwierigkeiten eine Lösung. Und das, finde ich, ist eine sehr spannende Geschichte.

Es gibt auch die sogenannten Daueranrufer, das sind Menschen, die seit Jahren oft mehrmals täglich anrufen, bei denen punktuelle Probleme auf der Tagesordnung stehen. Psychische und körperliche Erkrankungen, über die jemand sprechen möchte und sich Anteilnahme wünscht. Dann stelle ich auch Fragen wie: Was haben Sie sich vorgenommen? Werden Sie weiter Ihre Spaziergänge machen? – All die Dinge, die für den Alltag dieses Menschen wichtig sind. Daueranrufer sind häufig Menschen, die niemanden haben, mit dem sie reden können. Sie haben fast gar kein privates Umfeld, auch keinen Freundeskreis.

Die Menschen, die uns anrufen, kommen aus allen sozialen Schichten. Es gibt die total gestresste Journalistin, die nicht mehr weiß, wo anfangen, wo aufhören, und dann, nach einem Gespräch über Stress, ganz erleichtert sagt: »Das hat mir jetzt wirklich gut getan.« Immer häufiger rufen auch Arbeitslose an. Ihnen geht es um das Problem, dass sie sich aus der Gesellschaft ausgegliedert und abgestoßen fühlen und Angst davor haben, ihre sozialen Bindungen und Beziehungen zu verlieren.

Die Tagesanrufer unterscheiden sich von den nächtlichen Anrufern nicht wesentlich. Nachts rufen natürlich oft Menschen an, die nicht schlafen können. Sie reden am Anfang über die Schlaflosigkeit, aber dann kommt man doch auf das Problem, was ihnen den Schlaf raubt. Es gibt auch Kinder, die uns anrufen. Natürlich sind darunter auch mal Scherzanrufe – aber das merkt man schnell, weil im Hintergrund Gekicher und Gelächter ist. Aber ich hatte auch Anrufe von Jugendlichen, wo es um ganz ernsthafte Probleme ging. Wo zum Beispiel ein Missbrauch geschehen war und wir überlegt haben, wer jetzt am besten weiterhelfen könnte.

Ich habe erlebt, dass Menschen, die im Telefongespräch andeuten, dass sie so nicht mehr weiterleben können, häufig nach dem Gespräch wieder eine Perspektive oder einen Ausweg sehen. Aber die Hinweise: Ich kann nicht mehr, ich springe vom Dach, ich bringe mich um, die werden von uns sehr ernst genommen. Wir haben keine Möglichkeit, ihnen Hilfe zu schicken – wir sagen ihnen manchmal, dass sie selbst die Feuerwehr anrufen können. Wir sind ja nicht berechtigt, nach der Adresse zu fragen. Für mich ist so ein Anruf ein Zeichen dafür, dass es eben doch noch nicht ganz ausweglos ist. Da bin ich ganz zuversichtlich: Der Mensch, der die Telefonseelsorge anruft, wird sich nichts antun. Wir haben im Gespräch die Möglichkeit, auf Beratung oder Therapien hinzuweisen. Unsere Hilfe ist das offene Ohr. Das Zuhören. Dem anderen Raum zum Sprechen geben.

Es gibt Nächte, da ist man pausenlos im Gespräch, und es gibt Nächte, da hat man nicht mehr als fünf, sechs Gespräche. Was die Länge der Gesprächszeit angeht, haben wir ungefähre Richtwerte: eine halbe Stunde, auch schon mal eine Stunde. In der Regel halten wir uns auch daran. Aber es gibt immer mal wieder Situationen, wo man erst nach einer halben Stunde wirklich verstanden hat, wie die konkrete Situation des Anrufers aussieht. Genauso wie es Anrufer gibt, die nur mal kurz ihre Befindlichkeit mitteilen wollen und mit ein paar Minuten Gespräch zufrieden sind und sagen: Danke, das hat mir jetzt gut getan. Auch ich habe mich schon dafür bedankt, dass ich mit einem fremden Menschen ein gutes Gespräch führen durfte. Das meine ich ganz ernst. Mir tut es ja auch gut, wenn jemand so viel Vertrauen am Telefon zu mir entwickelt, dass er mir seine Gedanken und Gefühle anvertraut und mich dadurch bereichert.

Manchmal rufen auch Frauen an und fragen, ob es nicht möglich wäre, mit einer Frau zu sprechen. Dann sag ich: Nein, ich bin hier alleine. Aber morgen ist eine Kollegin am Telefon, wenn Sie so lange warten wollen – oder wollen wir es einfach mal miteinander versuchen? Und dann, das freut mich natürlich, ist mir auch schon gesagt worden: Nein, Ihre Stimme gefällt mir – mit Ihrer Stimme kann ich sprechen.

Es sprechen ja wirklich nur zwei Stimmen miteinander. Was heißt nur – eine Stimme ist sehr viel. Mir fehlt nicht das Gesicht meines Gegenübers. Über die Stimme und über das, was mir erzählt wird, bin ich den Menschen manchmal so nah, dass ich sogar denke, das Gesicht der Person würde mich von dieser Nähe trennen. Seelsorge am Telefon – das ist schon eine sehr spannende Geschichte.

Arbeit – Auch eine Therapie gegen Einsamkeit

Renate Traxler ist gelernte Buchhändlerin, studierte Erwachsenenbildung und Geschichte, und bis zur Pensionierung leitete sie bei der Volkshochschule in Frankfurt den Bereich kulturelle Bildung. Sie ist 74 Jahre alt und hat so viel zu tun, dass es nicht ganz einfach ist, mit ihr einen Termin zu machen.

Ich bin 1996 in Rente gegangen und hatte totale Angst davor. Es fing schon eine ganze Zeitlang vorher an, dass ich nicht wusste, was ich dann machen sollte. Ich habe fünf Enkel und dachte: Na ja, drei davon sind hier in Frankfurt, dann könnte ich ja zweimal in der Woche dorthin gehen. Ich schlug das meiner Schwiegertochter vor, und da sagt sie doch einfach: »Nö, ich brauch dich nicht. Die Kinder sind im Kindergarten.« Da war mein ganzes schönes Oma-Konzept durcheinander und meine Ängste gab es natürlich weiterhin. Ich habe dann mit meinen Kindern ausgemacht, dass ich mich anders orientiere, dass ich da bin, wenn sie mich brauchen – falls ich dann Zeit habe. Aber: dass ich mir jetzt nicht immer alles freihalte, nur weil ich hoffe, dass sie mich brauchen. Das Konzept hat absolut geklappt. Und auf diese Weise haben wir uns gegenseitig keinen Druck gemacht.

Später habe ich gedacht: Es war richtig gut, sich rechtzeitig abzunabeln. Sonst wäre ich wahrscheinlich in tiefste Depressionen gestürzt, als mein Enkel, als er siebzehn war, mir zu verstehen gab, dass es ihm peinlich sei, mit seiner über siebzigjährigen Oma ein Buch kaufen zu gehen.

Es gibt ja immer Zufälle im Leben – so auch bei mir. Ich habe dann gehört, dass es in Frankfurt ein Bürgerinstitut gibt. Die planten damals ein Projekt, bei dem es darum ging, zu älteren Menschen in Heime oder zu ihnen nach Hause zu gehen, um ihnen vorzulesen. Sie suchten jemanden, der das Projekt leitet, und da haben die mich gleich gekascht und gesagt: Was, Sie sind Erwachsenenbildnerin und auch noch Buchhändlerin? Das ist doch ideal! Das war Ende 1996. Okay, hab ich gesagt, das mach ich. Daraus sind die »Lesefreuden« entstanden – aber davon erzähle ich später.

Erst einmal ging es mit den Zufällen weiter. Das Holzhausenschlösschen in Frankfurt ist eine Bürgerstiftung mitten in einem feinen Viertel, in dem relativ viele Sponsoren wohnen. Im Holzhausenschlösschen gibt es Ausstellungen, Konzerte, Lesungen. Das ist etwas ganz Exklusives mit hochkarätigen Künstlern. Also: In diesem Holzhausenschlösschen gab es 1996, noch bevor ich in Rente ging, eine Ausstellung zum 100. Todestag von Clara Schumann. Da bin ich gefragt worden, ob ich vielleicht die Führung durch diese Ausstellung übernehmen könnte. Ich habe so etwas nie zuvor in meinem Leben gemacht und mich darauf vorbereitet wie auf eine Doktorarbeit. Und bei dieser Führung habe ich plötzlich entdeckt, dass ich einen unglaublichen Unterhaltungswert habe. Das habe ich vorher gar nicht gewusst. Das lief so erfolgreich, dass das Holzhausenschlösschen bis heute, immer wenn eine Ausstellung ist, von Stefan Zweig über Mozart bis »Goethe und die Frauen«, die Traxler holt. Ich kann ziemlich salopp Inhalte vermitteln, unterhaltsam und fundiert. Ja, so habe ich meinen Unterhaltungswert entdeckt. Ich mache das als Ehrenamt – bis heute.

Auf einmal fragte mich die Volkshochschule, ob ich nicht Lust hätte, Kurse anzubieten für eine bestimmte Klientel. Das sind Damen, die nicht mehr ganz jung, die gebildet und interessiert an vielen Dingen sind. Jetzt habe ich gerade einen Kurs gemacht mit dem Thema: Jedes Jahrhundert hat den Satiriker, den es verdient. Dann habe ich was gemacht zu »Mozart und seine Zeit«, und nächstes Jahr mache ich »Brüderpaare« – von van Gogh bis zu den Kennedys. Die Kurse sind jetzt schon ausgebucht.

Ich habe jetzt ungefähr 250 Vorträge im Kopf. Die Demenzfrage stellt sich im Augenblick nicht. Ich habe durch die Führungen und Vorträge ein ziemlich gutes Gedächtnis bekommen. Für das Unterrichten werde ich natürlich bezahlt. Wenn ich das so erzähle, fällt mir auf, dass bei mir wirklich alles mit Zufällen verbunden ist. Plötzlich bekam ich die Leitung einer Schreibwerkstatt, ohne mich darum bemüht zu haben. Und dann kam auf einmal der Geschäftsführer des Holzhausenschlösschens, und wir haben uns zusammen eine Kinderschreibwerkstatt ausgedacht, die ich gut bezahlt bekomme.

Da hab ich dann jeweils zwölf Monster, die nenne ich auch so. Ich sag: Guten Tag, ihr Monster. Und dann sagen alle: Guten Tag, Frau Traxler. Die sind furchtbar wild. Aber wenn sie dann mal schreiben, sind die unglaublich kreativ. Ich sage z.B.: »Eines Morgens, als ihr aufgewacht seid, habt ihr plötzlich gemerkt, dass ihr in einen Esel verwandelt worden seid, was macht ihr da?« Die können auf Anhieb phantasieren, das ist ganz wunderbar. Blockiert sind sie nur, wenn sie nicht wissen, wie man richtig schreibt. Und ich sage dann: »Solche Fragen sind bei Todesstrafe verboten.« Das können sie in der Schule fragen, aber bei uns hier geht's um Kreativität. Wie die Kreativität von Menschen blockiert wird aus Angst, irgendetwas nicht richtig zu machen, das ist ungeheuerlich.

Meine 74 Jahre merke ich schon. Vorgestern war ich völlig kaputt. Da bin ich nach Hause gegangen, konnte mich aber nicht richtig ausruhen, weil ich eigentlich Angst vor der Stille zuhause hatte. Ich habe keine Beziehung mehr, ich lebe alleine. Gut, ich habe viele Freunde, und ich habe meine Kinder, und die sind in gewisser Weise auch ein Schutz für mich, damit ich nicht immer so workaholic-mäßig durch die Gegend sause. Aber auf der anderen Seite macht mir das natürlich auch Spaß, und ich verdiene Geld – aber wenn man ehrlich ist, muss man sagen: Die viele Arbeit hat auch eine therapeutische Funktion bei mir, das merke ich. Gott sei Dank bin ich gesund und kann noch so viel tun. Aber ich muss auf mich aufpassen. Vor einem Jahr hatte ich einen ziemlichen Zusammenbruch. Da bin ich morgens aufgestanden, und mir war furchtbar schwindlig. Ich konnte überhaupt nicht mehr richtig laufen und dachte zuerst: Auweia, das ist ein Schlaganfall – das war es nicht, Gott sei Dank. Ich habe damals etwas Interessantes festgestellt: Ich war total beleidigt, dass es mir schlecht ging. Richtig sauer war ich. Ich glaube, das haben viele Menschen, die alt werden – diese tiefe Kränkung, wenn der Körper nicht mehr funktioniert. Gekoppelt mit Omnipotenzphantasien: Wieso ich? Wie kommt denn der da oben, oder wer auch immer das macht, dazu, dass ich plötzlich nicht mehr richtig laufen kann? Das hat mich wirklich ungeheuer beleidigt. Und es hat auch große Ängste ausgelöst, weil ich dachte: Von jetzt auf sofort bin ich alt und unbeweglich. Jetzt muss ich mein Leben neu überlegen, und das kann ich nicht und das will ich nicht. So ein Zusammenbruch ist gemein, weil man sich selber ja nicht als 70-Jährige sieht, sondern das Gefühl hat, man sei höchstens 35.

Ich möchte jetzt noch von dem Projekt »Lesefreuden – Bücher werden lebendig« erzählen. Die Grundidee war erst einmal nur, dass man in Alteneinrichtungen geht und vorliest. Zu Anfang waren wir vielleicht sieben oder acht Ehrenamtliche. Dann haben wir ziemlich schnell gemerkt, dass die Leute einschliefen und dass nicht alles, was einem selber witzig erscheint, auch so witzig ankommt. Wir haben dann grundsätzlich noch einmal über das Konzept nachgedacht. Damit uns die Leute nicht wegdämmern, haben wir uns Themen ausgedacht, die im Zusammenhang mit dem Vorlesen interessant sein könnten. Zum Beispiel: Erich Kästner und seine Kinderbücher. Daraus haben wir vorgelesen, über sein Leben gesprochen und uns mit der Frage beschäftigt, warum in seinen Kinderbüchern keine Väter auftauchen und die Mütter immer so in den Himmel gehoben werden. Dann erzählt man von seinem Verhältnis zu seiner Mutter und liest aus seinen Lebenserinnerungen »Als ich ein kleiner Junge war«.

Natürlich kann man keine Autoren nehmen, die kein Mensch kennt. Wir haben inzwischen hundert verschiedene Themen, die wir immer wieder verändern. Wir reden über berühmte Männer und Frauen, und wenn es um Musiker wie Verdi geht, dann hören wir natürlich auch seine Musik. Wir gehen in Altenwohnanlagen, in Kirchengemeinden, aber auch in Literaturzirkel, da sind die Ansprüche dann schon sehr viel höher. Da beschäftigen wir uns auch mit Virginia Woolf. Es muss immer eine Mischung aus Lesen und Erzählen und Diskutieren sein. Der Gradmesser für mich ist, dass ich mir vorstelle, ich müsste mir selber zuhören. Und wenn ich einschlafe, ist etwas falsch. Jeder macht es so, wie er kann, wir kommen ja aus ganz unterschiedlichen Berufen. Eine ist Hausfrau, eine Konditormeisterin, wir haben Bankangestellte und Autoverkäufer. Was uns zusammengebracht hat, das ist der Spaß am Lesen. Tatsache ist, dass wir 26 Mitarbeiter sind und 750 Vorträge pro Jahr halten.

Wir machen auch Fortbildung für uns selbst, das ist ganz wichtig. Zum Beispiel richtiges Sprechen lernen, Büroverwaltung, die Frage nach Distanz und Nähe zu den Menschen, mit denen wir zu tun haben. Selbst- und Fremdeinschätzung lernen, das ist auch ganz wichtig. Da denkt man, man sei ganz toll, und dabei ist man in Wahrheit vielleicht eher ein Langweiler. Wir haben alle 14 Tage Teamsitzung, da wird alles Wichtige besprochen, werden die Termine vergeben, wird über Konflikte gesprochen und über neue Ideen. Wir haben viele neue Ideen. Die Ideen gehen uns nicht aus.

Da wir auch sehr häufig mit Dementen zu tun haben, haben wir überlegt, ob man nicht irgendein Programm entwickeln kann, das ihnen gut tut. Vorlesen geht nicht, diskutieren auch nicht, aber kann man nicht irgendetwas anbieten, was mit deren Langzeiterinnerungsvermögen zu tun hat? Dass man beispielsweise ganz groß vergrößert den Struwwelpeter zeigt und sich dann erzählen lässt, was da drin steht. »Konrad, sprach die Frau Mama, ich geh aus und du bleibst da.« Das fällt denen dann vielleicht wieder ein. Oder dass man nach alten Backrezepten fragt oder wie früher die Wäsche gewaschen wurde. Oder zusammen die alten Fotoalben anschauen. Wenn es nicht klappt, dann klappt es nicht – aber wir haben es wenigstens versucht. Ich habe Erfolg mit meinem Unterhaltungswert – warum soll ich den nicht mal bei den Dementen einsetzen?

Wir haben auch junge Leute dabei, die ehrenamtlich arbeiten – aber der Durchschnitt ist ungefähr 65 Jahre alt. Auch 80-Jährige machen mit. Je jünger die Leute sind, desto besser kommen die bei den alten Leuten an – und am allerbesten kommen die Männer an! Da kann ich noch zehnmal toller sein als jeder Mann – aber wenn Herr Soundso kommt, kann ich einpacken.

Ich habe vor ein paar Jahren an einer Tagung der Akademie in Bad Boll teilgenommen. Es wurde von dem Ergebnis einer Befragung berichtet, die ich hoch spannend fand: Alle die Ehrenamtlichen, die nur aus karitativen Gründen Aufgaben übernehmen, in der Hoffnung, später in den Himmel zu kommen, springen häufig ganz schnell wieder ab – ganz im Gegensatz zu denen, die ein eigenes Interesse mit der ehrenamtlichen Tätigkeit verbinden. Ich muss ehrlich sagen: Ich will auch meinen Spaß haben. Ich mache diese Arbeit doch nicht in erster Linie, weil mir die Leute leid tun, die sich ohne mich langweilen! Ich mache das aus eigenem Interesse, weil ich mich bestätigt fühle, lebendig bleibe und dazulerne. Ich kriege Feedback, ich stehe im Mittelpunkt, alles hört mir zu, und jeder denkt: Die ist toll. Das gibt mir Auftrieb. Vor allem an Tagen, an denen es mir mal nicht so gut geht.

So. Punkt. (Sie guckt auf die Uhr.) Ich muss noch einkaufen, ich habe meine Schreibwerkstatt heute Abend und mache so weiter, bis ich umfalle. Und wenn ich dann gehbehindert bin, fange ich an zu schreiben. Mein Leben war furchtbar genug, da gibt es viel Stoff zum Erzählen. Das ist mein Plan. Aber vielleicht kommt der Zufall mal wieder vorbei, und alles wird anders.

Schreiben – das traue ich mir noch lange zu

Interview mit der Journalistin Charlotte Seeling

Charlotte Seeling hat eine steile Karriere hinter sich. Als Chefredakteurin und Autorin wurde sie bekannt. Eigentlich könnte sie sich auf den Lorbeeren ausruhen. Aber sie denkt nicht daran. Charlotte Seeling lebt in München und Tirol.

Sie waren Chefredakteurin von Vogue, Cosmopolitan, Marie Claire, Marie-France und haben 2006 das Magazin PART #1 gemacht, das zu den Salzburger Festspielen Aufsehen erregte. Denken Sie nie: Jetzt reicht es?
Fragt jemand einen Maler, wann er denn endlich aufhört? Fragt jemand einen Komponisten, wann er es lässt, Noten zu schreiben? Fragt jemand einen Dichter, wann er in Pension geht? Ich würde mich ohne Arbeit schlecht fühlen. Es gibt so viel Interessantes auf der Welt und so viele Dinge, die ich noch wissen möchte.

Aber eine Chefredaktion ist ein Job mit viel Stress.
Das schon, und der Druck ist groß: die Auflage, die Anzeigen. Zunächst war es für mich eine Erleichterung, als ich die Verantwortung los war und ich endlich Zeit hatte, Ideen zu verwirklichen, die ich schon lange mit mir herumtrug. Aber dann kam *PART #1*, ein Magazin, das ich entwickelte und mit einem großartigen Team auf den Markt brachte. Es erschien zum Mozartjahr 2006 als Teil des Ge-

samtkunstwerks Salzburger Festspiele. Prominente Autoren schrieben darin, von Doris Dörrie bis Felix Mitterer, unter den Fotografen war Lord Snowdon. Wir waren stolz, als der Wiener *Standard* es ein »Edelmagazin mit Tiefgang« nannte.

Sie planten, das Magazin jährlich herauszubringen. Inzwischen haben Sie und Ihr Team die Zusammenarbeit mit dem Verlag beendet. PART erscheint nicht mehr. Warum?
Die Kooperation endete mit einem Paukenschlag. Der Salzburger Verlag war einem Magazin dieser Dimension in keiner Weise gewachsen. Bedauerlich.

Was haben Sie vor diesem Abenteuer gemacht?
Bei dem französischen Magazin *Marie-France* hörte ich als Chefredakteurin 1993 auf. Damals beschloss ich mit meinem Mann Eberhard Hauff, der das Münchner Filmfest leitete, einen Hund anzuschaffen, damit ich nicht mehr in Versuchung gerate, wieder einen festen Job anzunehmen. Es war ein Welpe, für den man sich viel Zeit nehmen muss. Und dazu hatte ich Lust. Aber nur Freizeit kam für mich nicht in Frage. Ich wollte langfristige Projekte machen, und das waren Bücher. Inzwischen sind es insgesamt neun. Die Themen waren Gastlichkeit und Schönheitsrezepte, dann ein großer Bildband über die Historie der Mode bis hin zu Büchern mit Geschichten über Gärten. Das hat mir so viel Freude gemacht, dass ich daran hängen geblieben bin.

Verstehen Sie denn etwas davon?
Als ich anfing, überhaupt nicht. Jetzt kenne ich mich ganz gut aus. Um ehrlich zu sein: Mein Interesse galt zunächst bestimmten Frauen, die ich unbedingt kennen lernen wollte. Eine von ihnen, Nicole de Vésian, Stylistin bei einem berühmten Pariser Modehaus, besaß einen ungewöhnlichen Garten in der Provence. Und so entstand das Thema: Frauen und ihre Gärten. Darin habe ich 24 Frauen porträtiert, und meine beiden Töchter aus erster Ehe, Corinne Korda und Carina Landau, machten die Fotos. Die anrührendste Geschichte

darin ist die der Künstlerin Yannick Vu, die damals auf Mallorca lebte. Da sie keine Kinder bekommen konnte, adoptierten sie und ihr Mann ein Mädchen aus Tahiti und einen Sohn aus dem Iran. Als die Tochter volljährig wurde, schenkten die Eltern ihr eine Reise in ihr Heimatland. Dort verunglückte das Mädchen tödlich. Um mit ihrer Verzweiflung fertig zu werden, verwandelte Yannick Vu ein brachliegendes Stück Land in einen blühenden Rosengarten und das buchstäblich mit ihren eigenen Händen.

Interessante Begegnungen hatten Sie auch bei Ihrem Buch über Künstlerinnen und ihre Gärten?
Das kann man wohl sagen. Meine Töchter und ich reisten zu Frauen in ganz Europa und Amerika. Wir sahen wirklich irre und bizarre Gärten und lernten, dass Künstlerinnen mit dem Thema ziemlich frei umgehen. So zum Beispiel Marina Abramovic, die Performance-Künstlerin, die damals in Amsterdam lebte. Sie bat uns, ihr vom Blumenmarkt so viele Rosen von Jericho mitzubringen wie möglich. Von dieser Rose hatte ich vorher noch nie gehört. Wir fragten uns bei den Blumenhändlern durch und hatten schließlich einen Plastiksack voll mit verschrumpelten, graubraunen Pflanzen. Wir waren irritiert, aber Marina Abramovic zeigte sich hocherfreut. Allerdings hatte sie keinen Garten. Sie nahm die Rosen von Jericho, platzierte jede einzelne in ein Glas mit Wasser und philosophierte eine gute Stunde über die Bedeutung von Gärten, bis die ersten Pflanzen sich entfalteten und grün wurden. Auf dem Foto ist die Abramovic zu sehen, hingestreckt auf einem Sofa, vor sich die Installation mit den erblühten Rosen von Jericho, Titel des Ganzen: »Der Garten der Nomadin«.

Haben Sie selbst einen Garten, den Sie hegen und pflegen?
Mein Mann und ich leben in München und in Tirol. Zu unserem Haus dort gehört ein kleiner Garten, und ich gebe mir mit der Gestaltung schon Mühe, aber so schön, dass ich ihn in eines meiner Bücher aufnehmen würde, ist er nicht.

Sind Ihre Gartenbücher ein Erfolg?
Sie liefen gut, und für mich persönlich war es die Entdeckung einer neuen Welt voller Abenteuer, auf die ich auch in Zukunft hoffe.

Sie waren immer Journalistin?
Direkt nach der Schule machte ich ein Volontariat bei einer Tageszeitung in Nürnberg. Danach arbeitete ich sofort als freie Journalistin.

Sie wurden zur bekannten Reporterin für Illustrierte.
Ich musste nach meiner Scheidung meine zwei Töchter alleine durchbringen und habe deshalb von einer Sexserie bis zu Auslandsreportagen und großen Interviews alles geschrieben, wofür ich Aufträge erhielt. Gott sei Dank wurden mit dem zunehmenden Bekanntheitsgrad die Aufträge interessanter und anspruchsvoller. Irgendwann wurde ich Chefredakteurin von *Cosmopolitan*, eine Aufgabe, die ganz anders war als die Arbeit einer freien Autorin – eine schöne Herausforderung.

Sie wurden älter. War das mit ein Grund, warum Sie anfingen, Bücher zu schreiben?
Ich wollte zum Schreiben zurückkehren. Das traute ich mir zu, und das traue ich mir noch lange zu.

Haben Sie Probleme mit dem Alter?
Eigentlich kaum. Ich bin einfach durch meine vielen Aktivitäten viel zu abgelenkt, um darüber nachzudenken.

Ihr neuestes Projekt ist eine Serie für ein Münchner People-Magazin. Und wieder sind es Gärten.
Ich will zeigen, dass wir in Deutschland eine historisch gewachsene Gartenkultur haben, die leider durch die Kriege unterbrochen wurde. Deshalb stelle ich jetzt Menschen mit besonderen Gärten vor. Als Erstes den Garten der verstorbenen Gräfin Ramona von Oeynhausen-Sierstorpff, der von ihrem Sohn Marcus und Schwiegertoch-

ter Annabelle ganz in ihrem Sinne gehegt und weiterentwickelt wird. Da gibt es einmal den privaten Teil, der von Arabella Lennox-Boyd, einer in England geadelten Lady italienischer Abstammung, in enger Zusammenarbeit mit der gartenbesessenen Gräfin in feinsten Farbabstufungen gestaltet wurde. Und dann gibt es den öffentlichen Park, der schon vom Ur-Ur-Urgroßvater des Grafen Caspar von Oeynhausen, Ramonas Ehemann, angelegt wurde. Daran lässt sich sehr gut zeigen, wie die Leidenschaft für Gartenkultur von Generation zu Generation weitergegeben wird – und wie auch die Öffentlichkeit davon profitiert. Das ist auch wieder ein Projekt, das mich lange in Atem halten wird. Und natürlich mache ich daraus ein Buch.

Bücher von Charlotte Seeling:
- Frauen und ihre Gärten, Verlag Gerstenberg
- Der Garten der Künstlerin, Verlag Gerstenberg

Viertes Kapitel

Träume und andere Realitäten

Ich bin wie ein Zirkuspferd: Wenn die Musik spielt, trabt es los

Interview mit der Schauspielerin und Sängerin Eva-Maria Hagen

Eva-Maria Hagen, 72, ist Sängerin, Schauspielerin, Schriftstellerin und Malerin. An Aufhören denkt sie nur, wenn ihr das alles manchmal etwas zu viel wird. Sie lebt in Hamburg, Berlin und in der Uckermark.

Ihre Wegbeschreibung war abenteuerlich. Die Abzweigung von der Autobahn und die Straße zum nächsten Dorf, in dem wir nach 150 Metern nach links auf eine Art Feldweg abbiegen sollten, fanden wir. Aber dann? »Sie nehmen den ersten, vielleicht den zweiten Weg nach links. Oder doch nach rechts?« Bei der nächsten Kreuzung blieben wir in einem Schlagloch stecken. Wieder die Entscheidung: rechts oder links. Es regnete in Strömen. Keine Ansiedlung weit und breit. Man ahnte nur, wie schön die Uckermark sein kann. Schließlich tauchte in einer Senke ein kleines Bauernhaus auf. Ist es das? Uns war gesagt worden: Das Tor steht offen. Eva-Maria Hagens Refugium ist von Grün umschlossen. Bäume und Sträucher rahmen das Gebäude ein. Nicht weit davon der See. Im Haus ein gemütliches Durcheinander, in dem ein Kachelofen mühsam etwas Wärme verströmte.

Wenn die Sängerin erzählt, wird ein Stück deutsch-deutsche Geschichte lebendig. Eva-Maria Hagen ist in Hinterpommern aufgewachsen, machte eine Lehre als Maschinenschlosserin und besuchte anschließend die Schauspielschule in Berlin. Sie stand unter der Re-

gie von Bert Brecht auf der Bühne und gehörte zu den bekanntesten Schauspielerinnen der DDR, die Marilyn Monroe des Ostens. Ihre Kino- und Fernsehfilme waren Höhepunkte einer glanzvollen Karriere. Die Begegnung mit Wolf Biermann 1965 wurde für sie schicksalhaft. Sie wurde diskriminiert, die Arbeitsmöglichkeiten eingeschränkt. Als sie gegen die Ausbürgerung Biermanns protestierte, fiel sie bei der DDR-Führung vollends in Ungnade. 1977 übersiedelte sie nach Hamburg. Seither filmte sie, gab Konzerte, stand auf der Bühne, auch mit Tochter Nina und Enkelin Cosma Shiva, schrieb Bücher und malte.

Haben Sie jemals über den Ruhestand nachgedacht?
Über den Begriff »Ruhestand« nicht, aber dass naturgemäß über kurz oder lang die Zeit kommt, wo man sich zurücklehnt, darüber schon. Mein Lebensmotto lautet carpe diem, denn ich versuche jedem Tag etwas Nahrung für Herz, Geist und Seele abzupflücken. Demnächst werde ich vielleicht anfangen, dicke Bücher zu lesen, die Märchen aus der Bibel, Interpretationen von Geistern der Moderne, Philosophen, Dichtern, wofür bisher die Zeit nicht reichte, und mich liebend gern im Umkreis meiner Nachkommen nützlich machen.

Sie haben ohne Unterbrechung immer gearbeitet?
Eigentlich ja, was meistens ein Vergnügen war. Das Jahr 2005 war voll davon: Proben fürs Musical »Cabaret« in Berlin, Aufführungen en suite bis Mai, dann Liederabende, zwei Filme. Nach dem Buch »Eva und der Wolf« habe ich »Eva jenseits vom Paradies« geschrieben: Rückblicke in die Kindheit, als die Welt noch heil war, sowie hautnahes Miterleben von Krieg und Vertreibung aus der Heimat, Neuorientierung, eine Utopie vor Augen, deren Auflösung und erneut Aufbruch: Mauerfall, Wiedervereinigung, Ende des Kalten Krieges. Wenn mein Antriebsrad mitmacht: Ich hätte noch einige Schätze im Schleppnetz, Muscheln, Perlen. Man muss sie nur an Land holen.

Sie sind gefragt?
Ich kriege viele Einladungen zu Empfängen, gehe aber selten hin. Ja, wenn meine Tochter Nina oder Enkelin Cosma Premiere haben ... Was Gefragtsein in beruflicher Hinsicht betrifft, da bin ich zufrieden. Ich bewerbe mich nicht um Auftritte, werde eingeladen zu Festivals, soll zu diesem oder jenem Thema etwas machen. Wenn mich ein Projekt reizt, bin ich sofort Feuer und Flamme. Zu anstrengende Sachen lehne ich ab. Natürlich spielt Geld auch eine Rolle, doch nicht an erster Stelle. Ich komme zurecht. Die Rente kann man zwar vergessen, aber Kriegskinder, wenn sie überlebt haben, sind in materieller Hinsicht sorgloser, ich jedenfalls bin es. Vor Zeiten habe ich mir ein windschiefes, inzwischen jedoch sturmerprobtes Dach über dem Kopf angeschafft. Notfalls gehe ich auf die Bretter, die die Welt bedeuten, spiele eine Dorfhexe – wie im nächsten Film.

Trägt die Stimme noch im Alter?
Sie kommt an beim Gegenüber – beziehungsweise das, was ich zu sagen habe. Wenn ich singe, auch nur für mich allein, ist es wie ein Jungbrunnen. Und der besprüht, habe ich so den Eindruck, auch mein Publikum. Ein Kreislauf entsteht, Glückshormone im Gefühlshaushalt bilden sich – wie nach heißer Schokolade –, und der Funke springt über. Sprache, der Inhalt der Lieder, Poesie spielen eine große Rolle, denn ich habe im Repertoire mit die schönsten Lieder aus aller Welt, die Wolf Biermann in wunderbar singbares Deutsch reingedichtet hat. Und Bertolt Brecht, den ich noch kennen lernte als junges Mädchen, unter dessen Regie ich spielte, hat mir, uns allen, einen riesigen Schatz mit auf den Weg gegeben. Meine Ausbildung als Schauspielerin, Musikalität, Erfahrung, das alles bleibt mir ja, darauf kann ich mich verlassen. Natürlich ändert sich die Stimme, aber ich passe auf, sitze nicht im Rauch, will dieses Jungmädchentimbre in manchen Liedern erhalten, mag keine Barsängerinnenstimme kriegen, möchte Volkslieder singen, wie ich es jetzt angefangen habe. Viele Lieder schienen mir verdorben, wurden von den Nazis besetzt. Endlich singe ich sie: Heine, Claudius, Eichendorff, Goethe, unbekannte Dichter. Sie sind mir von Kindheit an vertraut. Das Pu-

blikum ist angetan. Sogar die Generation meiner Tochter Nina steigt darauf ein. Ich habe einen Abend alleine gemacht, aus Erinnerungen gelesen, Texte von Brecht, über Begegnungen mit ihm erzählt, dazu seine Lieder zur Gitarre. Es geht auch darum, Geschichte durch persönliche Geschichten wahrnehmbar zu machen für die Nachgeborenen, sie zu unterhalten und mitfühlen zu lassen, dass alles nicht in Vergessenheit gerät, sondern man auch Individuelles vom Leben der Vorfahren erfährt.

Und die Schauspielerei?
Sie wird irgendwann anstrengender. Tourneen vor allem sind stressig, Busfahrten von einem Ort zum anderen, das erspare ich mir jetzt.

Gibt es eine Traumrolle, die Sie gern noch spielen würden?
Ich hab so einige Traumrollen in meinem Leben spielen dürfen, in den neunziger Jahren in Hamburg noch »Medea« und »Mutter Courage«, auch durch den Film im Osten, Fernsehen, Theater. Ich bin nicht mehr von Ehrgeiz besessen, das war ich eigentlich nie, weil das reale Leben mir schon besondere Aufgaben zuwies: unter Freunden, was die Irrungen und Wirrungen durch die Liebe betraf, Inszenierungen ganzer Romane und Rollenspiele, die mich »nebenbei« voll ausgefüllt haben. Aber dieses Fräulein Schneider in »Cabaret« in der »Bar jeder Vernunft« in Berlin, das war eine echte Herausforderung. Sie zu spielen, mit im Ensemble zu arbeiten, war theatermäßig ein beglückender Abschluss. Bis zur letzten Vorstellung stand ich auf der Bühne wie ein Fels in der Brandung – und habe mir selbst auf die Schulter geklopft am Ende. Dann hat es mir auch gereicht. Ich hatte mich mehr zur Einzelgängerin entwickelt durch die Verpflanzung von Ost nach West, machte eigene musikalisch-literarische Programme, wobei mich seit zwanzig Jahren mein Pianist Siegfried Gerlich begleitet, auch Lieder für CDs arrangiert.

Sie wirken, als hätten Sie noch viele Pläne?
Ich bin kein Mensch, der weit vorausplant, sondern mehr spontan ist. Wenn mir was gefällt und machbar scheint, packe ich es an. Das

Alter nehme ich schon wahr, gar keine Frage, doch mir begegnet jeden Tag irgendwas Auf-sich-aufmerksam-Machendes. Depression lasse ich nicht zu. Und falls sich hinterrücks doch eine herangeschlichen hat, stelle ich mich quer, biete ihr die Stirn, ziehe mit dem Wind los, lasse sie im Blättertreiben wegwehen, von Schneeflocken zudecken, sich auflösen beim Ahnen der Natur, dass der nächste Frühling kommen wird. Wer kennt solche Gefühle nicht, Anwandlungen, Grautöne, Dunkles. Der »Feierabend« nähert sich. Es hat etwas Beruhigendes, wenn man nicht ständig im Räderwerk mitstrampeln muss, es der nächsten Generation überlassen kann.

Würde es Ihnen schwerfallen, auf die Auftritte zu verzichten, den Applaus, die Anerkennung?
Ich glaube, ich würde für dieses Bedürfnis andere Quellen aufspüren und mich freuen, dass der Nachwuchs in die Arena einsteigt. Das ist ein normaler Prozess. Peinlich wäre es, wenn die Leute sagen würden: Warum tut sie sich und uns das an? Aber warum soll ich mir jetzt den Kopf darüber zerbrechen? Noch treffe ich den Ton, kriege den Einsatz, bin so etwas wie ein Zirkuspferd: Wenn die Musik spielt, trabt es los und gibt sein Letztes – wie es in der »Ballade vom letzten Wunsch eines alten Zirkuspferds« gesungen wird. Kommen Sie, hören Sie es sich an: Es ist zum Lachen und Weinen: Hoppehoppe Reiter, wenn er fällt, dann (Tusch!) halt die Luft an! Leben geht doch weiter.

Fühlen Sie sich jemals alt?
Ich weiß doch, wie alt ich bin, also staune ich eher, was für eine Strecke ich wieder absolviert habe, und verspreche mir, demnächst kürzer zu treten.

Stören Sie die äußerlichen Spuren des Alters?
Wenn ich mir vormachen würde, ich sehe aus wie vor zwanzig Jahren oder vor zehn, selbst wie vor einem Jahr, wäre das Selbstbetrug. Dem Gesicht ist hoffentlich lebendiges Gelebtsein abzulesen, im Blick und im Ausdruck, das ist erst mal das Gute, ob nun mit

mehr oder weniger Falten, ist zweitrangig, Hauptsache, das innere Leuchten ist nicht erloschen.

Bringt das Alter mehr Freiheiten?
Ja, weil man selbst entscheiden kann, falls man gesund bleibt. Doch sollte man ganz alt werden, unzurechnungsfähig, dass Apparate das Sagen haben, Begriffe wie Stolz und Würde nichts mehr gelten: eine Horrorvision. Darüber habe ich noch nicht wirklich nachgedacht.

Und die Liebe?
Sie ist immer vorhanden. Für die Familie, Freunde und nicht nur jene, die noch leben, auch für bereits Davongegangene. Und ich habe meine Träume, da entblättern sich einstige Herzensangelegenheiten. Wenn es keine Träume gäbe, wäre es ziemlich öde. Ich schreibe manche Seltsamkeiten in mein Traumbuch, obwohl sie keinen Sinn ergeben. Es sind auch Lustträume drunter. Das Jungsein in uns stirbt ja nicht ab. Ich träume von Landschaften und Beziehungen, die vergangenen Zeiten angehören und sich anfühlen, als würden sie im Moment passieren.

Denken Sie über den Tod nach?
Manchmal male ich ihn mir aus, auf meinen Bildern kann man ihn betrachten. Er ist ein schöner, junger Mensch, mit zärtlichen Augen, Goldmähne, kein Knochengerüst mit Totenkopf drauf. Er ist freundlich. Als Kind, glaube ich, hatte ich sein Sensenrauschen oft im Ohr und Lieder über ihn, aber er machte einen Bogen um mich. Noch interessiert er sich nicht für mich. Aber wenn, dann werfe ich mich mit tiefem Durchatmen in seine Arme, singe: »Trutz Tod, komm her, ich fürcht dich nit …«, denn für den, der lebendig gelebt hat, ist ›Freund Hein‹ kein Feind, sondern Wegbegleiter in die Welt der göttlichen Natur.

Kreuzfahrt im Traumschiff

Aus Eva-Maria Hagens bisher unveröffentlichtem Traumbuch

... und schon zwinkern meine Sternchen mir zu, spucken Schnuppen aus. Ich wünsche mir, was ich nicht verraten werde, sonst gilt es ja nicht. Phantastische Dinge passieren mitunter, denkst du: In Wirklichkeit sind sie reine Wahrheit.

Vertraue mir, Amigo: Was auswärts stattfindet, hinter der Absperrung, ist uns nicht vorenthalten; alles nur eine Frage der Konzentration. Der Sonnenaufgang auf der Rückseite des Spiegels, ich habe ihn erlebt, den Karneval in Rio, Orpheus' Auferstehung, den Festumzug im Triumphwagen, den Flamenco in der Arena der Gladiatoren. Und hält man die Hand vors Licht, wuchern Lianen im Zeltdach. Der Urwald ist in unserem Besitz, ein Dschungel mein Bett, der Pazifik der Kuzer See hier.

Ima ist meistens gerne dort, wo sie sich gerade aufhält, will hier Verwandte ausfindig machen, aus der vertrauten Perspektive suchen nach einem Anhaltspunkt der Herkunft und Fabadams Identität.

In der Kooperative machen wir uns nützlich. Herber Duft, schwelende Feuerchen: Kartoffelkraut verbrennt. Das Begrüßungszeremoniell vom Vorstand ist angesagt, Redenschwingen, Mitglieder der Genossenschaft »Zukunftsfroh« geben ihren Senf dazu, Selbstgebrannter auf Futterrübenbasis wird verkostet. Prost Vorsitzender! Wie steht die Ernte? Der Mai war zu trocken, am Siebenschläfer hat's geschüttet wie aus Melkeimern, Unkraut schießt in die Saat.

Trotzdem werden wir wieder satt. Nehmen es, wie's kommt. Kürzertreten in punkto Neuanschaffung ist angesagt, größere Sprünge leisten, ist nicht drin. Sein jüngerer, auf Optimismus-Kurs getrimmter Stellvertreter blockt ab: Die Schweinezucht reißt alles raus. Karnickel stehen hoch im Kurs, der Weltmarkt bevorzugt weißes Fleisch mit steigender Tendenz, besonders die Franzosen sind auf den Geschmack gekommen. Bringt vierzig Mark das Stück, Fell nicht mitgerechnet. Nun purzeln sie nur so. Sollten wir das Plansoll schaffen, womöglich übererfüllen, ohne die Bilanz zu frisieren, Schorsch – das ist der Buchhalter, ein unüberführbares Schlitzohr alter Schule –, können wir alle unserem Herrn auf Knien danken.

Oha!, sagt feixend ein Zwischenrufer. Der Redner räuspert sich, korrigiert ironisch: Vielmehr den verdienten Mitgliedern des Politbüros wäre es zuzuschreiben, besonders unserem weise vorausschauenden Ersten Sekretär. So sieht's aus, Leute.

Den Durchbruch vom Teufelsmoor zur Ucker rüber nehmen wir in Angriff, auch die Verbindung zwischen Feenteich und Kiesgrube wird vertieft: Die Entenfarm wird danach garantiert ein Renner. Kein Grund zum Schwarzsehen also. Sarkastisch der Brigadier der kombinierten Staffel, vielseitiger Typ, Krisenbewältiger, Schmelzstimme, bei starker Konzentration leichter Silberblick, das Rattenfängerkostüm, seine ausgefranste Tarnjacke über die Vogelscheuche ins Saatgut werfend, imponierende Narbe am Kinn, von einer Schlägerei mit abgeschlagenem Flaschenhals zurückgeblieben, mannsbewusst gestikulierend, trotzdem ein zuverlässiger Kumpel, dieser Filou, grinst breit, lacht sich ins Fäustchen, sagt: Zur Not fressen wir die Erbsen grün, was soll's. Genug gefaulenzt, Mädels. Los geht's, Männer. Der Weizen hängt schon schwer kopfüber, schmeißt die Maschinen an.

Dann leiser an mich gewendet: Und du, Jugendfreundin Ginärowa, begibst dich in die gute Stube, hab paar Takte mir dir zu reden. Hör zu, flüstert er hinter der Tür, du leistest dir Dinger, wo ein Normalverbraucher passen muss. Der Ideologe hat nur mit dem Kopf geschüttelt, eine Nervenentzündung gekriegt wegen deinem ständigen Ausderreihetanzen. Dazu das slawische Geheul bei Mondschein. Also, bei aller Liebe zu den Bruderländern, wir sind hier nicht in der Taiga, sondern auf märkischem Sand. Als du herkamst zum Praktikum, war es bereits deutscher Boden mit Verlaub. Hab den Scharfmacher noch abhalten können, den Vorfall in die Kaderakte einzutragen, für 'n halbes Jungschwein, illegal geschlachtet, die andere Hälfte schluckt die Verwaltung. Dir hab ich was von Herz und Leber aufgehoben, den edleren Teilen sozusagen. Und paar knubblig-rosa Pfoten zum Abknabbern. So weit ist es gekommen. Das hätte ein Disziplinarverfahren vor versammelter Mannschaft nach sich gezogen, und zwar auf Antrag der Konfliktkommission, Süße.

Was glaubst du denn, wo du dich befindest, hm? Auf freier Wildbahn oder im Kino? Wenn du nicht spurst, landest du unweigerlich im Steinbruch. Solltest langsam erwachsen werden. Nu wein mal nicht gleich. Das sagt er, obwohl ich nicht im Traum daran dächte, auch nur eine Träne zu vergießen wegen so einem Scheiß. Leg dich 'ne Weile flach. Der Frauenruheraum wurde frisch gekalkt nach der Orgie am 8. März. Keiner stört dich da, alle sind bei Ella, Schlachtefest, feiern mit der zweiten Hälfte. Wenn du willst, tröste ich dich vorm Einschlafen.

Wovon? Worüber? War nur so ne Idee. Und er steht in der Tür, scharrt mit den Hufen, krault sich die Bartstoppeln, lächelt verlegen.

Ima denkt: Dieses selbstsichere Mannsbild mit dem weichen Kern hätte eine Auszeichnung verdient für den unermüdlichen Einsatz, was das Allgemeinwohl betrifft und Energieversprühen. Und sie baut mit ein paar Handgriffen eine Art Altar ins Halbdunkel, zündet eine Kerze an, präsentiert ihm ohne viel Firlefanz ihren wohlgeformten Hintern, sich am Fensterkreuz dabei festhaltend, mit der offenen Schranktür im Hintergrund, wo ein halbblinder Kristallspiegel die Szene wie ein sich rhythmisch bewegendes, impressionistisches Gemälde von Degas, in das Gauguin seine sinnlich-satten Farbtupfer setzte und Vincent das Verschwimmen der Grenzen von Gegenständen einbrachte, wiedergibt – mit dem wohligen Gefühl im Bauch, ein gutes Werk zu tun; wobei sie es allerdings so geschickt deichselte, dass auch sie nicht zu kurz kommt bei dem Akt der Nächstenliebe.

Und wer kuckt da geradeaus und unverschämt direkt durchs Schilfdach mit verschatteten Lidern und rotgeränderten Augenhöhlen? Ihr abgehobener Freund mit der in neuartiger Ekstase entstandenen Verunstaltung, der klaffenden Wunde, dem Loch in der Backe. Ich öffne die Hand, in der sich das fehlende Stück befindet, werfe es in die Nacht hinaus, ihm entgegen, dass es funkelnd aufblitzt und mein irdischer Besteiger einen verfrühten Abflug erlebt.

Ima tut, als hätte sie nichts bemerkt, bringt ihn im Handumdrehen noch mal auf Touren, dass der drobige Konkurrent quittegelb anläuft vor Neid.

Ich kneife ein Auge zu, gebe ihm zu verstehen, die Szene unter ihm wäre ein Traumgespinst, dazu ein Freundschaftsdienst für einen ausgewählten Kandidaten und hätte in etwa den Stellenwert wie in der Wüste frisches Quellwasser trinken oder das Wasserablaufenlassen nach einem Trinkgelage. Ich bin für den Mann so was wie eine Prämie, das Dessert, verstehst du, Mondschatz, eine Götterspeise, der Höhepunkt vom Dinner, das Sahnehäubchen …

Ludwig-August hat sich wieder gefangen, obwohl ihm bei meiner Schilderung das Wasser nur so im Mund zusammengelaufen ist, vielmehr die Feuchtigkeit in seinen Kratern zu glänzen begonnen hatte und Dampf aufgestiegen war. Wir sind ja nicht aus der Welt, Einzigartiger, flüstere ich in die Nacht hinaus, behalten uns stets im Auge. Ich schaue zu dir auf, bereits von Kindesbeinen an.

Komm wieder und begehre mich auf deine zurückhaltend-draufgängerische Art, wenn ich – stets neu verzaubert von dir – dein Auf und Ab verfolge. Sein Gesicht ist jetzt bleich und traumhaft schön. Ich sage ihm Gute Nacht und wende mich lustvoll und mittsommerlaunig, angespornt und mit frischem Atem versehen, wieder meinem inzwischen mit mir schwer beschäftigten Landsmann zu.

Lauter alte Leute!

Wie wohnen im Alter? Zuhause bleiben, solange es geht, notfalls mit ambulanter Betreuung, und dann ins Pflegeheim? Oder mit anderen zusammen ein Haus altersgerecht umbauen? Aber mit wem? Und wo? Und wer kann das bezahlen? Oder gar nichts planen und abwarten, was passiert? Oder rechtzeitig umziehen in eine dieser unzähligen, aus dem Boden schießenden Anlagen, die Namen tragen, die an Sonne und Licht und Glück erinnern und von der Bevölkerung schon mal schnöde in »Altenabschussrampen« umgetauft werden? Weil »Wohnen im Alter« ein so unendlich vielfältiges Thema ist, haben wir eine Probewohnerin gebeten, einen Selbstversuch in einer Altenwohnanlage zu wagen.

Der Clubsessel in der Empfangshalle ist ein guter Ort für den Blick in die eigene Zukunft. Alle Bewohner, die zum Mittagessen in den Speisesaal gehen oder vom Essen zurückkommen, ziehen hier vorbei. Mehr Frauen als Männer. Durchschnittsalter 84. Man muss hier nicht lange sitzen, um sich zu fragen, ob der Mensch für ein so langes Leben eigentlich geschaffen wurde.

Die Rücken werden krumm. Die Beine wollen den Körper nicht mehr tragen. Der Gang wird vorsichtig und unsicher. Der Kopf schrumpft, die Ohren scheinen zu wachsen. Die Haare werden grau, dünn und fallen aus. Alles Abbau. Die Augen verlieren den Glanz. Die Hüften versteifen. Die Haut wird faltig, und in den Fingern sitzt die Arthrose. Ohne Gehwägelchen könnten sich viele Menschen hier nicht mehr alleine fortbewegen. Alte Paare, die gemeinsam zum Essen gehen, wirken ungeheuer anrührend. Vielleicht, weil sie den letzten Weg zusammen gehen. Das sieht so tapfer aus.

Drei Tage Probewohnen. Das Zimmer liegt im Souterrain. Es ist groß und hat alles, was man für dieses Abenteuer braucht. Ein Bett, ein Bad, eine Couch und zwei Sessel, einen geräumigen Kleiderschrank. Es gibt einen Schreibtisch und ein Telefon, einen Fernsehapparat, und auf dem Tisch steht zur Begrüßung ein Teller mit frischem Obst und Keksen. Wer probewohnt, und das bieten viele Altersheime an, beschäftigt sich mit der Frage, ob er sich ein Leben in einer Wohnanlage vorstellen kann. Alt sein unter Alten. Alle Stufen des Alterns und des Verfalls vor Augen, jeden Tag. Und wenn es heißt: Es ist ein Zimmer frei geworden, bedeutet das: Einer ist gestorben. Oder musste umziehen in den Pflegebereich, der nächste Schritt auf das Ende zu. Hinter der Eingangstür zur Wohnanlage hört das Geschummel mit dem Alter auf. Jeder Mensch wird schwächer und krummer, es sei denn, er stirbt vorher. Die Probewohnerin fühlt sich hier viel jünger, als sie wirklich ist – aber das geht natürlich allen, mit denen sie frühstückt, zu Mittag und zu Abend isst, ganz genauso.

Sie packt die Reisetasche aus und rennt durch den Wald, der vor der Tür beginnt. Sie hat, ohne dass es ihr sofort bewusst wird, das dringende Bedürfnis, sich zu beweisen, wie ungeheuer fit sie ist. Das Haus und jeder Mensch, der ihr begegnet, zwingt sie, über das Alter nachzudenken. Konkret, nicht abstrakt. Will sie das? Hier muss sie es.

Am Nachmittag ist Programm in der Bibliothek. Es gibt ein Glas Sekt, der örtliche Buchhändler ist gekommen und trägt Gedichte von Wilhelm Busch vor. Die Probewohnerin schaut sich im Saal um und fragt sich, auf welche der Damen und Herren sie neugierig werden würde. Mit wem sie sich anfreunden könnte. Mit wem sie reden oder wandern, Schach oder Doppelkopf spielen oder gemeinsam zum Gedächtnistraining gehen würde. Oder in den Bibelkreis und anschließend zur Wassergymnastik. Der Buchhändler kämpft nicht nur mit dem Mikrophon, auch mit dem Vortrag. Richtig gut vorbereitet ist er nicht. Ob das daran liegt, dass wir hier nur die Alten sind? Und ist nicht auch in seiner Stimme so eine ganz kleine Spur Herablassung, so wie man mit Kindern spricht – oder ist das

Einbildung? Eine Bewohnerin sagt: »Wer nicht vorlesen kann, der sollte es lassen.« Wer schwer hört, redet laut und wird so unfreiwillig und gut hörbar ehrlich. »Sie haben Recht, meine Liebe«, ruft eine Bewohnerin drei Reihen weiter, »es liegt nicht am Mikrophon, der Mann kann einfach nicht lesen!« Vielleicht wären es diese beiden, die als neue Bekannte in Frage kämen. Und die beiden Männer, deren Sprachspiel die Probewohnerin am nächsten Morgen zufällig mithört.

Guten Morgen, Exzellenz, was macht die Impotenz? Guten Morgen, Opapa, was macht die Prostata? Sie reimt leise mit: Und wie ist die Tendenz zur Inkontinenz?

In der Lobby, im Frühstücksraum, beim Friseur, im Schwimmbad: lauter alte Leute! Die meisten Bewohner sind zwischen 65 und 75. Es gibt ein paar Hundertjährige, und die älteste Bewohnerin ist 109. Allen, denen die Probewohnerin von ihrem Selbstversuch erzählt hat, sagten mit leichtem Entsetzen in der Stimme: Da sind ja lauter alte Leute! Stimmt. Ist es nicht merkwürdig, dass kein Kind im Kindergarten sagt: Mami, da will ich nicht hin, da sind ja *nur* Kinder! Dass kein Abiturient sagt: Ich geh nicht zur Uni, da sind ja *nur* junge Leute! Sein Leben lang findet man Freunde hauptsächlich unter Gleichaltrigen. Aber die Alten sagen, wenn sie über das Wohnen in solchen Anlagen nachdenken: Da sind ja lauter alte Leute!

Alte Leute mögen keine alten Leute. Jedenfalls nicht so viele, nicht so geballt, wie sie einem hier begegnen. Eines begreift die Probewohnerin relativ schnell: Für den, der hier lebt, gibt es kein Leugnen mehr und auch kein Schummeln. Alt ist alt, und das Ende, auch das eigene, ist absehbar, und das kann niemanden heiter stimmen, der gerne lebt. Zukunftspläne werden nicht mehr geschmiedet. Karriere, Erfolg – das war einmal, das plant man hier nicht mehr. Die meisten Lebensträume, die bis jetzt nicht verwirklicht wurden, müssen begraben werden. Der Traum vom Glück liegt nicht in der Zukunft, sondern, wenn man klug ist, in der Gegenwart oder als Erinnerung in der Vergangenheit.

Der Probewohnerin gehen noch heute die Gedanken einer alten Dame durch den Kopf, die auf der Warteliste für ein Appartement stand. »Mit wem bin ich denn draußen zusammen«, fragte sie. »Die einzigen jungen Menschen, die mich besuchen, sind hin und wieder meine Kinder, deren Partner und die Enkelkinder. Interessieren mich deren Probleme? In Maßen. Interessieren die meine Probleme? Nicht wirklich. Alle meine Freunde sind in meinem Alter – das wird so bleiben, ob ich in der eigenen Wohnung lebe oder in einer Wohnanlage. Wir sind hier mehr oder weniger eine Generation – wir haben uns doch etwas zu sagen!« Sie kennt viele Menschen, Männer und Frauen, die einsam in ihren Wohnungen sitzen – während es hier zwischen 330 Bewohnern schon ein Kunststück sei, sagt sie, alleine zu bleiben. Dann verriet sie, warum sie den Umzug aus der eigenen Wohnung in ein Appartement kaum erwarten kann. Fünfzig Jahre waschen, kochen, putzen – sie hat es gründlich satt! Auf diesen Teil des Lebens möchte sie verzichten. Sie will es bequem. Friseur im Haus. Schwimmbad im Haus. Der Arzt ist da, der Zahnarzt auch. Mittwochs von neun bis eins hat der kleine Obst- und Gemüsemarkt geöffnet. Der Bus hält vor der Tür. Die S-Bahn fährt in die Großstadt. Sie will es freundlich, und da ist sie hier richtig. Freundlichkeit und Professionalität sind das Credo dieses Hauses. Es wird wie ein Hotel geführt, viele Mitarbeiter sprechen alle Bewohner mit ihrem Namen an. Hier wohnen keine Omas und Opas, hier wohnen Frau Schmidt und Herr Müller, Frau Schulz und Herr Meier.

Aber redet man dort nicht den ganzen Tag über Krankheiten – und ist das nicht ätzend?

Klar wird viel über die Zipperlein geredet, die sich eingestellt haben. Jeder Mensch redet gerne über das, was ihn quält. Aber ist das eine Frage des Alters? Gestern haben zwei jungen Frauen zehn Stationen in der U-Bahn nicht ausgereicht, um sich über eine entzündete Gebärmutter auszutauschen.

Und wird dort nicht dauernd über das Essen gemeckert? Klar wird gemeckert. Auch nicht nur eine Alterserscheinung, sondern Spaß am Meckern.

Was haben die denn heute in den Pfannkuchen getan?

Beton, meine Liebe.

Meckern gehört zum Gemeinschaftsessen, egal, wie gut gekocht wird. Wenn unsere Probewohnerin täglich beim Drei-Sterne-Koch essen ginge, fände sie garantiert einen Grund zum Meckern. Ist das Rohkost, oder soll das al dente sein?

Und gehören nicht Geschichten vom Tod zum Alltag alter Leute?

Stimmt – aber viele Geschichten sind so komisch, dass man über sie lacht. Beim Nachmittagskaffee erzählt eine 80-jährige Dame vom Tod ihrer 98 Jahre alten Mutter. Die kam an einem Nachmittag vor fünf Jahren ins Wohnzimmer geschlurft und fragte die Tochter, ob sie sich auf die Couch legen dürfte, sie sei so müde und möchte nicht alleine sein. Die Tochter saß mit vier 75-jährigen Damen am Tisch, und niemandem fiel der Name der Ansagerin ein, über die sie herziehen wollten. Diese Dingsda, sagte eine der Frauen, diese Blonde, verdammt, haben wir denn schon alle Alzheimer? Da kommt plötzlich eine matte Stimme vom Sofa: Die heißt Eva Herman, Kinder. Das war die müde Mutter. Es war ihr letzter Satz. Danach war sie tot.

Abends setzt sich die Probewohnerin in die Bibliothek. Hier ist es gemütlich, in den Regalen stehen Bücher, die sie immer schon mal lesen wollte. Es ist acht Uhr, und sie hofft, dass sie am Abend nicht alleine bleibt. Bleibt sie aber. An diesem Abend und an den beiden anderen auch. Wenn es keine Veranstaltung gibt, ist es still im Haus. Ein grauhaariger Herr holt sich eine Zeitung aus der Bibliothek und geht in sein Zimmer. Und all die anderen Bewohner? Gucken wohl jeder für sich alleine in den Fernsehapparat.

Unsere Probewohnerin blättert im Informationsmaterial. Zu dem Entschluss, hier einzuziehen, gehört zunächst einmal die Frage nach den Kosten. Die bescheidenste Variante besteht aus einem 33 bis 45 Quadratmeter großen Appartement, das zwischen 1400 und 1900 Euro monatlich kostet. Größere Appartements kosten mehr. Die Ausstattung der Zimmer ist gleich: Einbauküche, Dusche oder Vollbad, Balkon, Terrasse, Abstellraum. Im Preis enthalten: tägliches Mittagessen, mehrgängige Menüs. Wöchentliche Reinigung des Appartements, die Fenster werden geputzt, die Wohnung gewartet. Rufbereitschaft rund um die Uhr. Wer vorübergehend bettlägerig ist, wird bis zu drei Wochen auf dem Zimmer betreut. Einzelzimmer werden kurzfristig frei, auf Zwei- bis Drei-Zimmer-Wohnungen warten Paare bis zu fünfzehn Jahre. Das hat zwei Gründe: Paare kommen früher und bleiben also länger. Und sollte einer der beiden sterben, bleibt der andere dort wohnen.

Nach drei Tagen packt die Probewohnerin ihre Sachen zusammen und zieht aus. Sie guckt lange in den Spiegel. Sie kann ihr eigenes Alter nicht sehen. Kein Grund zur Freude. Sie vermutet, dass das allen so geht, die nach den Jahren in ihrem Gesicht forschen. Sie geht mit gemischten Gefühlen. Im Augenblick möchte sie hier nicht einziehen, auf keinen Fall. Aber noch ist ihre Altersgruppe nicht dran. Sie fragt sich, ob man auch »lauter alte Leute« sagen würde, wenn es um die eigene Generation geht. Von den Menschen, die sie hier kennen gelernt hat, ist sie beeindruckt. Der Abschied vom Leben ist das letzte große Abenteuer, das der Mensch bestehen muss. Sich dem zu stellen, dazu gehört enorm viel Mut.

Gedicht eines Unbekannten

Wenn ich in meinem Leben noch einmal leben könnte,
im nächsten Leben würde ich versuchen,
mehr Fehler zu machen.
Ich würde nicht so perfekt sein wollen,
ich würde mich mehr entspannen.
Ich wäre ein bisschen verrückter, als ich gewesen bin,
ich würde viel weniger Dinge so ernst nehmen.
Ich würde nicht so gesund leben.
Ich würde mehr riskieren, würde mehr
reisen, Sonnenuntergänge betrachten, mehr
bergsteigen, mehr in Flüssen schwimmen.
Ich war einer dieser klugen Menschen,
die jede Minute ihres
Lebens fruchtbar verbrachten.
Freilich hatte ich auch Momente
der Freude, aber wenn ich noch
einmal anfangen könnte, würde
ich versuchen, nur mehr gute
Augenblicke zu haben.
Falls du es noch nicht weißt, aus diesen
besteht nämlich das Leben.
Nur aus Augenblicken; vergiss nicht
den jetzigen.
Wenn ich noch einmal leben könnte,
würde ich von Frühlingsbeginn an
bis in den Spätherbst hinein
barfuß gehen. Und ich würde mehr mit
Kindern spielen, wenn ich das Leben
noch vor mir hätte.
Aber sehen Sie ... ich bin 85 Jahre alt
und weiß, dass ich bald sterben werde.

Adressen

Aktivsenioren Bayern e.V.
80538 München
Thierschstraße 17
Tel.: 089/22 22 37
info@aktivsenioren.de | www.aktivsenioren.de

Bayerische Staatsbibliothek
Ludwigstraße 16
80539 München
Tel.: 089/ 286 38 – 0
Nachfragen zum Projekt, das auch in einigen anderen deutschen Universitätsbibliotheken angelaufen ist: Dr. Thomas Jahn
Tel.: 089/286 38 – 22 57
thomas.jahn@bsb-muenchen.de

Bürgerinstitut e.V.
Oberlindau 20
60323 Frankfurt/Main
Tel.: 069/972 01 70
www.buergerinstitut-ffm.de

BürgerStiftung Hamburg
Mittelweg 120
20148 Hamburg
Tel.: 040/41 44 97 50
info@buergerstiftung-hamburg.de | www.buergerstiftung-hamburg.de

Bundesarbeitsgemeinschaft
der Freiwilligenagenturen e.V. (bagfa)
Torstraße 231
10115 Berlin
Tel.: 030/20 45 33 66
bagfa@bagfa.de | www.bagfa.de

Deutsche Gesellschaft für
Technische Zusammenarbeit (GTZ)
Postfach 5180
65726 Eschborn
Tel.: 06196/790
info@gtz.de

Freundeskreis des Lehrstuhls für jüdische Geschichte und Kultur
Ludwig-Maximilians-Universität München
Geschwister-Scholl-Platz 1
80539 München

Galerie Marie-Louise Wirth
Martinsmühle
CH-8182
Hochfelden b. Bülach

GesichtZeigen!
Aktion weltoffenes Deutschland
Kurfürstendamm 178/179
10707 Berlin
kontakt@gesichtzeigen.de | www.gesichtzeigen.de

Imme de Haen
Hof der Stille, Kirchplatz 1
14715 Havelaue OT Gülpe
Tel.: 033875/308 88
immedehaen@web.de | www.hofderstille.de

Live Music Now
Gibt es in vielen deutschen Städten.
Adressen unter: www.livemusicnow.de

Museum für Druckkunst Leipzig
Nonnenstraße 38
04229 Leipzig
Tel.: 0341/23 16 – 20
info@druckkunst-museum.de

Nachtwächter von Altlandsberg
Horst Hildenbrand
Landstraße 7, 15345 Altlandsberg
Tel.: 0173/602 97 04
www.nachtwächter-altlandsberg.de

Rosenhof Seniorenwohnanlagen
informationen@rosenhof.de
www.rosenhof.de

»seniorama« im »Offenen Kanal TV Münster«
Kontakt über Bärbel Elstrodt
Tel. 0251/32 45 02

Senior Experten Service (SES)
Buschstraße 2
53113 Bonn
Tel.: 0228/260 90 – 0
ses@ses-bonn.de | www.ses-bonn.de

Senior Research Group (SRG), Technische Universität Berlin
Lehrstuhl für Arbeitswissenschaft und Produktergonomie
Fasanenstraße 1
10623 Berlin
info@srg-berlin.de

Tatendrang München
Freiwilligenagentur
Thierschstraße 17
80538 München
Tel.: 089/290 44 65
tatendrang@freiwilligenagentur.de

TelefonSeelsorge in Deutschland
Bei Interesse an einer Ausbildung:
Kontakt über die TelefonSeelsorge vor Ort
www.telefonseelsorge.de

Volksbund Deutsche Kriegsgräberfürsorge e.V.
Werner-Hilpert-Straße 2
34112 Kassel
info@volksbund.de | www.volksbund.de

Zentrum für Allgemeine Wissenschaftliche Weiterbildung (ZAWIW) der Universität Ulm
89069 Ulm
Tel.: 0731/50 – 231 93
info@zawiw.de

GENERATION PLUS

Von der Lüge,
dass Altwerden Spaß macht

DAS BUCH ZUM TABUTHEMA ALTERN

Zum ersten Mal sprechen Frauen und Männer offen und ehrlich über ihre Gefühle und auch über ihre Strategien, ihr Alter zu bewältigen.

»Mit dem Buch wird ein brandaktuelles Reizthema unserer Gesellschaft aufgegriffen: der Umgang mit den Alten. Eine Lektüre, die subjektiv ist und böse, bestürzend und amüsant. Das wahre Leben – ach so menschlich.« *Mitteldeutsche Zeitung*

»Wellfleisch und Hörverlust: Christa Geissler und Monika Held entlarven den verklärten Blick aufs Altern. Entwaffnend offene, manchmal auch anrührend komische Gespräche mit Prominenten und Nichtprominenten haben Christa Geissler und Monika Held aufgezeichnet, zusammengestellt und klug kommentiert.« *Psychologie Heute*

»Dieses Buch wagt sich an ein Tabu.« *Cosmopolitan*

»Die beiden Journalistinnen haben aus jeder Frau, aus jedem Mann das persönliche Drama herausgefragt und sind mit erstaunlicher Offenheit belohnt worden.« *Frankfurter Rundschau*

SAG NIE, ICH BIN ZU ALT DAFÜR

Erotik und Sex ab fünfzig –
Achtundzwanzig Liebesläufe von Männern und Frauen

MIT EINEM VORWORT VON HANS-JOACHIM MAAZ

»Die Autoren haben mit 28 Männern und Frauen der ›Generation 50 plus‹ gesprochen, die erstaunlich offen über ihr Liebesleben berichten – nachdenklich, temperamentvoll und mit viel Mut zu erotischen Details.« *Berliner Morgenpost*

»Die einfühlsamen Protokolle aus Ost und West beweisen, dass Liebe mit 75 durchaus sehr befreiend und erotisch sein kann. Sie stecken voller Mut, Witz und großer Sehnsucht nach Liebe.« *F.F.-Dabei*

»Zum ersten Mal sprechen ältere Frauen und Männer aus ganz Deutschland offen über ihr Liebesleben. Sie tun es nachdenklich, temperamentvoll, traurig, auch voller Witz, mit Mut zum erotischen Detail und gelegentlich auch hemmungslos. Die ›Liebesläufe‹ reichen von den Ängsten der Pubertät bis zu den Mühen der Liebe im Alter, und sie berichten von überraschend intensiven Freuden. Sogar von Orgasmen am Rand der Ohnmacht ist die Rede – jenseits der 70, wohlgemerkt – und immer von der Sehnsucht, die zuletzt stirbt.« *Sechzig, na und?*

WIE MÄNNER TICKEN

Über 150 Fakten, die aus jeder Frau
eine Männerversteherin machen

DIE GROSSE SONDERAUSGABE DES BESTSELLERS!

Hauke Brost offenbart uns in diesem Buch die männliche Charakter- und Gefühlswelt – eine unverzichtbare Lektüre und nicht nur für Frauen ein absolutes Lesevergnügen.

»Alles, was Sie über den Mann als solchen (und Ihren eigenen im Speziellen) schon mal wissen wollten, steht angenehm bissig und politisch unkorrekt schwarz auf weiß.« *Petra*

»Hauke Brost verrät, was wirklich hinter den typischen Männermacken steckt.« *Freundin*

»Hauke Brost – der größte Männerversteher der Welt.« *BILD*

»Ein absolut großes Lesevergnügen und auch wenn es in erster Linie für Frauen geschrieben ist, sollten die Männer es durchaus auch mal in die Hand nehmen. Das Buch darf und sollte in keinem Haushalt fehlen und eignet sich auch prima zum Verschenken!« *musicheadquarter.de*

Hauke Brost
WIE MÄNNER TICKEN
Über 150 Fakten, die aus jeder Frau
eine Männerversteherin machen
284 Seiten, Taschenbuch
ISBN 978-3-89602-754-2
12,90 Euro

WIE FRAUEN TICKEN

Über 100 Fakten, die aus jedem Mann
einen Frauenversteher machen

DER BESTSELLER NACH »WIE MÄNNER TICKEN«!

»Vielschichtig, widersprüchlich, geheimnisvoll und komplex« – so stellt sich für viele Männer das Mysterium »Frau« dar. Nach dem Bestseller »Wie Männer ticken« hat sich Erfolgsautor Hauke Brost zusammen mit Co-Autorin Marie Theres Kroetz-Relin aufgemacht, die fremde Galaxie »Frau« äußerst amüsant zu erkunden.

»Kurz, praktisch und präzise ist hier zusammengefasst, wie sich Frauen wünschen, von den Männern behandelt zu werden. Das Buch erklärt, was sich hinter so manch einer Äußerung einer Frau versteckt und wie man den weiblichen Code entschlüsseln kann.« *Top-Magazin*

»Was Männer schon immer wissen wollten und nie begriffen haben. Jetzt wird das Rätsel ›Frau‹ gelöst!« *BILD*

»Es ist viel Wahres dran an diesem Buch, obwohl man als Leserin nicht glauben möchte, dass man genetisch bedingt so ein widersprüchliches Wesen sein soll.« *WAZ*

Hauke Brost & Marie Theres Kroetz-Relin
WIE FRAUEN TICKEN
Über 100 Fakten, die aus jedem Mann
einen Frauenversteher machen
240 Seiten, Taschenbuch
ISBN 978-3-89602-684-2
9,90 Euro

Die Autorinnen

Christa Geissler lebt in München. Sie hat ihr Handwerk als Journalistin bei Tageszeitungen gelernt, war Ressortleiterin bei *Brigitte* und Chefredakteurin des Frauenmagazins *Cosmopolitan*. Danach wechselte sie in die Geschäftsleitung des *Cosmopolitan*-Verlags. Heute ist sie freie Journalistin und Medienberaterin.

Monika Held lebt in Frankfurt am Main. Sie hat bei einer Tageszeitung volontiert und viele Jahre für verschiedene Rundfunkanstalten mit dem Schwerpunkt Feature gearbeitet. Seit zehn Jahren ist sie Autorin der Zeitschrift *Brigitte*. Für ihre Reportagen aus dem In- und Ausland wurde sie mit dem Deutschen Sozialpreis und dem Elisabeth-Selbert-Preis ausgezeichnet. 2007 erschien ihr zweiter Roman *Melodie für einen schönen Mann*.

Christa Geissler & Monika Held
DIE GENERATION PLUS LEBT IHRE ZUKUNFT
Der Aufbruch der Alten –
Gespräche, Reportagen und Porträts

ISBN-978-3-89602-755-9

KATALOG
Wir senden Ihnen gern kostenlos unseren Katalog
Schwarzkopf & Schwarzkopf Verlag GmbH / Abt. Service
Kastanienallee 32, 10435 Berlin
Telefon: 030 – 44 33 63 00
Fax: 030 – 44 33 63 044

INTERNET / E-MAIL
www.schwarzkopf-schwarzkopf.de
info@schwarzkopf-schwarzkopf.de